KB040223

송학의 형성과 전개

송학의 형성과 전개

지은이 | 고지마 쓰요시小島 毅
옮긴이 | 신현승辛炫承
초판 1쇄 인쇄 | 2004년 2월 15일
초판 1쇄 발행 | 2004년 2월 20일

펴낸곳 | 논형
펴낸이 | 소재두
편 집 | 임영택 · 박서연
표지디자인 | 디자인공 이명림

등록번호 | 제2004-000019호
등록일자 | 2003년 3월 5일
주소 | 서울시 관악구 봉천2동 7-78 한립토이프라자 6층
전화 | 02-887-3561
팩스 | 02-886-4600

ISBN 89-90618-33-9 94150
값 20,000원

송학의 형성과 전개

宋学の形成と展開

고지마 쓰요시 지음

신현승 옮김

■ 일러두기

· 이 책은 도쿄대학 교수 고지마 쓰요시小島毅의『宋學の形成と展開』
(創文社, 1999)를 우리말로 옮긴 것이다. 책의 성격상 한자의 노출이
많았음을 미리 밝혀둔다.
· 한글 표기를 원칙으로 하였지만 의미의 정확한 전달과 독자의 이해를
돕기 위하여 한자를 병기하였다. 예; 천天, 성性, 도道 등. 한글로 풀어
쓴 경우에는 [ ] 속에 원래의 한자어를 집어넣었다.
　　예; 하늘[天], 땅[地], 백성[民] 등.
· 서적이나 책의 제목인 경우에는『 』로, 편명이나 논문의 경우에는
「 」로 표기하였다. 또한 본문 안에서 긴 문장의 인용문인 경우는
" "로, 강조하는 짧은 문구나 용어는 ' '로, 부연설명의 경우에는
'— —'로 처리하였으며 필요에 따라 ( )표시도 사용하였다. 대개의
인용문의 경우는 알아보기 쉽게 따로 구분을 지었다.
· 저자의 원서에서는 각주가 없고 단지 책의 뒷부분에 참고 문헌의 형
태로만 설명이 되어 있으며 역서에서의 역자주는 미주로 처리하였다.
· 역자주의 참고문헌은 뒷부분에 책명을 실어두었다.

한국어판 저자 서문

　이번에 강원대학교 철학과 이광래李光來 교수의 호의에 힘입어 현재 동경대학에 유학중인 신현승辛炫承 군을 번역자로 삼아, 필자의 『송학의 형성과 전개宋學の形成と展開』라는 책을 한국어판으로 출판하게 되었다. 이에 필자로서는 매우 영광스럽게 생각하는 바이다. 우선 한국에서 필자의 책의 출판에 즈음하여 여러모로 애써주신 관계자 여러분께 깊은 감사의 말씀을 전하고 싶다.

　이 책은 원래 필자에게 있어 두 번째의 단행본으로 출판된 것이다. 첫 번째의 『중국 근세에 있어서의 예의 언설中國近世における禮の言說』은 1996년에 동경대학 출판회에서 간행되었는데, 그 책에서는 중국 복건福建이라는 지역을 분석 대상으로 하여 사상의 지역성에 주목하였다. 또한 그 예로 서력 12세기부터 17세기에 걸쳐서 전개되는 '예禮를 둘러싼 논쟁의 활동 양상이 분석 대상이 되었음을 밝혀둔다. 두 번째인 이 책에서는 첫 번째의 연구 성과에 이어지는 작업으로서 송학의 교설 내용을 천天·성性·도道·교敎라고 하는 네 개의 개념으로부터 분석하고 그 양상을 서술해 보았다. 잘 알려져 있다시피 이들 용어는 송학이 중시한 『중용中庸』 서두의 한 구절에서 유래하고 있다. 그러나 이 책에서 논술한 내용이 『중용』에 대한 해설이 아니라는 점은 독자 제현이

이 책을 접하게 되면 금방 이해하게 될 줄로 믿어 의심치 않는다.

　필자는 한국어를 모르기 때문에 한국의 학계 상황에 관해서는 그다지 사정에 밝지 않다. 그러한 이유로 이 책의 내용이 한국의 독자 제현에게 친숙함으로 다가갈지 어떠할지는 잘 모르겠다. 만일 독자 제현이 '이 책은 도대체 무엇을 말하려고 하고 있는 것인지'라고 고개를 갸우뚱거리며 이해하기 힘들다고 생각한다면, 필자 이외의 일본의 연구자들이 쓴 논저들도 아울러 읽어주길 진심으로 바라는 바이다. 필자의 연구 방법의 전제에는 은사인 미조구치 유조溝口雄三(현 동경대학 명예교수) 선생의 연구 성과가 자리잡고 있다. 아마도 미조구치 선생 및 필자의 동학인 이토 다카유키伊東貴之·무라타 유지로村田雄二郎 3인이 함께 집필한『중국이라는 시좌中國という視座』(東京, 平凡社)를 참조해서 읽으면, 일본에서 지금까지 어떠한 연구가 행해져 왔는가, 또한 그것들의 어느 부분이 문제라고 우리들이 생각하고 있었는가를 이해하게 될 것이다. 더불어 송학에 관해서는 필자도 이 책을 집필하는 과정에서 커다란 은혜를 입은 바 있는 와세다早稻田대학 교수 쓰치다 겐지로土田健次郞 선생이 이십 년 동안의 그 자신의 연구 성과를 정리하여 작년 말(2002년 12월)에『도학의 형성道學の形成』(東京, 創文社)이라는 책을 출판하였다. 이 책은 졸저보다도 더욱 광범위하고 정밀하게 도학의 형성 과정을 분석하고 있으므로 좋은 참고가 되리라고 생각한다.

　지금 우리들에게 있어 유교를 연구 대상으로 삼는다고 하는 의의는 과연 무엇일까? 아마도 그것은 사람들의 취향에 따라 다양할 것이다. 어떤 사람은 서양 문명을 비판하고 동양 문화를 복권시키기 위해 선인先人의 사상적인 위업을 배우려고 할 수도 있으며, 또 어떤 사람은 민주주의의 적으로서의 봉건 도덕을 타파하기 위해 비판적인 시각에서 탐구하려고 하는 경향도 있을 것이다. 또한 단순한 지적 호기심에 이끌려 연구하려는 사람도 있을 것이다. 어느 쪽이든 모두 일리가 있는 대답이며, 타인이 그것을 어떻다고 책망을 할 권리는 없다.

그러면 필자 자신은 어떠할까? 필자는 서력 20세기 후반 일본이라는 땅에서 태어나고 자란 사람으로서 내 자신의 사고 활동과 일상생활이 소위 유교의 테두리 내에서는 이루어지지 않았으며, 아니 그렇다고 해도 유교와 전혀 관계를 맺지 않았던 것은 아니지만, 어쨌든 두 측면을 모두 갖춘 의미 속에서 한 인간으로서 존재하며 유교라는 문제와 상대해 왔다. 일본은 19세기 후반에 '문명개화'라는 구호를 앞세워 서양화西洋化를 개시하였다. 그로부터 백 년 후에 태어난 필자에게 있어 유교는 과거의 것인 동시에 현재의 것이기도 하였다. 그 때문에 유교적인 사유 양식 아래에서 사고 활동을 영위하고 있는 사람들 및 구미 유럽계의 연구자들처럼 외부 관찰자로서 유교를 바라보고 있는 사람들과도 조금은 다른 견해를 가지고 유교에 관하여 사고해 왔다고 생각을 한다. 사실 필자는 송대에 주희朱熹가 구상한 사회 질서 아래에서 살고 싶은 마음은 추호도 없다. 그러나 어느 나라의 대통령이 굳게 믿고 있는 것처럼 오직 서유럽 기원의 민주주의 체제만이 올바르고, 전 세계의 사람들 모두가 민주주의 체제만으로 행복해질 수 있을 것이라고도 생각하지 않는다. 단지 주희에게 정치 사상가로서의 존 로크와 같은 동등한 지위를 부여하고 싶을 뿐이다.

사실 필자와 유교와의 이러한 부즉불리不卽不離의 관계가 필자 자신의 연구 방향을 규정하는 요인으로써 크게 작용하고 있다는 것은 사실이다. 그러한 점을 이 책을 한국어로 읽게 될 독자 제현이 어떻게 받아들여 줄 것인지 지금으로서는 그 반응을 기대해 볼 따름이다. 과연 필자의 견해에 공감해 줄 분들이 있을지 사뭇 궁금해진다.

기독교 역曆으로 부활절, 유교 역으로 계미년 곡우穀雨에

일본 동경에서
고지마 쓰요시小島毅

들어가는 말

이 책을 읽기 전에 저자와 독자 사이에 약간의 시각차를 좁히고, 마치 아름다운 노래 한 곡을 합창하듯이 그 준비과정으로써 먼저 음정을 맞춰두고 싶다. 이렇게 말하는 것은 저자와 독자의 음정이 서로 엇갈려서는 결코 이 책이 의도하는 바를 이해할 수 없을 거라고 생각하기 때문이다.

이번 총서의 간행—소우분샤創文社에서 기획하고 간행한 전 28권의 중국 학예총서 시리즈—에 즈음하여 당초 필자가 맡은 가제는 '송명의 사상'이었다. 그것은 시공간적으로 범위가 넓고 또한 깊었다. 이 책에는 이하에 서술하는 이유— 그 보다는 변명—에 의해 『송학의 형성과 전개』라고 하는 한정된 제목을 붙이고자 한다.

우선 첫 번째로 삼교三教로 병칭되기도 하는 한족의 사상·문화를 성립시키고 있는 세 가지 '교教'의 문제, 즉 유儒·불佛·도道 중에서 뒤의 두 부분에 관하여 필자는 결코 혼자서 해결할 만큼의 소양과 역량을 가지고 있지 못함을 밝혀둔다. 그래서 필연적으로 필자가 말하는 '송명 사상사'는 '송명 유교사'일 수밖에 없다.

그러면 송명의 유교사로써 무엇을 테마로 하여 이야기하면 좋을까. 이 시기의 유교·유학의 전개를 취급하고 있는 연구서·개설서는 참고문헌에서도 열거하였듯이—그리고 그 밖에도—이미 셀 수 없을 정도로 많다. 그것들을 손질하여 개작한다는 것, 또한 재탕으로 되풀이하여 책을 펴내는 것은 아마도 독자 여러분에게 실례일 것이다. 분량면에서도 한계가 있는데다가 선학先學의 제 연구가 이미 되풀이하여 말하고 있는 것을 조금 바꾸어서 이야기하거나, 비유적으로 말하는 것은 필자의 입장에서 그다지 흥미 있는 일이 아니다. 존경할 만한 황종희黃宗義도 다음과 같이 말하고 있다. "선인의 학설을 자기 학설처럼 말하는 것은 학문이 아니다. 학문이란 스스로 체득하는 것을 소중히 하는 과정이다." 이 때문에 필자는 평소 흥미를 가지고 검토하고 있던 것과 관심을 가졌던 문제로부터 이 시기의 유교사를 정리해 보았다. 그것들이 반드시 송명 유교사에서 중심적인 사항이라고 폭넓게 인지되고 있는 것은 아니다. 이 책이 조금은 한쪽으로만 치우쳐 있다는 점을 너그럽게 이해해 주었으면 좋겠다. 이것이 두 번째 문제이다.

　세 번째는 그 표현 방법에 관한 것이다. '송명'시대란 송宋·금金·원元·명明 각각의 왕조가 이른바 중국 본토를 통치하였던 서기 10세기부터 17세기까지의 시기를 말하는데, 이 시기의 유교는 '송명이학宋明理學'이라는 한 유파에 의해 대표된다. '송명이학'이라는 표현은 중국어로서는 일반적이지만, 일본에서는 중국연구의 전문가 이외에는 거의 생소한 말이다. 오히려 이 시기의 사조를 송대의 주자학과 명대의 양명학으로 나누고, 여기에 청대의 고증학을 덧붙여서 중국 근세의 유교를 세 개로 구분하는 것이 일반적이다. 필자가 20년 전에 고등학교에서 배웠던 것은 이러한 도식이었고, 지금도 세계사 교과서에는 다음과 같이 서술되어 있다. 조금 길어질듯 싶지만 이 책에서 전개하는 논점과 밀접하게 관련되어 있기 때문에 일반 사회의 상식적인 이해가 어떻게 이루어져 왔는가를 확인하기 위해 이를 감히 인용해 보기로 한다.

학문·사상에서는 경전의 자구字句 해석에 사로잡히지 않고, 경전 그 자체로부터 유학의 정신·본질을 밝히려고 하는 송학이 일어났다. 그것은 북송의 주돈이周敦頤에서 시작되고 남송의 주희朱熹[朱子]에 의해 집대성되었기 때문에 주자학朱子學이라고 불린다. 주자학은 그후 유학의 정통이 되어 일본과 조선의 사상에 커다란 영향을 끼쳤다. 주희가 학문과 지식을 중히 여긴 것에 대하여 육구연陸九淵[象山]은 인간의 심성을 중히 여기는 입장을 취하였고, 그 학설은 명대 양명학의 원류가 되었다.

명에서는 실용과 실천을 으뜸으로 하는 문화가 발달하였다. 유학 내부에서는 주자학이 관학官學이 되고 영락제永樂帝가 『영락대전永樂大典』, 『사서대전四書大全』, 『오경대전五經大全』 등의 편찬사업을 행하여 사상의 고정화가 진행되었다. 그러나 16세기 초에는 송宋의 육구연의 학문을 발전시킨 왕양명王陽明[守仁]이 지행합일知行合一을 주장하여 양명학을 일으키고, 실천과 실용을 중시하는 기풍이 높아졌다. 지식인들 중에는 실용을 으뜸으로 하는 실학實學도 유행하게 되어 『본초강목本草綱目』(李時珍 著), 『농정전서農政全書』(徐光啓 編), 『천공개물天工開物』(宋應星 著), 『숭정역서崇禎曆書』(徐光啓 等編) 등이 저술되었다. 이러한 일련의 움직임 속에서 명말청초에는 황종희黃宗羲·고염무顧炎武 등이 문헌을 다룸에 있어 실증을 중시하는 고증학을 일으켰다(『詳說世界史』, 山川出版社, 1996년 발행판, 87항 및 192~193항).

실학의 자리 매김, 즉 실학과 양명학·고증학간의 관계에 대해서 다른 교과서에서는 약간 그 성향을 달리하고 있는 것 같지만, 주자학－양명학－고증학이라고 하는 일련의 흐름으로 이 시기의 유교를 파악하는 시점은 거의 정설定說이라고 할 수 있다.

청대 고증학의 실증적 학풍을 당사자들은 동경하는 마음을 담아 '한학漢學'이라고 불렀지만, 그 대립개념은 '송학宋學'이었다. 물론 양명학에 대한 비판은 고증학자의 주장에서도 볼 수 있지만 그 악폐를 가져온 것은 어디까지나 '송학'이며, 현대의 연구자들이 양명학의 명칭으로서 애용하는 '명학明學'이란 말은 그들 사이에서는 사용되지 않았다. '한학'의 입장에서 보면, 주자학이나 양명학 모두 똑같이 이기론理氣論·심성론心性論에 열중하여 제정신을 잃어버린 '송학'이라는 한패거리였다.

그래서 이 책에서는 '제1부＝주자학의 성립과 전개 \ 제2부＝양명학의 성립과 전개'와 같은 구분은 하지 않고, '송학'이 가지고 있던 공통 인식과 그들의 사고 구조를 명확히 밝히고자 한다. 즉 책 제목에서 말하는 '송학'은 '한학'자들이 사용하는 광의의 의미라고 이해해 주었으면 한다. 설명의 편의상 그 기원에 관한 말이 많아져서 자연히 협의의 '송학' 개념에 치우친 내용이 되었을 거라고 생각하지만, 그 내용의 분석 틀이 명대明代에도 들어맞을 것이라는 전제에서 서술하였다. '명학'의 연구자에게는 그 취급이 너무 가볍다고 꾸지람을 들을지도 모르겠지만, 어쨌든 간에 송학과 명학의 교향악이 잘 이루어질 것인가 어떤가는 '천天'을 둘러싼 두 개의 주제를 이야기하는 데에서 시작해 보자.

옮긴이의 말

　역자가 지금의 지도교수인 고지마小島 선생을 처음 만나게 된 것은 2000년 가을의 일이었다. 그 전년에는 중국에서 학업을 마치고 한국에서 일본유학을 준비하고 있던 때였다. 마침내 고지마 선생에게서 미력한 역자를 제자로 받아주겠다는 연락을 받고, 그 해 가을 미지의 땅인 일본의 심장부 동경東京으로 다시 첫발을 내딛었다. 사실 철저한 사전준비 없이 결정한 일본유학이었기 때문에 조금은 걱정된 마음으로 동경대학에서의 유학생활이 시작되었다. 그런데 중국에서 역자가 공부한 내용과도 많이 배치되는 중국 근세사상에 대한 새로운 도전은 처음부터 난관에 부딪치게 되었다. 하지만 연구생부터 철저하게 새롭게 시작한다는 마음으로 동경대학에서의 연구생 생활을 시작하게 되었고, 순조롭게 학업이 진행되어 지금에 이르게 되었다.

　게다가 현시점에서 지도교수의 저서를 한국어로 번역하게 되어 마음은 이루 헤아릴 수 없을 정도로 기쁨과 동시에 약간의 두려움마저 느끼는 것도 사실이다. 아직도 배우는 단계에서 또한 초심자에 불과한 역자가 과연 제대로 할 수 있는가에 대한 의문이었다. 다만 그러한 두려움과 떨리는 마음을 역자 자신의 무모한 용기에 의지하여 과감히 고지마 선생의 저서를 미력한 제자의 힘으로나마 한국에 전달하고 싶었다.

고지마 선생은 지금 일본의 동경대학에서 미래의 중국 근세사상 연구를 짊어지고 나갈 차세대 주자의 젊은 기수로서 왕성한 활동을 하고 있다. 그 자신이 한국어판 저자 서문에서도 밝히고 있듯이 그의 사상적 방법론의 근저에는 은사인 미조구치 유조 선생의 제 연구 성과가 자리 잡고 있다. 한국과 중국에서도 명말明末의 사상과 이탁오李卓吾에 대한 탁월한 연구성과로 잘 알려져 있는 미조구치 선생은 『중국이라는 시좌中國という視座』―이 책은 한국에서도 『중국의 예치 시스템』이라는 제목으로 번역되어 출판되었다고 한다―에서 '예교禮教'라는 하나의 시각을 가지고 중국 근세의 제 학문 경향들―주자학朱子學·양명학陽明學·고증학考證學―을 분석적으로 비판하고 있다. 일차 자료에 대한 철저한 검토 뒤에 당시의 사회상황, 즉 역사적 사실과의 연관성을 통해서 사회사상사적 방법으로 중국 근세의 사상―중국이나 한국에서는 송명이학宋明理學이라는 용어가 더 익숙할지는 모르겠지만―을 바라보고 있는 것이다. 그 외에 미조구치 선생의 연구 성과에 관해서는 한국에서도 많이 알려져 있기에 여기서는 더 이상 언급하지 않기로 한다.

바로 이러한 미조구치 선생의 학문적 방법론은 고지마 선생에게로 이어지고, 보다 구체적인 연구 성과로서 나타나게 된 것이 첫 번째 단행본인 『중국 근세에 있어서의 예의 언설』이라는 저서이다. 이 책은 제목그대로 '예禮'를 둘러싸고 벌어지는 중국 송명대宋明代의 사상적 흐름을 사상의 지역성이라는 문제와 함께 결부시켜 가면서 주자학과 양명학의 실상을 파악하고 있다. 사상의 지역성을 말하는 것은 바로 당시의 복건福建이라는 지역에 초점을 맞추고 분석이 이루어지고 있기 때문이다. 그러한 분석을 간략하게 살펴보면, 주희에게 있어서 '예'란 어떠한 의미를 지니는 것인가, 또한 그것이 주희의 주변에서 어떠한 양상으로 전개되고 있었는가라고 하는 문제의 논의, 예의 관념이 실질적으로 현실 사회에 적용되어 나타나게 되는 제사祭祀에 관한 논의, 그리고 명대明代 후반에서 청대淸代 초기에 걸친 주자학측의 시대상에 대한 견해를 취급하여 그것을 명대에 일어난 양명학류의 입장과 비교·대조하면서 논의를 전개하고 있다.

사실 역자는 이 책을 먼저 번역하기로 마음먹고 조금씩 준비해 왔지만, 고지마 선생에게서 한국의 어떤 분이 1999년에 이미 번역을 예약해 놓았다고 하는 얘기를 전해 듣고, 그것을 포기하고 선생의 두 번째 단행본인 이 책을 번역하게 된 것이었다. 5년이란 시간이 흘렀는데도 한국에서 선생의 첫 번째 단행본이 출간되었다는 소식은 아직 듣지 못하였다. 덧붙여 말하면 이것은 고지마 선생 자신도 궁금해 하는 일이기도 하다. 여하튼 이러한 경위가 있었음을 밝혀두면서 하루빨리 번역되어 이 책과 함께 한국에 알려지기를 희망해 본다. 그렇게 되면 일본의 중국 근세사상에 대한 최근의 연구경향에 대한 정보를 조금이나마 제공할 수 있지 않을까 하는 역자 나름의 생각이 있기 때문이다.

서설이 길어진 듯싶다. 다시 이 책으로 화제를 돌려보자. 우선 말해두고 싶은 것은 송학宋學이라는 용어이며, 이 책을 접하게 되는 분은 왜 저자가 이 용어를 사용하였는지에 대해서는 금방 이해가 갈 듯 싶어 여기에서는 부연 설명을 하지는 않겠다. 게다가 이 책이 한국에서 어떠한 반향을 일으킬 지에 대해서는 저자는 물론이고 역자인 본인조차 예측하기가 힘이 든다. 특히 초학자에 의한 번역의 산물이고, 그 취급하고 있는 내용이 한국에서 일반적으로 대학의 철학과나 역사학과 학생들에게 가르치고 있는 내용과는 많은 부분에서 차이가 날 것이라는 역자의 우려 때문이다. 게다가 많은 사계斯界의 연구자들에게 어떻게 받아들여 질 것인지에 대해서도 지금으로서는 의문이다.

단지 본서의 의미를 누군가가 물어온다면, 역자의 짧은 생각으로는 기존의 정형화된 패턴-중국철학의 내부 혹은 사상 내부에서의 사상적 알맹이에 관한 연구패턴-의 중국철학에 대한 연구방법에 대해서 적지 않은 반성적 고찰을 제시하고 있다는 점을 들고 싶다. 물론 기존의 연구 성과를 부정하는 것은 결코 아니다. 여기에서의 반성적 고찰이란 기존에 행해졌던 많은 연구들에 대한 새로운 시각의 제시이다. 저자의 표현대로 하면 재탕으로 되풀이되어 온 기존의 연구 성과를 답습하는 것은 흥미가 없다는 얘기이다. 그리하여 저자는 중국 근세유교사상을 역사적 사실과 연결시켜 실질적으로 유교사상이 현실사회에 어떻게 침투되어 작용하고 있었는가를 '천天'관의 변화나 '성性', '도道', '교敎' 및 '예禮' 등등의 주요한 개념에 의해 분석함으로써 송학의 흐름을 추적한다. 즉 그것은 유교사상의 관념을 통하여 송명 사상사, 아니 그보다는 송명 유교사의 흐름을 추적하고 있는 것이다.

저자의 사상사에 대한 연구에 있어서 역사적 사실은 상당히 중요한 의미를 지닌다. 그 단적인 예가 이 책에서도 취급하고 있듯이 중국 역사학을 전공하는 사람이라면 상식으로 알고 있는 '당송변혁唐宋變革'의 용어이며, 저자는 송학의 탄생과 융성의 연원을 그것에서 찾고 있기도 하다. 즉 송 이전의 시대와 비교하여 송학적인 사유체계는 천天에 대한 관념이 큰 폭으로 변화했다는 사실에 주목한다. 또한 이 책의 곳곳에서는 송명시대에 발생했던 역사적 사건과 사실들이 자주 등장한다. 그러한 역사적 사실은 유자儒者들, 즉 실제로 정치활동에 참여한 지식인들 사이에서 벌어졌던 논쟁들을 말하며, 그에 대한 조심스러운 탐구와 분석에 의해 송학의 전체 흐름을 파악해보는 방식을 취하고 있다. 그래서 생생한 역사적 사실로서의 송학의 흐름을 다시금 뒤돌아보는 계기를 만들어준다.

이 책의 번역에 있어서는 직역을 원칙으로 하였지만, 한국어와 일본어의 미묘한 뉘앙스의 차이에서는 보다 적절한 절충의 수단으로 의역을 과감하게 행하였으며, 원저에 주가 딸리지 않았음에 독자 제현의 적절한 이해를 돕기 위하여 역자의 주를 첨가하였다. 때문에 번역에 있어서의 모든 책임과 오역의 책임은 전적으로 역자에게 있음을 밝혀둔다.

학문적 성과가 미천한 역자에게 과감히 번역의 기회를 허락해 준 지금의 은사 동경대학 고지마 교수님, 역자를 처음 유학의 길로 인도해 준 학부시절의 은사 강원대학교 철학과의 이광래 교수님, 한국의 인문학 출판의 시장 상황이 극히 어려움에도 선뜻 관심을 보여준 논형 출판사 대표 소재두 선생님의 따뜻한 배려에 말로 형언하기 어려울 만큼의 감사의 마음을 지면을 통해서나마 전하고 싶다.

또한 역자로 하여금 학문의 길로 이끌어 준 지금은 연로하셨지만, 아직도 중국의 정치학계에서 왕성한 활동을 하고 계시는 석사 때의 은사 텐진사범대학天津師範大學의 쉬따퉁徐大同 교수님께 깊은 사의를 표하고 싶다. 끝으로 작년에 작고하신, 평생토록 자식의 뒷바라지만을 위하여 강원도 두메산골에서 평생을 사셨던, 이 세상에서 가장 사랑하는 아버지께 이 작은 책을 바친다.

2003년 여름의 문턱에 일본 동경에서
부파만不怕慢, 즈파잔只怕站의 정신을 되새기며

역자 신현승辛炫承

차례

1. 천天

1. 천견론天譴論

희녕熙寧 7년(1074) 3월에 어느 한 곳의 지방관이었던 정협鄭俠이라는 인물이 대략 다음과 같은 상주문上奏文을 황제에게 올렸다.

> 작년 메뚜기[蝗][1] 떼로 인해 입은 큰 피해에서 회복된 지 얼마 되지 않았는데, 가을부터 올 봄에 이르기까지 비가 내리지 않아 농작물에 막대한 피해를 끼치고 있습니다. 이것은 대신들이 도리에 어긋난 정치를 행하였기 때문에 일어난 재앙입니다. 바라옵건대 국고國庫를 열어 빈민들에게 혜택을 주심과 동시에 지금 실시하고 있는 정책을 중지하고, 조화를 불러들여 하늘[天]의 마음에 응답하고, 음양陰陽의 이치를 가다듬어 비를 내리게 하여 천하만민을 도탄의 수렁에서 구하여 주시옵소서. 만일 폐하가 저의 의견을 재가하시고 십 일이 지나 비가 내리지 않는다면, 저를 참하시고, 군주를 기만하고 하늘을 업신여긴 죄를 다스려 주시옵소서 (『西塘集』 권1, 「上皇帝論新法進流民圖」).

이때의 황제는 북송의 제6대 황제인 신종神宗이었는데, 당시 재상이었던 왕안석王安石[2]은 개혁안을 가지고 이른바 신법新法 정책을 추진하고 있었다. 정협은 신법에 비판적이었는데, 위 상주문의 목적도 개혁의 중지에 있었으며 그 때문에 불순한 날씨로 인해 일어난 흉작의 현상을 그 논거로 이용한 것이다.

'이용利用'이라는 작위적인 표현이 정협에게는 실례를 범하는 것일지도 모르겠지만, 그는 자신의 목숨을 걸고 상주한 것이었다. 근대에 들어와 왕안석을 옹호하는 자들이 어떻게 말할지라도, 정협이 지도까지 그려가면서 신종에게 제시한 '기근 때문에 유민이 발생했다는 것'은 결코 부인할 수 없는 사실이었다 하지만 왕안석 옹호파는 "황해蝗害와 가뭄은 기상의 변화가 만들어낸 조화이지 신법 자체와는 관계가 없다"고 말할 것이다. 확실히 그것이 근대적인 논리이며, 당시에 실제로 그렇게 반응했던 왕안석은 근대적·합리적·과학적인 사고의 소유자로서 그때까지의 악평에서 벗어나 오랜 세월 동안 높은 평가를 받게 된다. 다음은 그 당시 왕안석이 신종에게 아뢰었던 내용이다.

> 홍수와 가뭄에는 그 상수常數—정해진 상태—가 있고, 요堯나 탕湯과 같은 성왕조차도 피해갈 수가 없습니다. 폐하가 즉위한 이후 7년간은 줄곧 풍작이 계속되어 왔기 때문에, 올해 우연히 가뭄이 닥쳐왔다고는 하지만 올바르게 정치적으로 대처하여 이러한 천재지변天災地變에 대응하기만 하면 그것으로 충분하며, 일부러 이것 때문에 마음을 성가시게 하실 필요는 없습니다(『資治通鑑長篇』권252, 이하는 '長篇'이라고 약칭).

만일 요즘의 일본에서 이와 비슷한 현상이 일어난다면, 당국자는 왕안석과 비슷한 대답을 할 것이고, 그 이전에 정협과 같은 논리를 전개하는 그 자체가 미신에 가까운 비과학적인 언동이라 해서 정면으로 문제 삼지도 않을 것이다. 우선 경제정책의 실패와 이상기후는 별개의 사항이고, 야당이라 하더라도 수해와 가뭄에 대한 정부의 책임을 국회 내에서 추궁하지는 않는다. 왕안석의 말대로 자연재해의 발생은 천재지변이고, 인간계의 정치적인 사항―왕안석의 원문에서는 '인사人事' ―과는 어떠한 인과관계도 가지고 있지 않기 때문이다.

단지 이것은 근대 과학의 지식 및 견문에 근거한 판단에 지나지 않는다는 것을 잊어서는 안 된다. 송대의 사람들은 우리들과는 다른 사고방식을 갖고 있었고, 자연계와 인간계는 밀접한 인과관계에 의해 얽혀 있었으며, 일반적으로 천인상관天人相關 사상이라고 불리는 사유가 바로 그것이다. 이 책에서 천인상관 사상에 근거한 '천재天災'는 '인사人事'에 의해 발생한다는 논리를 '천견론天譴論'이라고 부른다. 이것은 '위정자가 잘못을 저지르면, 하늘이 재해와 이변을 내리고 이것으로 경고한다'라는 한대漢代에 확립된 이론이 그 배경에 있다. 대개 모든 재해는 하늘이 사람[人, 爲政者]에게 부여하는 견고譴告이며, 그 의미에서 자연재해라고 하더라도 인재로 치부했던 것이다.

천견론을 확립한 사람은 동중서董仲舒[3]이다. 이 책의 제3장 도道에서 그는 다른 측면에서 각광을 받는 형태로 등장하지만 북송의 중엽까지 동중서라고 하면, 무엇보다도 먼저 천견론자로서 알려져 있었다. 그 후 천견론은 유향劉向, 유흠劉歆 부자[4]에게 계승되고 후한의 반고班固[5]에 의해 『한서漢書』의 「오행지五行志」로써 정리된다. 거기에서는 『상서尙書』의 「홍범편洪範篇」에 근거하여 수·화·목·금·토의 오행五行과 황극皇極이라고 하는 모두 여섯 개의 범주를 이용하여 온갖 재앙을 분류하고, 그것과 관련하는 인간계의 사상事象을 열거하고 있다. 그 구조는 북송 무렵까지 이어져, 강정康定 원년(1040)에는 인종仁宗에 의해 『홍범정감洪範政鑑』이 편찬되었다. 그 내용과 장의 구성은 모두 「오행지」를 모방하였다. 결국 천견론은 당시 사람들의 사고를 규정하는 패러다임이었다고 말할 수 있다.

그 기능은 현재 일본에서의 '세론世論[輿論]'에 가깝다. 현대 사회에서 어떤 위정자가 여론에 역행하는 언동과 정책을 내놓는 경우에 그것은 정적들에게 아주 좋은 공격의 재료가 될 것이다. 정치라고 하는 투기장에서 여론, 즉 민의에 근거한 전법은 가장 유효한 전술인데, 그것은 '민주주의'를 표방해야 정치가가 자기 언설의 정당성을 근거 지울 수 있기 때문이다. 정책의 유효성 그 자체가 아니라 그 정책이 여론에 들어맞는가의 여부로써 당국자에 대한 정통성이 판단된다. 이 때 정적들은 마음속으로 민주주의를 신봉할 필요는 없으며 단지 믿고 있는 체만 하면 된다. 정치적 언설의 장에서 여론은 대의명분—이것은 민주주의에 적대하는 관념이지만—으로서 기능하고 있는 것이다.

천견론도 마찬가지이다. 정협은 이 이론을 정말로 믿고 있었던 것일까. '거짓이라면 목숨은 필요치 않다'라고 허세를 부렸다고는 하지만, 그것이 진실인지는 알 수가 없다. 의외로 왕안석처럼—거기에 우리들도—신법과 가뭄의 인과관계 같은 것을 믿지 않았을지도 모른다. 그런데도 과거 1천여 년 동안의 통례通例에 의하면 이러한 경우에 그 재해의 원인을 현행의 악정으로 돌리는 것이 허락되었다. 물론 당국자들은 천견론을 바라지 않기 때문에 종종 금지령을 내리곤 했다. 그러나 천인상관 사상의 중요한 하나의 요소로서 천견론은 정치적 언설의 공간에서 사회적으로 인식되고 알려지면서 지속되어 왔다. 이하에서 문제로 삼는 것도 논자들이 내심으로 어떻게 생각하고 있었는가라는 정신 구조·신앙 형태의 탐구가 아니라, 상주문과 경학설을 바탕으로 어떠한 이야기가 통용되고 효력을 가지고 있었는가라는 것이다. 현대 사회의 정치에서 '민주주의'라는 언설이 통용되고 있다는 사실과 정치가들이 그 충심으로부터의 신자信者라는 사실은 서로 별개이다.

정협이 살고 있던 세계에서는 하늘의 뜻이 우리들의 여론에 해당하는 역할을 다하고 있다. 애당초 현 왕조가 존립하고 있는 정당한 근거는 그 창시자에게 천명이 내렸는가에 있었다. 세습적 군주가 가진 또 다른 하나의 칭호는 '천자天子'인데, 다음 절에서 서술하려는 바와 같이 하늘에 대한 제사는 천자의 중요한 직무의 하나였다. "어떤 인물과 시책의 탓으로 천견이 내렸다"라고 목청을 높여 주창하면, 그리고 그 주장이 관계官界에서 어느 정도의 힘을 얻으면, 군주는 그것에 따르지 않을 수 없는 구조가 정치의 장에서 이루어지고 있었던 것이다.

정협의 상주를 전후로 해서 진작부터 신법에 비판적이었던 한림학사翰林學士 한유韓維가 이 무렵 황제 스스로 자신을 책망하여 정부 비판의 상주를 허가한다는 조칙을 발표할 것을 요구하자 신종은 이를 허락한다. 이에 호응하여 반대파의 중심인물이었던 사마광司馬光6)은 정부의 중추 역할에서 벗어난 지 수년간의 침묵을 깨고 상주문을 제출한다.

> 폐하의 치세—왕안석의 등용 이래— 기간 중 최근 6년 간 천하에 원망과 한탄의 목소리가 가득 차고 큰 재해가 일어난 원인은, 폐하가 전폭적인 신뢰를 보내시며 신법의 시행에 몸을 바쳤음에도 불구하고 집정하는 대신들이 자신들에게 동조하는 인물만을 등용하여 반대파를 물리쳤기 때문입니다. 지금 조서詔書에서 폐하는 그 잘못을 깨달으시고 스스로를 책망하시고 계시지만, 신법을 중지하지 않으면 효과는 없을 것입니다. 만일 일단 신법을 모조리 폐지하시기만 한다면 천하는 모두 기뻐하고 화기和氣가 충만하게 되어 틀림없이 비가 내릴 것입니다(『增廣司馬溫公全集』 권35, 「應詔言朝政闕失事」).

사마광은, 이런 표현이 적당할지 모르지만, 자연재해를 요행이라고 생각하고 냉큼 달려들어 신법 비판의 논리를 짜 맞춘 흔적을 엿볼 수 있다. 왕안석 반대파들에게 신법은 이번 재해가 일어나기 전부터 타도

해야 할 대상이었다. 천견론을 믿는 신자들에게는 '역시 우려했던 그대로'였을 것이고, 사이비 신자에게는 '생각지도 않았던' 일이었겠지만, 여하튼 신법을 공격하는 데 좋은 재료료서 정당한 근거로 작용했다는 점에는 틀림이 없다.

이와는 달리 왕안석은 매우 곤혹스러운 입장에 처하게 되었다. 앞에서 서술하였던 그러한 변명도 헛되이 그해 4월(희녕 7년, 1074)에 재상에서 물러나게 된다. 신법 정책을 지속적으로 추구하기 위해 그 자신은 뒤로 물러서지 않을 수 없었고 대의명분이 적의 수중에 있는 이상 신종으로부터의 절대적인 신뢰도 도움이 되지 않았던 것이다. 천견론이란 이렇게까지 강력한 병기였다.

희녕 7년의 경우는 가뭄이라는 재해가 일어났다고는 하지만, 천견론의 논거에는 또 다른 하나, 즉 현대의 관점에서는 위정자가 그다지 우려할 것도 못 되는 천문학상·생물학상의 이변에 대한 헤아림도 있었다. 우리들이 '천체쇼'로서 감상하는 일식과 혜성이 그 대표적인 것이다. 혜성은 어찌 되었든 일식은 일찍부터 그 구조가 해명되어 전문가가 정확한 날짜까지 예측할 수 있었다. 그럼에도 불구하고 음陰[月]이 양陽[日]을 해치고 또한 기피해야할 현상이라 하여 양을 체현하는 군주는 당일에 자기의 몸을 조심스럽게 삼가 해야만 된다고 하였다. 즉 과학기술의 '진보'가 인간 의식의 변혁과 연결되지 않았다는 전형적인 사례일 것이다.

희녕 6년(1073) 4월 1일에는 일식이 예보되어 신종은 관례에 따라 근신할 준비를 하고 있었다. 그런데 당일에 수도인 개봉開封은 구름이 잔뜩 끼어 일식현상은 관측되지 않았다. 더불어 세 번째 태자가 태어나자 궁중은 완전히 축하 분위기에 휩싸였다. 재상인 왕안석은 일식이 보이지 않았던 것을 "폐하의 지극한 덕에 하늘이 감동하였기 때문입니다"(『長編』 권244)라고 경하하고 있다. 물론 이 발언은 대개 관습적이고 수사적인 것이며 왕안석의 본심과는 관계가 없을지도 모른다. 그러나 앞에서 말한 바와 같이 왕안석조차 이렇게 발언하고 있다는 사실과 그러한 어법의 사용이야말로 여기에서 논의의 대상으로 삼고자 하는 사항이다.

희녕 7년 4월에 일단 물러나 있던 왕안석은 곧이어 복귀하였다. 그런데 희녕 8년(1075) 10월에는 혜성이 나타났다. 신종은 전년과 마찬가지로 자신을 책망하고 간언을 구하는 조서를 관례에 따라 발포하지 않을 수 없었다. 이때는 부필富弼·장방평張方平·여공착呂公著 등 역시 신법 반대파의 대신들이 상주문을 올린다. 그들의 논지는 모두 비슷하였다. 즉 천하의 악정惡政인 신법에 의해 혜성이 나타났으며, 그것의 증거로 신종이 조서를 발포하자마자 금세 혜성은 사라져 버렸다는 것이다. 그러나 입에 발린 말로만 반성을 하고 앞으로도 계속해서 신법 정책을 추진한다면 틀림없이 새로운 재이가 발생할 것이라는 내용이었다.

이번에도 왕안석은 정치의 득실과 재이는 아무 관계가 없으며 혜성의 출현은 우연이라고 대응한다. 그것의 근거로서 그는 『춘추좌씨전春秋左氏傳』 소공昭公 18년의 기록에서 정鄭나라 자산子産의 "천도天道는 멀고, 인도人道는 가깝다"라는 말을 인용하고 있는데, 이와 같이 왕안석의 선구자는 이미 춘추시대에 존재하고 있었던 것이다. 또한 그러한 말을 하였던 '합리적'·'진보적'인 사상가는 순자荀子·왕충王充 등 송대 이전부터 존재하였다. 인간의 뛰어난 지혜가 끊임없이 개선되고 진보한다면 특별히 왕안석이 나타나지 않더라도 천견론의 소멸은 별로 이상한 일이 아니었다.

하지만 실제로는 그렇게 되지 않았다. 왕안석은 재해와 이변이 일어날 때마다 변명하지 않으면 안되었고, 반대로 일어나야 할 이변이 일어

나지 않았을 때에는 그것을 경하하고 있었던 것이다. 그 전달에는 신종
의 지극한 정성이 하늘을 움직이고 기도가 통하여 비가 내렸다고 말하
며 전년에는 한의 무제武帝를 평하여 "불인不仁한 바가 이와 같았기
때문에 음양陰陽의 응보應報를 피하지 못하였다"(『長編』 권243 및 권
233)라고 단언하고 있는 왕안석을 단순히 천견론의 비판자라고 부를
수 있을까.

왕안석에 조금 앞서서 문장가로서는 그 스승에 해당하는 고문운동古
文運動의 추진자 구양수歐陽脩7)에게는 겉으로 보기에 서로 모순되는
천견론에 대한 두 가지 태도가 선명하게 보인다.

지화至和 3년(1056) 수도 근접지역에 홍수가 닥쳐오자, 그는 두 가지
원인을 지적한 상주문을 올린다. 하나는, 물은 음陰으로 신하와 군사를
상징하는 것인데 그러한 군인 출신의 인물이 중용되고 있다는 것이고,
또 하나는 한대의 『홍범오행전洪範五行傳』의 문언에 근거하면 종묘宗
廟의 예禮에 결여된 바가 있다는 것이었다.(『歐陽文忠公全集·奏議集』
권14, 「論水災疏」) 전자는 일개 병졸 출신으로 입신立身을 한 적청狄靑
이 추밀사樞密使로 승진하는 것을 막기 위해, 후자는 친자식이 없는
인종에게 황족들 중에서 빨리 후계자를 지명하도록 요청하기 위해 언
급한 것이었다.

그는 "하늘과 사람의 관계는 그림자나 산울림과 같은 관계이고, 인
간이 불러일으키지 않는데도 발생하는 재해는 없으며, 그런 원인이 있
는데도 이변이 생기지 않았던 선례도 없었다."라고까지 단언한다. 그
전 해에도 재이를 실정失政과 결부시킨 상주를 계속해서 올리고 있다.
그러나 오늘날 구양수는 일반적으로 천인상관 사상을 부정했던 '진보
적'··'합리적'인 사상가라고 평가된다. 그것은 그가 쓴 『오대사기五代史
記』(『신오대사新五代史』)와 『신당서新唐書』 속에서 천견론을 부정하

는 바로 그와 같은 논리를 전개하였기 때문이다. 공자孔子는『춘추』를 편찬할 때에 일식·혜성 및 그 밖의 재이를 기록하였지만, 무엇이 그 원인인지는 일체 서술하지 않았다. 어떤 재이가 특정의 사건과 관련하고 있는 것으로서 양자간의 일대일 관계를 상정한 사람은 동중서·유향·유흠 등 한대의 유학자들이다. 그들의 이론은 본래 공자가 의도했던 바에서 벗어나 있다.『한서』이후 오행지의 '어떠한 재이는 어떠한 일의 응보應報'라고 하는 기술 방법이 답습되고 있었지만, 전혀 유래가 없다는 이유로『춘추』의 서술 방식으로 돌아가 단순히 재이가 발생한 사실만을 기록하게 되었다. 구양수는 이렇게 서술하고, '모사모응某事某應'의 형식을 받아들이지 않았다. 그 후에 정사正史의 오행지는 모두 구양수의 방법을 계승하게 된다. 확실히 그는 역사의 서술을 합리적으로 바꾼 공로자로 보인다.

혹은 그 자신이 재상을 맡고 있던 시기, 즉 인종仁宗 이후 그 사촌 아들인 영종英宗의 치세에 구양수는 왕안석과 마찬가지로 괴로운 입장에 처하게 된다. 당시 최대의 정치문제는 영종의 고인이 된 친아버지 복왕濮王을 어떻게 대우할 것인가하는 문제였다. 현대인의 시각에서 보면 어떠해도 좋을 듯한 사소한 일을 산적해 있는 재정·군사상의 문제를 모두 보류해두고 대정치가가 진지하게 논쟁하는 것이 기괴하다는 생각도 들겠지만, '복의濮議'라고 불리는 이 사건은 당시의 가치판단으로는 무엇보다도 먼저 꼭 해결해 두지 않으면 안 되는 중대한 사건이었다.

구양수는 영종의 뜻을 참작하여 복왕에게 '황고皇考'의 칭호를 주려고 했다. 그런데 이 조치는 간언을 담당하는 관리인 사마광 등의 심한 반발을 사게 된다. 그들은 영종은 인종의 양자로서 그를 아버지라고 부르는 이상 실부實父를 아버지라고 부를 수 없다고 논하고, 마땅히 복왕을 백부伯父로서 취급해야 한다고 하여 구양수에게 반대한다. 그는 10년 뒤에 왕안석을 향해 겨누는 화살을 똑같이 구양수에게 겨누었다. 묘하게도 그것은 바로 10년 전에 구양수 자신이 후계자를 결정하지 않는 인종을 비판했던 것과 똑같이 『홍범오행전』을 이용하여 종묘의 예에 대해 그 잘못을 찌르는 논법이었다.

이것에 대해 구양수는 과거 자신의 언동을 완전히 망각한 사람처럼 반론을 전개한다. 즉 "종묘의 예를 소홀히 하자 홍수가 닥쳐왔다고 하는 설은 하늘과 인간의 관계를 억지로 갖다 붙인 엉터리이다"(『歐陽文忠公全集·濮議』권4, 「箚子」)라고 하는 것이다. 이러한 자가당착을 구양수의 사고방식이 변했다고 해석하여 이해하는 방법도 있다.

확실히 젊었을 때는 천견론을 믿고 있었지만, 노년에 그것에 비판적으로 되었다고 이해하면 앞뒤의 이치가 맞는다. 그러나 정말로 그러했던 것일까. 이러한 전향을 증언하는 직접적인 사료가 하나도 존재하지 않는 이상 이 설명은 단순한 억측에 그치고 만다. 백 보 더 양보하여 정말로 구양수의 내면에서 그와 같은 변화가 일어났다고 하더라도 그가 자신의 정치적 입장에서 상황이 좋은 쪽을 선택했다고 하는 객관적인 사실은 흔들리지 않는다. 구양수가 진보적이었기 때문에 사마광에게 반론을 제기했다는 것과 동일하게 그 자신의 보신保身을 위해 천견론을 비판했다고도 말할 수 있다. 적어도 10년 전의 상주를 알고 있는 사마광 등의 눈에 구양수의 태도가 그렇게 보였다는 사실은 의심의 여지가 없다.

신종의 진지한 태도로 재이가 없어지면 "폐하의 지극한 덕이 이루시는 조화"라고 말하고, 정적들의 비판을 받으면 "천변은 두려워할 것이 채 못 된다"라고 하여 신종을 위로하는 왕안석도 구양수와 똑같이 실제로는 편의적으로 천견론을 사용하고 있다. 또한 그들 진보파 뿐만이

아니라 신법 비판의 선봉으로서 신종 사후의 정변을 연출한 선인태후
宣仁太后 고씨高氏—영종의 황후—조차도 가뭄이 일어났을 때 신하로
부터 덕을 쌓으라는 말을 듣고, "가뭄과 홍수는 숙명적인 것[時數]"이라
고 답하고 있다.(『長編』 권438) 그러한 타당치 않은 발언으로 주의를
받고 난 뒤 그녀는 결국 공구수성恐懼修省하는 것에 동의하지만, 뜻밖
에도 그녀의 입에서 이러한 발언이 튀어나왔다는 것은 평소에 통용되
던 정치적 언설과는 정반대로 당시 사람아 천재를 '시수時數'라고 결론
지어 버리는 사고방식을 갖고 있었음을 보여주고 있는 것이다.

그 변화를 황해蝗害의 예로 생각해 보자. 메뚜기 떼의 대량 발생은
사전에 예측 불가능하다. 게다가 농작물에 직접 피해를 준다는 점에서
일식이나 혜성과는 다르며, 현대적인 관점에서 보아도 대단한 재해이
다. 하지만 당시에는 그것은 천견으로서 더욱 중요한 의미를 가지고
있었다.『춘추』에 '황황'이라고 적혀 있는 조문이 빈번하게 보이고 거기
에 공자의 의도, 즉 황해가 천견임을 나타내려고 하는 의도가 있었다고
말하는 동중서 등의 춘추 경학 이론이 그 배후에 존재한다. 천견이 내
려진 이상 군주는 근신하며 덕을 쌓으라고 그 이론은 설명하고 있다.

그렇다고 하더라도 황해가 천견이기 때문에 덕을 수양하는 것이
가장 중요하다고 하는 바로 이러한 내용, 즉 현대적인 시점에서 보아
도 미신이라고 판단되는 이론을 모든 사람이 다 받아들였던 것은 아
니다. 이미 당나라 때 요숭姚崇[8]이 사람의 힘으로 해충을 없애는 그
러한 노력의 중요성을 주장하고 있다(『舊唐書』권37, 「五行志」·권96,
「姚崇傳」·권101, 「韓思復傳」). 다만 당시 그는 거의 고립무원의 상태
였다. 그때의 황제 현종玄宗은 대량의 메뚜기를 없애면 천지의 화기
和氣를 깨뜨리고 도가 지나쳐 부질없는 짓이 되지 않을까라는 현념懸
念을 표명한다. 지금에서야 요숭의 견해가 과학적이고 합리적이라는

호의적인 평가를 받지만, 송나라 때도 그 평판은 그리 좋지 않았다. 소식蘇軾[9]의 동생인 소철蘇轍은 「요숭姚崇」이라는 글에서 다음과 같이 말하고 있다.

> 만일 그의 의견에 따르면, 군주가 위로는 하늘의 징계를 두려워하지 않고 중간에서는 종묘를 숭배하지 않으며, 아래로는 사람들의 말을 걱정하지 않을 것이다. 메뚜기를 없애는 일은 확실히 옛날에도 있었지만, 재앙을 만나면 두려워하고 덕을 쌓아서 천변天變에 응하는 것이 옛날의 올바른 도리였다(『欒城後集』권11, 「歷代論」 5).

천희天禧 원년(1017) 2월, 전년부터 계속된 황해에 대해 황제인 진종眞宗은 스스로 공구恐懼의 염념과 자성自省의 뜻을 표명하고 차와 소금의 전매법專賣法이 하늘의 뜻에 맞지 않는 것은 아닌가라고 자문을 구한다. 재상인 상민중向敏中은 다음과 같이 말한다.

> 무릇 천재天災는 상수常數이고 정치에 잘못이 없으면, 가령 천재가 발생하더라도 성스러운 덕에는 지장을 주지 않기 때문에 걱정하실 필요는 없습니다(『長編』권89).

또한 사상謝商이라는 관료는 다음과 같이 진언한다.

> 메뚜기가 해를 입히는 것은 천재이지만, 사람의 힘으로 제거할 수 있기 때문에 관리를 독촉하시어 메뚜기를 잡도록 하시옵소서(同, 동권).

그들이 말하는 천재는 오늘날과 마찬가지로 그 발생 자체는 위정자가 어떻게 하기 힘든, 즉 정치가 나쁘기 때문에 일어나는 것과 같은 그러한 인과관계를 갖고 있지 않은 자연현상을 가리키고 있다. 게다가 천재이기 때문에 체념하자는 것이 아니라, 사람의 힘에 의한 구제를 설명하고 있다는 점에서도 '근대적'이다. 그렇지만 당국의 정책을 비판하고 싶은 사람에게 이러한 천재는 변함없이 자기 학설을 주장하는 좋은 논거가 되었고, 천재를 천견으로서 받아들이게 하여 덕을 수양하게 하고 정책을 변경하도록 요구할 수가 있었다.

희녕 5년(1072)에도 비슷한 사건이 발생하였지만 그 논리에는 미묘한 변화가 보인다. 그 사건의 경위는 이러하다.

당시의 통례로서 황해의 실정을 보고하는 문서가 각지에서 조정으로 올라왔다. 또한 송대 특유의 복잡한 지방행정 조직 때문에 비슷한 상황이 안무사安撫司·전운사轉運司·주州라는 세 곳의 관청으로부터 보고되었다. 그런데 어느 날 조정에서 황해의 구제驅除 완료 후 보고해도 좋다는 통지를 내렸는데, 어사 장상영張商英은 이러한 조치가 마음에 들지 않아 다음과 같이 말한다.

> 이것으로는 황제께서 보고를 접한 시점에서 공구수성恐懼修省하고, 위로는 하늘의 훈계에 응답하고, 아래로는 백성의 고충을 걱정하더라도 그것은 이미 늦어 버리게 되옵니다(『長編』권236).

그의 주장은 황해를 맞이한 때는 황제가 반드시 공구수성해야만 한다는 것이다. 구제 작업이 끝났기 때문에 이제 그것으로 되었다는 것이 아니다. 때마침 어떤 안무사의 보고가 진주원進奏院[10]에서 반송되었다는 소식이 신종의 귀에 들어가고 신종은 이전의 통고를 무효로 하려고 한다. 그러자 왕안석이 반대하며 말한다.

전운사와 주만으로도 그 업무가 겹치고 있는데, 안무사에게까지 보고를 시키는 것은 종이의 낭비입니다. 또한 그것을 읽고 계시는 폐하도 피곤하실 뿐입니다(同, 동권).

『장편長編』의 해당 조문에는 이것에 덧붙여 후에 진관陳瓘이 서술한 것이 있는데, 그러한 이유로 간언의 길을 봉쇄하려고 하는 왕안석은 참으로 무례하다고 하는 견해를 주注의 형태로 부기하고 있다.

이렇게 볼 때 우리는 두 가지 사실을 알 수가 있다. 먼저 왕안석은 요숭·상민중과 비슷한 소수파였다는 점이며, 같은 시대의 장상영은 물론이고 한 세대 아래의 진관, 게다가 그 진관의 의견으로 그 조문에 결말을 짓는『장편』의 편자인 이도李燾도 또한 왕안석과는 반대의 의견을 가지고 있었다는 것이다. 황해가 발생하면 지방관은 신속하게 상주문을 올려야 한다. 왜냐하면 그러한 것으로 황제에게 공구수성을 요구할 수가 있기 때문이다. 그들에게 공구수성은 이처럼 중요한 사항이었다.

두 번째는 그들도 '사람의 힘에 의한 메뚜기의 제거'를 부정하고 있지 않다는 것이다. 화기和氣를 해쳐서는 안 되기 때문에 가만히 그대로 두고보자고는 말하지 않는다. 여기에 당대와 북송 후반의 결정적인 차이가 존재한다. 그 사이에 위치하는 진종 때에는 사상謝商의 의견이 이미 정론이었다. 상민중과 같이 '상수常數'라고 갑자기 태도를 바꾼 것은 반발을 초래하였지만, 사람의 힘으로 메뚜기를 제거하는 것에는 이견이 나오지 않았다. 진관과 동시대의 인물인 장대형張大亨은 다음과 같이 설명하고 있다.

가뭄도 황해도 모두 하늘의 재앙이다. 가뭄은 사람의 힘으로 어떻게도 할 수 없다. 선왕先王이 천후불순天候不順의 해소를 기원하거나, 식사를 줄이고 음악을 삼가하며, 근신하거나 했던 것은 스스로 할 수 있는 범위의 것은 하자고 해서 위로는 하늘을 두려워하고 아래로는 백성을 걱정하는 진실한 마음을 나타내기 위함이었다. 하지만 메뚜기는 사람의 힘으로 제거할 수 있다. 사람의 힘으로 할 수 있는 데도 불구하고 어찌할 바를 모르고 기근을 방관하며 재정상의 이유에서 세금을 과중하게 하여 백성을 괴롭힌다는 것은 하늘을 두려워하고 백성을 걱정하는 것이 티끌만큼도 없다는 것이다. 그 때문에 『춘추』는 온갖 말을 다하여 갖가지로 말하고 있다(『春秋通訓』 宣公15년).

홍수나 가뭄과는 달리 메뚜기에 의한 피해는 사람의 힘으로 격퇴할 수 있다. 당의 현종이 걱정했던 것과 같은 '메뚜기를 제거하면 화기가 깨진다'는 발상은 송대인宋代人들에게는 존재하지 않는다. 당대唐代에는 수덕修德 그 자체가 하늘의 주재자를 움직여서 메뚜기를 소멸시켜 준다고 하는 신앙, 좀더 엄밀하게 말하면 정치적 언설이 강력하였다. 메뚜기의 대량 발생은 하늘이 위정자에게 내리는 경고이기 때문에 위정자는 그 경고가 의미하는 바를 여러모로 생각해야만 하고, 사람의 힘으로 메뚜기를 제거하는 것은 하늘의 뜻을 거역하는 것이 되어 오히려 재앙을 크게 일으킨다고 우려하였다. 적어도 그러한 공격을 받더라도 어쩔 수 없는 상황이었다. 그런데 송대에는 똑같이 수덕을 말하면서 논점은 미묘하게 벗어나 있다. 중요한 것은 공구수성함으로써 정책의 잘못을 고칠 수 있는 기회를 얻었다는 점에 있다. 수덕만 하면 메뚜기가 자동적으로 소멸한다고는 장상영도 진관도 말하지는 않고 있다. 그들은 다만 왕안석이 황해의 보고를 불필요한 것이라 하여 군주로부터 수덕의 기회를 빼앗으려 했다는 것을 비판했다.

『한서』 등에는 훌륭한 인물이 지사知事를 역임하는 지역만큼은 메

뚜기 떼가 피해서 통과했다는 이야기가 많이 나온다. 남송의 호전胡
銓[11]은 이러한 사례들을 인용하여 수덕의 중요성을 강조하고 있다(『胡
澹菴先生文集』 권7, 「應詔言事狀」). 그의 말에 의하면 상민중의 태도는
개탄을 금할 수가 없다(同, 권5「御試策」).

　송대에도 어떤 인물이 지사로서 부임하자마자 그때까지 해를 입히
던 메뚜기 떼가 모두 다른 곳으로 이동하였다는 이야기가 그 당사자
동생의 「행장行狀」 일절一節 속에 보인다(유반劉攽 『彭城集』 권35).

　그 당사자인 유창劉敞[12]은 한편으로는 『한서』의 「오행지」를 원용하
여 지진 등을 권신權臣의 탓으로 돌리고(『公是集』 권32, 「再上仁宗論
大臣不當排言者」), 다른 한편으로는

　　만일 폐하의 임용任用이 사람을 얻고 시책이 하늘의 뜻에 들어맞기만
　하면, 가령 홍수·가뭄이 일어난다고 하더라도 그것은 원인이 없이 발생
　한 재앙이기 때문에 조금도 걱정할 것이 없습니다(『宋諸臣奏議』 권40,
　「上仁宗論水旱之本」).

라고 상주한 바 있는 경력의 소유자였다. 글의 내용으로 보아서는 서로
모순되는 두 가지의 논리인데, 이러한 현상은 구양수 등의 다른 동세대
의 사람들에게서도 볼 수 있다. 이것을 어떻게 해석하면 좋을까. 조금
우회하는 것이 되겠지만, 이 장의 다른 하나의 주제를 제시한 후에 다
시 한번 검토해보고자 한다.

2. 교사론郊祀論

황제가 하늘에 제사 지내는 의례를 통상 '교사郊祀'[13]라고 부른다.
교郊라고 칭하는 것은 의례가 행하여진 제사의 장소가 수도의 교외에
설치되었기 때문이다. 경학자들이 말하는 바에 의하면 교사는 주대周
代 이전부터 이루어졌던 의례라고 할 수 있지만, 국가 의례로 중요시
된 것은 전한前漢 말기의 성제成帝때이고 그때부터 역사적 사실로서
교사라는 명칭을 취하게 되었다.

물론 그 이전부터 하늘에 제사를 지내는 의례는 거행되었고, 천자된
자의 중요한 직무로 간주되지만 그것은 여기에서 말하려는 유교 경전
의 기록에 기초하여 경학적 근거를 가지고 설명되는 교사와는 별개의
것이었다. 게다가 또한 전한 말기의 삼십 년 간에 걸쳐서 유가가 주장
하는 교사와 옛날부터 내려오는 제례의식 사이에서는 끊임없는 논쟁이
몇 번이고 되풀이되었는데, 이 논쟁에 종지부를 찍고 교사제도를 확립
한 것은 왕망王莽의 공적이었다. 『한서』「교사지郊祀志」에 실린 그의
상주문은 교사의 기본형식을 보여주고 있는데, 이곳의 주제를 제시하
기 전에 먼저 그것을 소개해 둘 필요가 있을 것이다.

하늘과 땅을 합제合祭하고 시조始祖를 하늘로 그 황후를 땅으로 하여
합쳐서 제사지내는 것은 그 의미하는 바가 같다. 하늘과 땅의 정기가 합
치하는 것은 부부가 딱 맞게 일체화하는 것이다. 남교南郊에서 하늘에
제사지낼 때, 땅을 합제하는 것은 이러한 일체의 의미를 나타낸다.……
하늘과 땅에는 정해진 위치가 있고, 일반적으로는 합제할 수가 없다. 이
것은 각각 독립해서 제사 지내는 것이다. 음양은 하지와 동지의 날로 분
리되어 그 회합하는 것은 정월 상순上旬의 신辛 혹은 정丁의 날이다. 그
날에 천자天子는 친히 남교에서 하늘과 땅을 합제하고, 고조高祖와 고후

高后를 배유配侑한다.…… 동지의 날에 대리인인 관료[有司]로 하여금 남교에서 제사를 지내게 하여 고조高祖를 합쳐서 제사하고 여러 양신陽神을 망제望祭[14]하며, 하지의 날에 대리인인 관료로 하여금 북교에서 제사를 지내게 하여 고후高后를 합쳐서 제사하고 여러 음신陰神을 망제한다. 둘 모두 희미한 기운을 불러일으키는 데 일조를 하고 분명하지 않은 것과 통하여 이끌어 가려고 하는 것이다.

동지에 하늘을, 하지에 땅을 제사 지내는 것은 왕망 자신이 언급한 바와 같이 음양사상에 근거한 발상이었다. 음이 절정을 이루는 동지가 양신陽神의 양이 절정을 이루는 하지가 음신陰神의 제일祭日이 된다는 것은 그날에 각각 양·음이 싹트고 이후에 점점 힘을 얻어 간다는 까닭이겠지만, 이 설의 전거典據는 『주례周禮』 춘관대사악春官大司樂[15]에 있는 다음의 기술이다.

동지에는 지상의 원구圜丘[16]에서 이것을 연주한다. 만일 음악이 육변六變하면 곧 천신이 모두 내려오는 만족감을 얻어서 예를 이룬 것이다.…… 하지에는 택중澤中의 방구方丘에서 이것을 연주한다. 만일 음악이 팔변八變하면 곧 지기地祇가 모두 출현하는 만족감을 얻어서 예를 이룬 것이다.

『주례』는 왕망 정권이 개혁의 지침으로 삼았던 책이다. 왕망의 교사 개혁郊祀改革에 대한 상주도 『주례』의 이 조문을 근거로 삼아 이루어져 있다. 따라서 후세에 교사의 택일을 동지·하지로 하는 것에 반대하는 논자들은 왕망이라는 인물에 대한 평가와 『주례』 그 자체의 신빙성과 관련시켜 자기의 학설을 전개하게 된다. 동지와 하지에 하늘과 땅을 별개로 하여 제사를 지낸다는 설이 『주례』의 기술에 의거한다는 것은 교사에 새겨진 성스러운 흔적이고, 교사제도의 형태를 둘러싼 논의는 경학에서 말하는 바와 밀접한 불가분의 관계를 맺지 않을 수 없었다.

여기에서 다른 한 가지를 확인해 둘 필요가 있는데, 그것은 왕망이 두 종류의 교사를 제안하고 있다는 점이다. 정월 상신上辛 또는 상정上丁의 날에 천지를 합제하는 황제 자신의 친제親祭와, 관료가 대행하는 유사섭사有司攝事[17)의 형식으로 동지와 하지에 하늘과 땅을 분제分祭하는 제식祭式과의 구별이다. 후자가 음양사상 및 『주례』에 근거한다는 것은 지금 서술한 바 그대로이지만, 그러면 전자는 무엇에서 유래하는 것인가. '정월상신正月上辛'을 교사의 날짜로서 주장하는 것은 『춘추공양전春秋公羊傳』이다. 『춘추』 성공成公 17년 9월 신축辛丑 조條의 경문에 '용교用郊'라는 곳에 덧붙여 『춘추공양전』은 이렇게 설명한다.

용用이란 무엇인가. 용이란 이용하는 데에 알맞지 않다는 것이다. 9월은 교사를 행해야만 하는 시기는 아니다. 그러면 교사는 언제 행하는 것이 좋은가. 교사에는 정월상신을 이용한다.

'정월'이라 하더라도 『춘추』가 채택하고 있는, 아니 그보다는 그렇다고 해석되는 주력周曆과 통상 우리들이 구력舊曆으로서 알고 있는 하력夏曆과는 2개월의 차이가 있기 때문에—그렇다고 이해되고 있다—'정월'은 11월 즉 동짓달이라는 의론도 있지만, 그것은 어찌되었든 왕망설의 전거典據가 여기에 있었던 것만은 틀림이 없다. 덧붙여서 말하면 『주례』와 더불어 왕망 정권과의 관계가 이러니 저러니 얘기되는 『춘추좌씨전春秋左氏傳』은 그 경문에 대해서 아무런 설명도 덧붙이지 않고 있다. 또한 『춘추』에는 동지·하지에 대한 제천의례祭天儀禮의 기록은 없다.

왕망의 상주는 이러한 춘추 경학설을 근거로 삼아 동지·하지와는 별도로 정월 교사를 제안하고 있는 것이다. 게다가 이것은 친제에 의한 천지합제이고, 유사섭사의 분제보다 격이 높은 식전으로 간주되었던 것은 확실하다. 송대에『주례』존중파와『춘추』존중파가 대립하자 교사제도가 모양 좋은 투기장이 되었던 것은 여기에 그 기원을 두고 있다. 그 논쟁은 하늘에 합쳐서 제사지내야—이것을 배유配侑·배향配享 등이라고 부른다—할 황실 조상의 선정選定으로 시작되었다.

희녕 5년(1072), 일단 태묘太廟의 수좌에서 물러나 있던 희조僖祖의 위패가 회복되어 감생제感生帝에 배향되었다(『長編』권 240). 태묘란 황실의 역대 조상을 제사지내는 시설이다. 원래는 그것을 종묘라고 불렀으며, 경학에서는 일대一代에 반드시 딸려야 할 하나의 건물을 준비해야 할 것이었다. 그런데 후한의 명제明帝가 자신을 아버지인 광무제光武帝의 사당에 함께 제사지내도록 유언을 한 이래, 하나의 건물 안에 역대 황제를 나란히 하여 제사 지내는 것이 관례가 되었다. 또한 태묘란 원래 종묘 중의 하나로서 일반적으로 태조라는 묘호廟號가 증정되는 그 왕조의 창시자를 제사 지내는 사당을 가리키는 호칭이었다. 그러나 사실상 종묘의 시설은 태묘 이외에는 없어져 버렸기 때문에, 이 당시에 양자는 같은 것을 지칭하는 개념으로 사용되었다.

송대의 태묘를 창건한 사람은 초대 황제인 조광윤趙匡胤이다.『예기禮記』「제의祭義」편에 "왕자王者는 네 개의 사당을 세운다"라는 것을 근거로 4대 전부터의 조상을 제사 지내고, 고조부에게는 희조僖祖, 증조부에게는 순조順祖, 조부에게는 익조翼祖, 부에게는 선조宣祖라고 하여 그 각각에 묘호를 증정하였다. 이러한 방법은 당대에서도 마찬가지였으며 송대에서 새롭게 만들어진 것은 아니다. 그리고 당대에서도 그러했던 것처럼 초대 황제 때에는 4대밖에 제사를 못 지내는 태묘에서 그후에는 7대 또는 9대까지를 제사 지내게 되었다. 상세한 것은 여기에서 생략하겠지만, 이것은 또한 『예기』에 전거를 두고 그 해석이 갈라지는 경학설에서 유래한다. 송대의 경우도 조광윤이 죽은 뒤에 실제의 초대 황제로써 제사 지내게 되자, 희조 이하 5대의 조상이 태묘에 줄지어 들어앉게 되었다.

그런데 조광윤의 묘호는 '태조'이며, 현재에도 일반적으로 그에 대해 언급할 때는 '송 태조'라고 부르고 있다. 이것은 결코 잘못되었다는 것은 아니지만, 그것은 다름 아닌 조광윤을 송의 태조라고 인정하는 설에 근거한 칭호이다. 이하에서 논의의 화제로서 문제삼는 것은 애당초 송의 태조를 조광윤이라고 하는 것이 좋을 것인가라고 하는 논쟁이며, '태조'라는 칭호 자체가 누구를 지칭하는가가 쟁점이 될 것이다. 혼란을 피하기 위해 이 책에서는 조광윤을 태조라고 부르지 않고, 이러한 논쟁에서 논자들이 조광윤 개인에 대해 언급할 경우에만 사용하였던 '예조藝祖'라는 용어를 사용한다. '예조'란 『상서尚書』「요전舜典」에 보이는 용어인데, 고염무顧炎武는 『일지록日知錄』의 「예조藝祖」라는 장에서 이 용어가 원래는 보통명사로서 태조와 동일한 의미였다는 취지를 논하고 있다. 그러나 과연 송대의 논자들이 단순한 말 바꾸기의 표현으로서 예조라는 용어를 사용하였는지 의문이다. 아마도 이 책에서와 마찬가지로 보통명사로서의 태조와는 구별하기 위해 조광윤 개인을 가리켜서 예조라고 불렀을 것이다. 고염무의 고증은 어원적으로 맞을지는 모르겠지만, 송대에 있어서 이 용어의 용법에는 꼭 들어맞지 않는다. 송대의 예조는 태조라는 일반적 의미가 아니라 우리들이 통상적으로 '송의 태조'라고 부르는 역사상의 한 개인을 가리키고 있다.

한편 예조에 태조라는 칭호를 증정한 것은 그 뒤를 이은 친아우였다. 즉 죽은 후에 태종太宗이라고 불리게 되는 인물이다. 이후에 태종의 자손이 제위를 세습하여 가게 되지만, 예조와 태종은 형제 사이였기 때문에 합쳐서 1대로 꼽히며, 신종의 아버지 영종 때에는 희조·순조·익조·선조·예조·태종·진종·인종이라는 7대 여덟 명을 태묘에 나란히 모셔놓고 제사 지내게 되었던 것이다.

따라서 신종의 즉위와 함께 선대인 영종이 여기에 더해지자, 누군가를 줄여서 7대라는 숫자에 맞춰야 할 필요가 생겼다. 앞에서 서술한 대로 어떤 경학설에서는 9대병렬九代並列이 허가되었는데, 실제로 당唐에서는 그 방식을 취하고 있고 나중에 휘종徽宗은 그 설을 채용하지만, 신종 때에는 구대설九代說이 채택되지 않았다. 따라서 누군가를 밀어 낼 것인가에 그 논점이 좁혀져 있었던 것이다.

맨 처음에 취했던 방책은 희조를 없애고, 이하로는 그 위패가 놓인 장소에서 차례차례로 내보내는 것이었다. 없앴다고는 하더라도 위패를 깨뜨려 버리는 것이 아니라, 태묘 서쪽 끄트머리의 서협실西夾室이라고 불리는 구역으로 옮겨서 정규 제사 대상에서 제외하는 것이 주된 목적이었다. 그렇기는 하지만 이하의 의론에서 보는 한 정규 제사 대상에서 정말로 제외되었는지는 의심스럽다. 어쨌든 이것에 의해 7대8실七代八室의 태묘 형태는 유지되었다.

희녕 5년의 개제改制는 이 방식의 근본적인 재검토였다. 이에 대신하여 제사 대상에서 제외된 것은 희조의 아들인 순조였지만, 여기에서 쟁점이 되었던 것은 제외되어야 할 대상이 희조인가 순조인가라는 현상적인 측면이 아니라, 왕조의 태조가 희조인가 예조인가라는 해석상의 문제였다. 감생제로의 배유가 왕안석의 원래 구상에서는 호천상제昊天上帝로의 배유의 문제와 함께 연동하고 있었던 것은 그 때문이다.

호천상제란 『시경』과 『주례』에 보이는 하늘의 최고신의 이름으로 '황천상제皇天上帝'라는 것으로도 표기된다. 이제까지 '하늘의 제사'라고 말해왔던 '하늘[天]'이란 이러한 호천상제를 가리킨다. 그런데 이것 이외에 오주五柱의 천제天帝가 존재하게 되었는데 그것들을 정리하여 '오방제五方帝'[18]라고 부르고 있다.

후한 말의 정현鄭玄은 『위서緯書』 등에 근거하여 오방제를 다음과 같이 설명하였다. 천제에는 호천상제 이외에 각각의 오행五行과 대응하는 오제가 있다. 오행은 방각方角(방위 및 방향)·계절·색깔마다 각각의 대응관계가 정해져 있고, 오주의 오제는 그것들과도 대응한다. 예를 들면 오행의 목木을 나타내는 천제는 동방東方·춘春·청青(혹은 蒼)을 상징한다. 왕조의 교체도 오행상생五行相生의 원리에 따라서 일어나기 때문에 각각의 왕조는 오제 중의 어느 하나를 자신의 수호신으로서 가지게 되는데 단순히 수호신이라는 것뿐만은 아니다.

정현의 설에 의하면, 왕조의 시조는 어떠한 초현상적인 작용에 의해 수태되고, 그것은 다름 아닌 그 생명을 부여하였던 것에 해당하는 천제이다. 거기에서 이 천제를 '감생제'라고 부르고 오방제 중에서도 다른 사제와는 구별하여 제사 지낸다. 예를 들어 목덕木德의 주周에서는 창제蒼帝를 감생제라고 하였다—그렇다고 정현은 해석한다. 감생제는 그 왕조에 한정되는 것으로 주를 계승하는 한漢은 화덕火德이기 때문에 감생제는 적제赤帝로 바뀌는데, 이 점이 호천상제가 왕조교체에 관계되지 않는 보편적인 천제인 것과 다르다. 다만 오방제는 그것 자체로서 제사의 대상이 되었기 때문에 주에서도 적제를 제사 지내기는 하였다. 정현의 설은 하늘에는 모두 합쳐서 육주六柱의 제帝가 있는 것이 되기 때문에 후세에 '육천설六天說'이라고 불린다. 이것에 대해서 위魏의 왕숙王肅은 경서의 자구字句에 정현과 다른 해석을 덧붙여서 천제는 단지 호천상제 일주一柱뿐이라고 하였다.

송의 교사제도는 육천설에 따라서 정해졌다. 송은 한과 마찬가지로 화덕火德의 순환이었기 때문에 감생제는 적제이다. 그렇다고 하더라도 정현이 주장한 바대로가 아니라, 감생제 제사는 정월 상신上辛의 기곡 사祈穀祀, 즉 풍작의 기원에 즈음하여 호천상제를 제사하는 단壇과는 별도의 단을 설치하여 제사를 행하였던 것에 지나지 않는다. 호천상제는 이 기곡사 이외에 동지남교원구사冬至南郊圜丘祀·맹하우사孟夏雩祀(사월의 기우제祈雨祭)에서도 주신主神으로서 모시게 된다. 오방제는 호천상제를 제사 지낼 때에 그에 부속시키는 한편 계추명당사季秋明堂祀에서는 주신으로서 제사를 지냈는데, 이들 모든 제단에는 천제와 함께 황실의 조상이 배유되었다. 희녕 5년의 시점에서 호천상제에는 예조藝祖(왕조의 시조), 감생제에는 선조宣祖(시조인 예조의 父), 명당明堂[19]의 오방제에는 영종英宗(신종의 선대)가 각각의 괄호 안에서의 이유에 의해 배유제配侑帝로서 선택되었다.

시조를 예조에서 희조로 변경하는 이 개제안은 처음에 그 해 2월 8일부의 중서성中書省의 상주문에서 시작되었다. "가령 자손에게 성인聖人에 버금가는 공적이 있다 하더라도 조상보다 높은 대우를 하지 않는다는 것이 이 세상의 영원한 규범이다". 중서성에서는 이렇게 말하고 은殷의 설契[20]·주周의 후직后稷[21]에 상당하는 송의 시조는 바로 희조僖祖라고 주장하여 개제 검토의 개시를 제안한다.

이 상주의 중심 인물이 재상인, 당시의 직명으로서는 정확하게 '동중서문하평장사同中書門下平章事'인 왕안석이었다는 사실은 거의 틀림이 없다. 여기에서 논거가 되었던 것은 『춘추좌씨전』 문공文公 2년의 조문에 보이는 "자식이 성인과 같이 훌륭한 인물이라고 하더라도, 부친을 제쳐두고 제사 지내는 법은 없다[子雖齊聖 不先父食]"라고 하는 한 구절인데 이것은 당대唐代에 시조를 둘러싼 논쟁의 하나의 근거가 되었다. 신종은 4월 3일부의 조칙에서 이것을 재가하였는데, 그 때문에 시조는 누구로 해야 할 것이며, 그것은 또한 왜 그런가를 둘러싸고 논쟁이 시작되었다(『長編』권 232).

그 과정에서 여러 신하로부터 제출된 의견서는 『장편長編』권240 및 『송회요집고宋會要輯稿』「예禮15」에 열거되어 있다. 왕안석이 희조를 호천상제에 배유하려고 하였던 것은 『장편』권240에 실려 있는 신종과의 대화에서 분명하게 드러나고 있다. 하지만, 그 결과는 앞에서 서술한 대로 태묘의 수좌는 희조로 변경하였으나 호천상제로의 배유는 예조 그대로 하였고, 감생제에 관해서만 희조배유僖祖配侑로 바꾸는 형태가 되었다. 이러한 결정에 관련된 것이 주맹양周孟陽·송충국宋充國·양걸楊傑이 연명한 다음의 의견이었다.

우리들이 경서經書와 그 전傳을 조사한 바로 옛날의 천자는 시조를 공경하여 감생제로 배유하였지만, 이것은 계보상의 근본[本始]을 받들어 모셨던 것이어서 공적이 있는 자를 숭상한 것은 아닙니다. 제후들은 이것과 달리 최초로 영지領地를 얻은 인물을 태조로 정할 뿐이며 시조는 만들지 않습니다. 그런 까닭으로 주周는 천하를 손에 넣자 계보를 거슬러 올라가 후직后稷에 도달한 것입니다. 후직은 제곡帝嚳의 아들이고, 주는 제곡의 왕조를 계승하고 있는 것이 아니기 때문에 제곡을 시조로 삼을 수 없어서 후직을 시조로 삼았습니다.…… 진秦이 육국六國을 병합하자 영정嬴政은 시황제始皇帝라고 자칭하였습니다. 한漢은 진秦의 고사故事를 계승하여 고조高祖로 태조의 사당을 만든 것에 그치고, 예禮의 경서經書에 따라서 시조를 제사 지내지 않고 단지 제후—그들이 제사 지내는 것은 태조까지—의 제도를 이용한 것에 지나지 않습니다. 위진魏晉 이하는 왕조 자체가 단명하고 전란도 일어났기 때문에 예禮의 규정은 실시되지 않았습니다. 당唐은 길게 유지되기는 하였지만, 종묘의 제도에서는 옛것을 모방하지 않았던 점이 많이 있습니다. 본조本朝의 예조藝祖가 중화中華를 평정하시자 조상의 묘제廟祭와 황통보皇統譜는 희조僖祖로부터

시작되었습니다. 희조보다 위의 세대에 관해서는 어떤 분이었는지를 알
수 없게 되어 버렸기 때문에 희조를 시조로 삼으시는 것이 좋다고 생각합
니다.

처음에 예조가 희조를 태묘의 수좌로 하였던 것은 단지 4대 이전의
조상이었기 때문이다. 희조에게 생전에 무슨 특별한 공적·덕행이 있었
던 것은 아니다. 그럼에도 불구하고 희조를 시조라고 간주한 이유는
단지 계보상 거슬러 올라갈 수 있는 초대의 조상이라는 그 이유뿐이었
다. 논자들은 그것을 '본시本始'라고 표현하고 있는데, '유공有功'이 아
니라 '본시'가 시조의 자격 조건이라는 이러한 견해는 많은 비판을 불
러일으켰다. 다음에 설명하는 손고孫固의 의견은 그중 하나이다.

> 지금 의견을 내놓고 있는 자들은 "사람은 시조에서 유래하는 것이며
> 예조가 이미 희조를 제사 지냈기 때문에 이제 희조야 말로 본시의 시조가
> 되어야 한다"라고 말하고 있습니다. 이 의견은 왕자王者의 융흥隆興에는
> 서로 다른 형태가 취해지는 것임에도 왕조마다 사정이 다르다고 하는 것
> 을 고려하지 않았습니다. 나라를 창시한 인물의 조상에게 이미 공적이
> 있어 영지를 얻고, 나중에 자손이 천하를 얻고 나서 시조로서 숭상하는
> 경우도 있으며, 천명을 받은 인물이 일대一代에서 천하를 얻어 태조가
> 되는 경우도 있습니다. 이것이야말로 선왕의 예禮이고 백성들이 따르는
> 바이며 역대 왕조가 실시했던 것입니다. 지금 의견을 말하고 있는 자들은
> 한·당의 사적事績을 업신여기고 순수하게 하상주夏商周 삼대의 제도를
> 근본으로 하여 희조의 사당은 설이나 후직과 같아서 시조로 간주해야 한
> 다고 말하고 있습니다만, 저는 그것이 틀렸다고 생각합니다.

'본시'가 아니고 역시 '유공'이 시조의 자격 기준이라고 하면서 '본시'
설을 취하는 자들이 쓸데없이 삼대의 제도를 모방하려고 하는 자세를

강하게 비판하고 있음을 알 수 있다. 양자의 대립점은 바로 여기에 있었다. 상이 설을, 주가 후직을 시조로 삼아 천제에 배유하였던 이유는 무엇이며, 또한 그것은 배유 대상인 천제의 성격과 어떠한 관계에 있었는가 등이 문제가 될 것이다.

희녕 10년(1077) 11월, 예禮를 담당하는 관료들에게 교사에 관해서 심의하라는 조칙이 내려지고, 다음 해 원풍元豊 원년(1078) 정월, 임시로 부국部局이 설치되어 그것을 검토하게 된다. 이 상정교사예문소詳定郊祀禮文所에서 최대의 과제는 하늘과 땅을 합제의 상태로 할 것인가 아니면 분제로 개정할 것인가의 문제였다.

위에서 서술한 매년 네 번의 제천의례라는 것은 사실은 예년例年은 모두 친제로 행하지 않고, 유사섭사로 행하던 관습이었다. 그 밖에 하지에 황지기皇地祇, 맹동孟冬(10월)에 신주지기神州地祇를 주신主神으로 하는 제지의례祭地儀禮가 있어 교사의 일환을 이루고 있었다. 황지기란 세계 모든 지면地面의 신격화, 신주지기란 중화 지면의 신격화로 원래는 위서緯書의 기재에 근거하여 정현의 학설에서 나온 것이다. 이 것들도 본래는 황제가 친제를 행해야 되는 것이었지만, 실제로는 매년 유사섭사로 행하여졌다.

이미 당대唐代에서 이들 일련의 교사는 통례로 유사섭사로 이루어졌고, 친제는 새로운 황제가 즉위한 직후나 혹은 정치적으로 의미가 있을 때에 한정하여 실시하도록 하였다. 송에서는 경우景祐 2년(1035) 이후, 3년에 한 번씩 동지원구남교사冬至圜丘南郊祀가 친제로 실시되기에 이른다. 이러한 정례화에는 검토해야 할 점이 매우 많지만, 아마도 3년 주기는 과거시험의 실시나 지방관의 정기 이동과 대응하는 관계官界의 상황에 균형을 맞추려는 의도였을 것이다. 친제에 즈음해서는 문무백관에게 그 공로를 치하하고 장려하는 것이 관행이었다.

원래 친제의 경우에는 황지기 이하의 지기地祇를 천신天神에 합쳐서 제사 지냈다. 즉 왕망이 말한 바대로 천지합제를 행하였던 것이다. 황우皇祐 2년(1050)은 사정이 생겨 계추명당사季秋明堂祀로 남교에서의 친제를 대신하였다. 그 때문에 이 명당사에서는 통상적인 형식과는 달리 호천상제를 주신으로 삼고 지기도 합쳐서 제사 지내는 방식을 취했다. 가우嘉祐 7년(1062)의 친제도 명당사였지만, 명당 본래의 취지에서 지기를 일체 배제하고 호천상제·오방제 이하의 천신과 배유제配侑帝인 진종만을 제사 지내는 방식을 취하여 하늘과 땅의 분리가 시작되었다. 희녕 4년(1071)의 명당친제明堂親祭에 이르러서는 호천상제와 영종만이 모셔지게 되었다. 한편 친제 방식의 남교사南郊祀에서는 변함없이 천지를 합제하고 있었지만, 원풍元豊 3년(1080) 상정교사예문소에서 그것을 비판하는 견해가 제기된다. 그 중심이 되었던 인물이 한림학사였던 장조張璪이다. 그는 이렇게 말하고 있다.

> 양은 11월에 생기고 음은 5월에 생긴다. 그래서 선왕은 음양의 뜻에 따라 동지에는 하늘에 제사 지내고 하지에는 땅에 제사 지내도록 정하였다. 공양물供養物도 음양의 각각을 상징하는 데에 적합한 것을 선정하였다. 따라서 친제라 하더라도 동지에는 남교南郊 원구圜丘에서 천신만을 제사 지내고, 지기地祇에 관해서는 하지에 북교北郊 방구方丘에서 역시 친제로 하는 것이 도리이다. 그렇지만 의위儀衛─의식에 참례하는 호위병─등의 사정으로 인해 한여름에 친제를 실시하기란 어렵다. 그래서 어쩔 수 없이 하지의 방구사方丘祀는 대리인으로서 재상이 섭사攝事를 하는데, 이렇게 하면 평년의 유사섭사보다는 격이 높아질 것이다.

결론부터 말하면 이것이 신종 정부가 채택하였던 방식이다. 그렇다고는 하지만 아직 심의중이라는 이유 때문에 그 해는 지기地祇를 제외하고 선례가 있는 명당사의 친제를 행하였고, 남교에서 천신만을 대상으로 한 친제가 처음으로 행하여졌던 것은 3년 후의 원풍 6년(1083)이었는데, 결국 유사섭사와 친제에서 제신祭神이 일치하게 되었다.

그런데 이 방식은 한 번 실시된 이후 다시 재검토되기에 이른다. 신종이 죽고 이른바 원우경화元祐更化22)가 시작되었기 때문이다. 원우元祐 원년(1086)·4년(1089)은 분분한 의론을 피해서 명당친제明堂親祭가 이루어지고, 7년(1092)이 되어 천지합제가 부활한다. 그러자 이번에는 선인태후宣仁太后가 죽고 다시금 정변이 일어나 원풍의 제도로 되돌아간다. 이렇게 북송 말의 40년간 당쟁에 의한 정권 교체가 균형을 이루는 형태로 천신과 지기는 분제의 형태가 되기도 하고 또한 합제의 형태가 되기도 하였다. 남송은 신법에 대한 반대를 국시로 정하고 교사에서도 천지는 합제의 방식으로 하여 친제가 이루어졌다.

이후 이 시기의 교사제도를 둘러싼 논쟁은 친제에 맞춰서 천지를 분제로 할 것인가 아니면 합제로 할 것인가에 관련하여 전개되었고 그것이 정쟁과 얽혀 있었다고 볼 수 있는데, 아마도 이것은 틀림이 없을 것이다. 그러나 사상사적으로 볼 때 분제인가 합제인가 라는 논점과는 별도로 주목할 만한 대립을 볼 수가 있다. 당사자 자신들은 거의 깨닫지 못했던 것 같지만, 그런 까닭으로 더 한층 당시 사람들의 심성에 근접해 있는 사례로서 분석할 만한 가치가 있다고 생각된다. 바로 지기에 대한 교사에서 무엇을 중시해야 할 것인가라는 점이다. 그렇다고 하더라도 '분제설 대 합제설'과 같이 어떤 주장에 의해 명확한 이항대립의 도식을 그릴 수 있는 것은 아니다. 먼저 원풍 이후 남송에 이르는 여러 학자들의 의견을 필자 나름대로 정리한 열 개의 유형부터 살펴보자.

① 동지에는 천신만을 제사 지낸다. 지기地祇도 친제하는 것이 바람직하지만, 하지의 친제는 곤란하기 때문에 유사섭사로 행하는 것이 좋다. 이것은 상술한 대로 왕안석의 영향력이 미친 장조의 견해이고, 뒤에서 서술할 예정인 정이程頤와 주희朱熹도 이러한 의견이다.

② 어떤 해의 친제를 동지에 천신만을 대상으로 한다면, 그 3년 후에는 하지에 지기만을 친제한다. 결국 천신도 지기도 6년 간격으로 친제의 대상이 된다.

③ 동지에는 천신만을 친제하고, 그 다음 해의 하지에 지기만을 친제한다. 즉 3년에 두 번 친제하는 것이다.

④ 동지에는 천신만을 제사 지내고 하지에는 친제하기 어렵기 때문에 지기친제는 맹동孟冬의 신주지기神州地祇의 제사를 행할 때라든가 상황이 좋은 시절을 선택한다.

⑤ 동지에 천신만을 남교에서 제사 지내는데, 그 전날에 북교에서 지기를 친제한다.

⑥ 동지에는 천신만을 제사 지내는데, 그때의 망제望祭라고 하는 산천에 대한 예배가 지기친제에 해당한다.

⑦ 새로운 황제가 즉위한 후 최초의 교사만은 천지합제로 행하고 뒤에는 ①의 방식을 취한다.

⑧ 경비의 절약을 위해 부득이하게 임시 조치로서 천지를 합제한다.

⑨ 천지합제야말로 경서의 뜻에 맞는 올바른 방식이어서 조금도 뒤가 켕기는 것이 없다.

⑩ 지기의 제사로서는 사직社稷이 있으며, 하지에 북교 방구에서 제사 지낼 필요는 전혀 없다.

①에서 ⑤까지가 이른바 분제설이고, ⑥에서 ⑩까지가 합제설이라는 형태가 된다. 이렇게 해서 보면 통틀어 분제와 합제라고 하더라도 그 논거나 방책이 여러 갈래로 걸쳐 있다는 것을 알 수 있는데, 바로 필자가 생각하는 대립은 ①·②와 ④ 이하의 사이에 존재한다. ③이 이상적

상태를 고집하고 있는 것에 대해 동지와 별도의 하지친제가 실행이 곤란하다고 판단되었기 때문에 이 논쟁이 일어나게 되었다. 그렇다고 하면 문제는 하지를 취할 것인가 친제를 취할 것인가에 있다. ①·②는 하지라는 시절을 선택한 것이고, ④ 이하는 친제를 취한 것이었다. ⑨와 ⑩은 하지친제 그 자체를 받아들이지 않았지만, 지기의 친제 시기를 하지 이외로 설정한 점에서 ④ 이하와 같다.

이러한 구분은 당쟁의 대립과는 대응하지 않는다. 예를 들면, ⑤를 주장하는 육전陸佃은 경학상 왕안석의 신학新學을 지지하였던 중요한 인물이지만, 필자의 구분에서는 친제중시파親祭重視派에 속한다.

친제중시파란 결국 황지기 이하의 땅의 신들에 대해서도 천신에 대한 것과 마찬가지로 황제 자신이 제사 지내는 기회를 가지지 않으면 안 된다 라고 하는 입장이다. 그 논거는 ⑨의 소식의 학설(『東坡續集』 권9, 「郊祀奏議」)과 같이 경학상 합제해도 문제가 없다고 확신하는 자부터 ⑧의 여대방呂大防과 같이 완전히 인간 쪽의 상황에서 합제를 선택하는 기회주의자까지, 그리고 그 방책도 구래 방식의 회복을 주장하는 자부터 ⑩의 호굉胡宏의 학설(『五峰集』 권2, 「与彪德美」)과 마찬가지로 『주례』 그 자체를 부정하여 하지방구사夏至方丘祀가 필요치 않다고 하는 자에 이르기까지 광범위하다. 단지 이러한 친제에 구애된다는 점, 하지 이외의 날이라도 관계없기 때문에 황제가 지기를 스스로 제사 지낸다는 것에서 이 제사의 의의를 인정한다고 하는 바로 그 점에서 공통하는 것이다.

이것들의 배후에 존재하는 것은─⑩을 제외하고─『효경孝經』의 "왕자王者는 하늘을 아버지와 같이 섬기고, 땅을 어머니와 같이 섬긴다"라고 하는 규정이었다. 왕망이 말했던 바와 같이 황제 즉 천자와 천제·황지기라고 하는 의인화된 관계야말로 왕조의 정통성을 보증하고 수명자

受命者의 자손으로서 통치하는 자격을 나타내고 있다. 그것이 시절중시파時節重視派와 다른 차이점이었다. 다만 ⑩의 설은 이색적이어서 상세한 것은 뒤에서 서술한다.

시절중시파는 마땅한 시기를 놓친 제사는 무의미하다는 것을 강조한다. '음양의 뜻'에 맞는 것이 최우선이고 그 때문에 친제가 아니더라도 어쩔 수 없다. 즉 여기에서는 '부천모지父天母地'라는 것과 같은 효孝를 매개로 하는 천인관계天人關係가 아니라, 시간(冬至·夏至), 공간(南郊·北郊), 형태(圜丘·方丘)등의 이항대립을 성립시키는 것, 즉 음양의 상징으로서의 천지가 문제시 되고 있는 것이다. 원우 연간에 이른바 구법당 정권의 브레인으로서 활약했던 정이는 소식蘇軾의 학설에 찬성하여 천지를 부모에 비교하는 문언박文彦博[23)에게 이렇게 말하였다.

> 천지의 교사에 부모를 함께 받들어 모신다는 것은 이치에 맞지 않습니다. 교사는 '보본報本'을 위한 제사이기 때문에 각각의 종류에 따라서 제사 지내지 않으면 안 되고, 또한 동시에 제사 지내서는 안 됩니다(『河南程氏遺書』 권22 상).

'보본'이란 『예기』 「교특생郊特牲」편에서 교사의 성격에 관하여 말한 '보본반시報本反始'—근본에 보답하고 만물의 시초를 추모한다—라는 구절에 근거한 말이다. '본本'과 '시始'는 앞의 시조라는 부분에서 보았던 '본시'라는 말로서 여기에서 다시금 상봉하게 된 것이었다. 왕안석과 그 신학을 신봉하는 자들과 마찬가지로 도학道學의 개조開祖인 정이는 교사를 '본시'의 성격을 가진 제사로 파악하고 하지제지夏至祭地에 동의하고 있다.

수명자로서 공적이 있는 예조가 아니라 단순히 '본시'를 상징한다는 이유로 희조야말로 시조라고 왕안석은 생각하였는데, 정이도 그것에 찬성하고 있다.(『晦庵先生朱文公文集』권15, 「祧廟議狀」) 그것뿐인가 평상시 왕안석을 극히 신랄하게 비판을 했던 주희도 이것에 관해서는 대략 그에게 동의하고 있으며, 희조는 '본시'이기 때문에 시조로서 인정되지 않으면 안 된다고 말하고 있다(同). 『주자어류朱子語類』권90은 「제제祭」라고 이름 붙여진 한 권이지만, 그 서두를 장식하고 있는 것은 당시의 예제에 대한 그의 불만의 목소리이다. 그 불만은 두 가지인데, 희조가 시조로서 인정되지 않는다는 것과 천지가 분제되지 않는다는 것이었다.

왕안석과 정이·주희가 예제禮制에 관하여 일치된 견해를 가슴에 품고 있었다는 것은 결코 우연이 아니다. 그들은 하늘이라는 관념에 대해 공통되는 인식을 가지고 있었던 것이다. 이제 다음으로 첫 번째 주제인 천견론과 두 번째 주제인 교사론, 이 두 가지의 주제가 얽히면서 펼쳐지는 복잡한 관계를 살펴보자.

3. 천리天理에 의한 통합統合

희녕 5년(1072), 보갑법保甲法24)에 대한 비판을 걱정하기 시작한 신종을 왕안석은 다음과 같이 고무하면서 격려한다.

폐하는 군주로서 이치에 근거하여 일을 처리하시지 않으면 안됩니다. [當以理制事] …… 폐하는 하늘이 이루시는 바를 행하시지 않으면 안됩니다. 하늘이 이루시는 바를 알기 시작하면, 하늘이 이루시는 것을 행하실 수가 있습니다. …… 하늘이 이루시는 것이란, 예를 들면 황하의 제방

붕괴가 그러합니다. 천지의 위대한 덕을 '생생生生'이라고 합니다. 그런데도
하늘이 황하의 제방이 무너지고 백성의 재산이 파괴되는 것을 걱정하지
않는 것은 이치에 의거하여 인정을 베풀지 않기 때문입니다[任理而無情].
(『長編』권236).

　군주가 이치[理]에 의거하여 일을 처리하는 것은 하늘이 이치에 따르
는 것뿐으로 인정[情]을 업신여기는 것에 대응한다. 즉 군주는 하늘과
똑같이 높은 곳에서 물사物事의 판단을 내린다. 여기에서 주목할 것은
일의 옳고 그름, 즉 이치에 맞는가 어떤가를 판단하는 것이 군주 자신
이라는 것이다. 어떤 응보가 있었기 때문에 잘못이었다고 하는 형태는
성립되지 않는다.

　　군주란 천지를 도와서 만물을 다스리는[理萬物] 일을 한다. 천지만물
　이 상태常態에서 벗어난 경우에 공구수성하는 것은 지당한 일이다. 하지
　만 하늘에 그러한 변화가 생겼을 경우에 반드시 자기의 여차여차한 잘못
　이 원인이라고 생각하는 사람이 있다. 또한 재이는 하늘의 일이기 때문에
　자신과는 관계가 없고 자신은 인간계의 일[人事]을 익히기만 하면 된다고
　생각하는 사람도 있다. 전자는 사정에 어두워서 벌벌 떨기만 할 뿐이고,
　후자는 완고하여 차근히 생각하려고 하지 않는다. 이 둘 중의 어느 것도
　아닌 사람은 역시 천변[天災地變]에 대해 경외로운 마음을 품는다. 그러
　나 어떤 천변은 반드시 자신의 어떤 행위의 탓이라고는 말하지 않고, 천
　하의 올바른 이치[正理]에 비추어서 자신의 잘못을 생각할 뿐이다(『臨天
　先生文集』권65, 「洪範伝」).

　군주는 재이를 계기로 자신의 행동이 '천하의 올바른 이치[天下之正
理]'에 맞는지를 반성한다. 왕안석은 어떤 특정한 사건을 재이와 연결
시켜 그것을 없애는 것으로 재이를 소멸시키려고 하는 사고방식과 이

것을 분명히 구별하고 있다. 여기에서 중요한 것은 수덕修德이다. 하늘의 의도는 추측할 것도 없이 분명하며, 군주가 올바른 이치를 기초로 삼아 정치를 하는 것으로 끝을 맺는다. 즉 천견은 개개의 시책에 대응하여 내리는 것이 아니라 때에 따라 군주의 마음가짐에 주의를 촉구하기 위하여 발하는 것이다. 군주가 덕을 수양하고 올바른 이치에 따르는 데에는 이치의 소재를 알지 않으면 안 된다. "군주된 자의 근심은 이치를 궁구하지 않는 것에 있다"(同, 권41「論館職箚子」). 궁리窮理야말로 정치의 요체이다. 시역법市易法25)의 불만에 대해 왕안석은 "세정世情은 알기 어렵지만 이해할 수단은 있다. 그것이 궁리이다"(『長編』권242)라고 대답하고 있다.

재이가 개별 구체적인 사상에 대한 '응보[應]'가 아니며 군주의 수덕에 의한 궁리가 중심 과제가 된 이상에는 리理의 권위를 보증하는 것이 필요하게 된다. 그 일을 담당하는 것은 민주주의에서의 '여론與論'이 아니라 변함없이 천天이었다. 하지만 그러한 천은 리를 지탱하는 것, 즉 리의 근본으로서만 기능하는 것이고 군주의 시책에 일일이 끼어들어 쓸데없이 참견을 하는 유의지자有意志者로서의 천이 아니다. 리는 천과 결합함에 따라 '천리天理'로서 정치적 언설의 주역을 담당하게 된다.

그렇기는 하지만 왕안석에게 천리에 관한 이론적 고찰이 있는 것은 아니다. 그것은 역시 "'천리'라는 두 글자는 내 스스로 고안하고 깨달은 것이다"(『河南程氏外書』권12)라고 말한 정호程顥 및 동생인 정이의 공적이다. 다만 정호의 발언이 그 어록의 편찬자이기도 한 주희에 의해 내력이 이상하다고 판단된 외서外書에 들어 있고,『근사록近思錄』등에서도 채택되지 않았던 것은 사실 의외로 중요한지도 모른다. 주희는 위의 발언을 그만큼 중요시하지 않고 있는 것이다.

이 발언의 근원은 정호 문하의 사량좌謝良佐 어록에도 보인다.(『上蔡語錄』권 상) 거기에서는 뒤에 서술할 천리天理와 인욕人慾이라는 대립구조, 또한 '천은 리이다'라는 명제와 아울러 상술한 스승의 발언이 나타나 있다. 그런데 『상채어록』을 편찬한 사람도 주희였다. 형에게 이것 이외에는 천리에 관한 발언이 그다지 없는 것에 비하여, 동생은 그 말을 다용多用하고 있다. 정이는 이렇게 말한다.

> 『춘추』가 재이를 기록한 것은 우연이 아니다. …… 하지만 인간계의 현상이 항상 천리에 따르고 천변天變이 인간계의 사상事象에 대응하여 발생하는 것은 아니다(同, 권5).

재이가 악행의 응보로서 발생하는 것은 확실하고, 마찬가지로 선행에는 상서祥瑞가 나타난다. 그렇지만 성인은 재이를 중시하고 상서를 존중하지 않는다. 왜냐하면 재이에 의해 수덕을 하는 것은 좋지만, 상서에 의해 공연한 우월감이 생기는 것은 위험하기 때문이다. 게다가 원래 이상현상이라는 점에서 재이와 상서는 때때로 분간할 수가 없다(『河南程氏遺書』권18).

재이도 상서도 리理라는 것으로서 기氣가 초래하고, 거기에 조금도 유의지자가 개입하는 것이 아니다. 문인인 당체唐棣의 질문에 정이는 다음과 같이 대답하고 있다. 또한 당체의 기록과 관련된 권은 예禮에 관한 문답을 많이 수록하고 있다.

> "선행에는 복이, 음행에는 벌이 내려지는 것에 관하여 질문을 하고 싶습니다."
> "이것은 자연의 이치로서 선에는 복이, 음에는 벌이 있음이다."
> "천도天道에 관해서는 어떻습니까."

"다른 것이 아닌 바로 리理이다. 리란 천도이다. '황천진노皇天震怒하
다'라고 하더라도 누군가가 위에 있어 화내는 것이 아니다. 리理로서 그
렇게 된다고 하는 것이다."

"지금의 사람들에 대한 선악의 보답은 어떠합니까."

"행불행幸不幸의 문제이다"(同, 권22 상).

리란 다름 아닌 바로 '천도'이고, "황천진노하다"(『尙書』「泰誓下」)
라고 하더라도 인간과 같이 감정을 가진 존재가 실제로 화내고 있다는
것이 아니다. 정이는 천견을 가져오는 천이란 어떤 의지에 근거하여
일의 시비를 판단하는 주재자가 아니라, 우주적 규모의 법칙·도리의
작용에 지나지 않는다고 간주하고 있다. 호천상제는 인간계의 사상事
象에 일일이 말참견하는 시끄러운 신이 아니고 우주를 성립시키고 있
는 법칙·도리의 체현자로서의 신이라고 생각하기에 이르렀다. 교사를
둘러싼 정이의 발언이 앞 절에서 소개한 바와 같은 이유도 여기에 있
다. 그와 왕안석의 견해가 통상적으로 언급되는 두 사람의 커다란 정치
적 입장 차이에도 불구하고 매우 닮은 이유도 또한 여기에 있다. 동지
는 사물이 생성되기 시작하는 시기이기 때문에 하늘을 교사하기에 적
합한 것이다(『河南程氏遺書』 권15).

다만 정이의 '천리'는 철저하게 '천天의 리理'였다. 일부러 이렇게 주
기注記한 것은 아무리 생각해도 천이 리와 똑같지는 않았기 때문이다.
결국 그들의 단계에서는 '천으로서의 리'가 아니었던 것이다.

형인 정호에게는 "천이란 리이다[天者理也]"라는 발언이 있다(同, 권
11). 그러나 계속해서 "신神이란 만물에 적극적으로 작용하는 것에 의
해 일컬어지고 제帝란 주재에 의해 일컬어진다"라고 말한 바와 같이
천·신·제라고 하는 매우 비슷한 개념의 의미와 내용을 구별하는 문맥

에서의 설명이었고, 천이라는 명칭이 리의 성질에 의한 경우에 사용되고 있다는 사실의 증명에 지나지 않으며, '천즉리天卽理'라고 말하고 있는 것은 아니다. 한 문인門人으로부터 천天과 상제上帝의 구별을 질문 받은 것에 대한 정이 자신의 다음과 같은 설명은 이러한 정호의 발언에 대응하고 있다.

> 형체로부터는 천이라 하고 주재로부터는 제라고 하며, 공용功用으로부터는 귀신鬼神이라고 하고 묘용妙用으로부터는 신神이라고 하며, 성정性情으로부터는 건乾이라고 한다(同, 권22 상).

여기에서는 천을 형체가 있는 것이라고 하는 성질에서 설명하고 있다. 이것과 비슷한 문장이 정이가 지은 『역전易伝』의 「건괘乾卦」에도 보이는데, 자세히 읽어보면 정호가 리理로서 규정한 것에 대한 수정인지도 모르겠다. 교사에서 제사 지내는 대상은 실체로서는 다른 것이 아닌 바로 상제였다. 다만 교사와 명당사를 성격상 구별하는 경우에 『효경』과 같이 교사에서는 "하늘을 소중히 하다[配天]"[26]라고 말한다(同, 권 15). 정이는 정현의 육천설을 부정하기 때문에 상제는 호천상제뿐이라는 것이 되지만, 그 상제를 기를 지배하는 존재로 규정한다. 오방제라고 하는 것의 명칭은 방각에 의한 기氣의 성질의 서로 다른 차이를 표현하는 것에 지나지 않는다. "상제 이외에 오제가 존재하는 이유는 없다"(同, 권22 상). 하늘과 땅은 확실히 음양이기陰陽二氣를 각각 대표하고 상징하는 것으로서 교사의 대상이 된다. 그리고 양의 기를 대표하고 상징하는 하늘은 또한 제帝라는 것으로도 불리며 세상의 법칙·도리를 관장하는 책임을 짊어졌다. 거기에서는 어떠한 유의지적 존재의 의도·작위가 작용하고 있는 것은 아니고 완전히 '자연적'으로 그

러한 것이다. 자연적으로 그렇게 된 법칙·도리를 그들은 '천天의 리理'
라고 부른 것이다. 리라고 하는 당시 유행하고 있던 말에 천이라고 하
는 궁극적 권위에 의해 그 권위가 덧붙여졌지만, 그것은 '천리'를 만들
어 내려고 하는 그들의 고의적 의도는 아니었을까. 그들은 "우리들이
말하는 리理란 저 하늘[天]의 이치[理]이다. 다른 할 말은 없다"라고 말
하고 있다.

그 가상의 적은 불교였으며 당시의 독서인들에게는 폭넓게 불교—
그중에서도 선禪—사상이 침투하고 있었다. 정이는 유교와 불교의 서
로 다른 차이점을 다음과 같이 말하고 있다.

> 『상서』는 '천서天叙'·'천질天秩'이라고 하는 말을 사용하고 있다. 하늘
> 에 그 이치가 있고 성인聖人은 그것에 따라 행동한다. 그것이 도道이다.
> 성인은 하늘에 바탕을 두고 석가는 마음에 그 바탕을 둔다(同, 권21 하).

불교도가 자기의 마음을 근거로 삼는 것에 대하여 그 근거가 박약한
것을 꿰뚫을 속셈이었을 것이다. 정이 쪽에서는 만인을 승복시키는—
이렇다고 그는 믿고 있었을 것이다—하늘이 생기게 되었고, 그것이 천
리라는 것이었다.

하지만 이 말은 결국 '천으로서의 리'라는 쪽으로 그 모양을 바꾸어
간다. 천에 의한 리의 권위부여가 아니라, 리에 의해 천이 된다고 하는
해석으로 사태가 전개되어 간다. 여기에서 활약하는 사람이 호안국胡
安國 부자이다.

북방으로부터의 금金의 침입에 의해 북송이 붕괴되고 강남을 기반
으로 한 새로운 정부가 들어서자, 화북지방의 함락으로 땅을 잃어버리
게 된 책임문제와 얽혀서 왕안석 비판의 목소리가 한층 거세지게 된다.

이정二程 문하의 양시楊時와 함께 그 선두에 서 있던 사람이 『춘추전春秋伝』으로 유명한 호안국이었다. 황해蝗害에 관한 주석에서 그는 다음과 같이 말하고 있다.

> 가깝게는 왕안석이 백성을 다스리는 자는 재해와 같은 사건에 대해 상주할 필요가 없다고 논하고 있다. 성인의 경서를 배우지 않고 동시대의 사람들을 기만하고 천하의 장래를 그릇된 방향으로 이끄는 것이 극히 심하다(『春秋伝』 隱公 5년).

그도 황해를 천견이라고 간주하는 입장에 속해 있었다. 『춘추』가 선공宣公의 치세기간에, 즉 선공 8년·13년·15년에 세 번이나 황해에 관한 내용을 기록하고 있고, 더불어 7년에는 가뭄이, 10년에는 홍수가 발생한 원인을 선공의 책임으로 돌리고 있다. 하지만 개개의 재해가 어떤 특정한 실정失政에서 유래하는 것은 아니다. 그는 선공의 마음가짐 그 자체가 그릇되었다고 해석하고 있다. 천견에 즈음하여 군주가 무엇보다도 먼저 보여야 할 태도는 '공구수성'이었다. 『춘추전』에는 이러한 말이 자주 등장하는데, 예를 들면 은공 9년의 경문에 대한 주석이 그것이다.

> 『춘추』는 재이를 빠짐없이 기록하고 있다. 그 사응事應에 관한 설명은 하지 않았지만, 사응은 모두 존재하고 있다. 단지 천인상관의 관계에 따라서 향응響應하는 도리에 통달하는 자만이 성인이 기록한 의도를 이해할 수가 있다.

그는 사응설事應說을 완전히 부정하고 있는 것은 아니다. 하지만 "어떠한 재이는 어떠한 일[事]의 응보[應]"라는 천착穿鑿에 빠지는 것에 비판적이었고, 공구수성하여 잘못을 바로잡는 것을 보다 근본적인 대처 방법으로서 권장하고 있다. 『춘추』가 상서로운 징조에 대한 기사를 게재하지 않고 오로지 재이만을 기록한 것은 군주로 하여금 교만한 마음이 싹트지 못하게 하기 위해서이다. 호안국은 이렇게 해석하고 『춘추』를 천리를 보존하고 인심을 바로잡기 위한 책이라고 규정하였다. 그가 고종高宗에게 바친 「시정론時政論」에는 「정심正心」이라는 항목이 있다.

> 마음[心]은 신체[身]의 기본입니다. 정심을 하는 데에는 치지致知와 성의誠意가 이것에 선행하고, 군주된 자는 배우지 않을 수 없습니다. 전란을 평정하는 데에는 군사가 긴요한 바인데, 그것도 마음에 기본을 둘 필요가 있습니다. 배우고 치지하지 않으면 마음이 어지러워져서 제왕의 공업功業은 성취되지 않습니다(『宋元學案』 권34 所引).

정심에 치지·성의가 선행한다는 것은 『예기』 「대학」편의 이른바 팔조목八條目의 순서를 말하고 있다. 팔조목 가운데에서 네 번째에 위치하는 정심은 뒤에 이어지는 수신修身의 기본이고, 제가齊家·치국治國·평천하平天下로 연결되는 중요한 부분이었다. 그의 아들 호인胡寅은 호안국의 상주문에 있던 한 구절을 인용하여 "현명한 군주는 학문을 긴요한 것이라고 하지만, 그 성인의 학문 속에서는 정심이야말로 가장 중요하다"(『斐然集』 권25, 「先公行狀」)라는 구절을 소개하고 있다.

이러한 호인도 또한 부친의 학설을 계승한 학자이다. 역대의 사적事績을 비평한 저작 『독사관견讀史管見』에서 『춘추』와 마찬가지로 일식을 정성 들여 기록하고, 그때의 군주는 이것을 기회로 삼아 공구수성해야만 할 것이었다고 논하고 있다. 다만 한유漢儒와 같은 식의 사응설에는 비판적인 태도를 보였다.

> 『홍범洪範』「오행전五行傳」은 견강부회牽强附會하여 어떠한 이변은
> 어떠한 사건의 대응이라고 하고 있지만, 융통성이 없어서 통하지 않고
> 대응이 빨라지거나 늦어지거나 하는 이치를 설명할 수 없다. 빨라지거나
> 늦어지거나 하는 것은 인간으로서는 추측이 불가능한 것이다. 나라를 다
> 스리는 자는 단지 공구수성할 뿐이다(권 13).

『춘추』에서 사응을 설명하지 않는 것은 공자가 일부러 그렇게 하지
않았던 것이다. 그런데도 이것을 근거로 재이를 인간계와 관계없이 발
생한다고 하는 주장을 호인은 호되게 비판한다.

> 공자가 재이를 기록했을 뿐만 아니라 그 이유까지 설명하고 있다면
> 후세와 똑같은 잘못을 범했다는 것이 될 것이다. 재이가 발생하면 반드시
> 기록한다. 기록은 하지만 이유는 설명하지 않는다. 이것은 군주된 자로
> 하여금 공구수성의 마음을 일으키게 하여 소홀히 함이 없도록 하려고 하
> 는 가르침이다. 공자가 이유를 설명하지 않았다고 하더라도 경문에 관해
> 서 잘 생각해 보면 사응은 모든 것에 존재하고 있다는 것을 알 수가 있다
> (同, 권28).

천하에 이해가 불가능한 이치[理]는 없다. 상商에서 주周로의 혁명에
서 "하늘에 순응하고 사람에 대응한다"라고 말하고 "하늘에 대응한다"
라고 말하지 않는 것은 '인사人事'가 아래에서 흥하고 나서 '천리天理'
가 위에서 생기기 때문이다. "하늘[天]에 순응한다"는 것은 "이치에 순
응한다"는 의미이다(권12). 결국 호인에 의하면 하늘이란 이치이고 이
치에 따르는 것이 천리를 견고하게 지키는 것이었다(권14).

호인이 한대의 유학자들을 신용하지 않은 것은 그들이 리가 아니라 참위사상讖緯思想에 의거하였기 때문이다. 참위는 원래 역易 등의 경서에서 발생하였지만—그렇다고 그는 말한다—인간이 하늘에 통하는 데에는 궁리가 중요하고 정말로 도리를 분별한 사람은 이러한 술수의 학문에 빠지지 않는다(권3). 호인에 의하면 참되고 올바른 경학이 쇠퇴하고 참위에 관한 서적이 널리 퍼지게 된 배경의 원흉은 정현이었다(권12).

동생인 호굉胡宏[27])도 그의 저서 『지언知言』 속에서 공자가 『춘추』를 만들어 재이를 일일이 기록한 것은 군주를 훈계하기 위함이고(「復義」), 상서를 기록하지 않았던 것은 군주가 교만해지게 되는 것을 걱정하였기 때문이라고 말한다(「漢文」). 하늘에 특별한 의도가 있는 것은 아니지만, 군주가 스스로 반성하는 방편으로서 변이를 견고讉告라 해석한 것이라고 하고 있다(「陰陽」).

호안국 부자의 학풍은 선명하게 왕안석에 대한 반대의 기치를 내걸고 있다는 점에 그 특징이 있다. 『춘추』를 중심에 두고 이론을 세웠다는 자체와 왕안석이 그 책을 '조각나 있는 조정의 기록[斷爛朝報]'이라고 평했다고 전해지는 것은 극히 대조적이다. 그들에게 남송 초기에 아직 일정한 영향력을 가지고 있었던 신학은 타도해야 할 대상이었다. 더불어 진회秦檜가 추진하던 금金과의 강화노선은 그들에게는 용인할 수 없는 것이었으므로 왕안석을 진회와 함께 묶어서 비판하기에 이른다. 호굉은 특히 『주례』의 기원을 의문시하고 신학에 의해 세워진 경학상의 근거 자체를 파헤쳐 무너뜨렸다.

하지에 방구에서 황지기 이하의 지기를 제사 지낸다는 규정의 근거가 『주례』에 있다는 것은 이미 앞에서 서술하였다. 『주례』가 주의 제도를 전해주는 서적이 아니라 후세의 위작이라면 제사의 경학적 근거는 사라지게 된다. 게다가 『춘추』에 기록되어 있는 것은 봄[春]의 '교郊'이고, 『주례』에서는 하지방구사와 대등하게 존재하는 동지원구사는 아니다. 왕망 이래로 정식화된 정월상신사正月上辛祀는 송대에는 기곡사로서 유사섭사로 실시하였던 제사가 이에 해당한다—더욱 엄밀하게는 『춘추』 등에 기재되어 있는 것을 근거로 정식화한 것이 기곡사였다. 『주례』를 배제하고 『춘추』를 높이 내세우는 입장에서 이것이야말로 제대로 된 교사라고 하는 의론이 나오게 되는 것도 하등 이상할 것이 없다. 호굉은 실제로 그렇게 주장하였다.

그에 조금 선행하여 호전胡銓이 북교무용론北郊無用論을 주창한다 (衛湜 『禮記集說』 권109 所引). 『예기』의 경문에서는 '교사郊社'라는 형태로 교郊의 대조어로서 사社가 사용되었다. 사란 사직社稷의 사이고, 또한 이 하나의 글자로 사社와 직稷의 양자를 대표하기도 하였다. 게다가 이전보다 교사는 종묘와 대립함이 없이 주로 조상을 가리키는 인귀人鬼에 대하여 천신지기天神地祇의 제장祭場이 되었다. 호전의 해석은 이것에 기초하여 교라는 것은 천신을 제사 지내는 장소, 사라는 것은 지기를 제사 지내는 장소로서 양자를 이항대립으로 파악한다. 그때까지는 정현의 설 등에 의해 교에서는 호천상제·황지기 및 그 이하의 천신지기를 제사 지낸다고 해석하였다. 동지남교원구冬至南郊圜丘의 천신天神과 하지북교방구夏至北郊方丘의 지기地祇를 본래는 분제해야 한다고 하는 논자들도, 소식 형제와 같이 합제하는 것이 교사의 본래 형태라고 하는 논자들도, 이러한 점에서는 해석을 공유하고 있었다. '교사'란 천지의 양쪽에 해당하는 '교郊'와 지기의 한 종류에 불과한 사직의 합성어였던 것이다. 호전의 해석은 교에서 지기를 배제했다는 점에 특징이 있다. 그리고 그 결론은 사직 이외에 북교를 설치하여 황지기인 신神을 제사 지내는 것은 경학적으로도 하등의 이유가 없다는 것이었

다. 호굉은 호전의 북교불요론北郊不要論을 계승하였는데, 그는 이렇
게 말하고 있다.

> 땅은 본래 하늘에 합쳐서 배향하면 그것으로 충분한 것이고 북교北郊
> 에 방구方丘를 만들어 동격同格의 제사를 행하는 것은 틀린 것이다(『五
> 峰集』권2, 「与彪德美」).

그 논거는 두 가지인데, 첫째로 사社 이외에 북교를 설치하는 것은
집에 두 사람의 주인이 있는 것과 똑같은 것으로 자연스럽지 못하다.
둘째로 호천상제와 나란히 하여 사직을 제사 지내는 것은 『효경』에서
말하는 '부천모지父天母地'에 비추어 보아도 적절치 못하다. 지혜로운
독자들은 여기에서 '부천모지'가 다른 친제중시파와 다르다는 주장을
하기 위해 인용되었다는 사실을 쉽게 깨달을 것이다. 이것에 관해서는
뒤에 서술한다.

천신 가운데에서 최고신이 호천상제라면 지기의 맨 윗자리를 점하
는 것은 사직이다. 사직은 호천상제에 비교하면 위치가 낮은 신이며
대등하고 동격인 의식의 형태로 제사 지내야만 하는 것은 아니다. 따라
서 이러한 설, 즉 앞에서 소개한 ⑩의 설은 황제에 의한 지기친제를
중시하는 것이지만, 그 대상이 되는 지기의 최고신이 황지기가 아니라
사직이라는 점에서 다른 제 설과는 근본적으로 차이가 있다. 그러므로
천지합제라고 하더라도 호천상제와 동격의 지기를 합쳐서 제사 지낸다
는 것이 아니라 종사從祀[28]되는 다수의 신들 속에서 사직 및 그 이하의
지기도 포함되었다는 것에 지나지 않는다. 신위神位의 서열도 ―호굉
등에게는 명확한 의견의 표현은 없지만― 배유제보다 하위로 간주되었
을 것이다. 이것은 소식 등의 합제설과는 오히려 대극적對極的으로 위

치하는 참신한 설이었다.

호굉은 그것의 전제로서 정현의 경학을 철저하게 비판한다. 황지기의 문제 이전에 먼저 육천설을 받아들일 수 없었다. 애당초 정현은 『주례』를 경서의 중심에 놓고 위서를 참조하면서 모든 경서를 정합적으로 해석하려고 하였던 까닭에, 호굉이 그 양쪽 모두의 권위를 부정한 것이므로 그것 또한 당연하다고 할 수 있다. 이미 말했던 바와 같이 송대에는 육천설이 제도적으로는 온전하게 보존되었지만, 친제의 대상은 호천상제—이것을 주신으로 하는 제사—로 좁혀져 있었고 형태로서는 왕숙의 설에 가까운 내용이었다. 정현의 설에서는 북교와 방구는 별개의 장소에서 또한 제사 지내는 지기地祇도 별개의 것이었지만, 송대가 되면 그것의 회복을 요구하는 논자들은 이미 존재하지 않게 되었다. 따라서 시대의 추세로서 정현의 설은 매장될 수밖에 없는 운명에 놓인다. 그리하여 위서에 등장하는 기괴한 명칭을 가진 신들을 부정하고, 호천상제와 사직이라는 내력에 알맞은—그렇다고 하는— 경서에 기록된 신들의 형체에 근거한 제사의 체계가 구축되었다. 그것과 병행하여 재이의 해석에 관해서도 한유漢儒 비판이 진행되고 사응설을 기계적으로 적용하는 언설은 그 효력을 잃어가고 있었다. 이렇게 시대는 주술의 동산을 탈출하려고 서서히 움직이고 있었던 것이다.

그러나 사태는 '진보사관' 측에 그리 좋게 진행된 것이 아니었다. 한유 비판의 최선봉에 서 있던 도학자들 가운데에도 "재이는 천견이다"라고 하는 주장이 잔재해 있었기 때문이다. "천변은 두려할 것이 채 못된다"라고 거리낌없이 함부로 말했다고 해서 그들이 비판하는 왕안석조차도 근대 이후에 그 반대로 높게 평가받게 되는 '천인비상관天人非相關'의 사상을 말하였던 것이 아니라는 것도 이미 서술한 바 있다.

그 언설의 내용은 정치적 입장에 의한 대립의 장면을 제외하고는 정이의 학설과 매우 닮았다. 신학과 도학은 천天에 관한 공통된 인식 기초 위에서 태동하였다고 해도 좋을 것이다. 그러한 점에서 소식의 촉학蜀學은 수구파·온건파의 요소를 가지고 있다. 이러한 현상을 어떻게 이해해야만 할 것인가. 도학 즉 후세에 '송학宋學'이라는 이름으로 불리는 사조의 주류를 구성하게 되는 학파는 어떻게 천의 관념을 이론화했던 것일까. 드디어 어떤 한 거장이 등장하게 된다.

4. 주희朱熹에 의한 전개展開

소희紹熙 5년(1194) 7월, 선대先代 황제인 효종孝宗의 상례喪禮를 그 자신은 병약했기 때문에 직접 지낼 수 없었던 광종을 대신하여 황자皇子인 가왕嘉王이 즉위하였는데, 그가 바로 영종寧宗이다. 단 그는 즉위하자마자 여러 가지의 천변지이天變地異에 맞부딪치게 된다. 그래서 10월에는 천둥 벼락을 계기로 조칙을 내리고 정치의 결함을 상주하도록 촉구하게 된다.

그런데 다음의 윤10월 5일 밤에 수도 임안臨安[29] 시가지에 시커먼 연기가 자욱히 끼어 앞을 분간할 수가 없을 정도가 된다. 황제의 시강侍講을 담당하고 있던 주희朱熹는 조속히 그 이변에 관하여 의견서를 상주하는데, 현재 그의 문집이라고 하는 『회암선생주문공문집晦庵先生朱文公文集』(이하, 『朱文公文集』이라고 약칭)의 권14에 실린 「논재이차자論災異箚子」가 바로 그것이다.

제가 생각하건대 요즈음은 재이가 빈번하게 발생하고 있습니다. 가을부터 겨울에 걸쳐서는 천둥 벼락과 우박이 있고, 호우가 가을의 수확에

타격을 입히고, 산사태가 일어나는 등 온갖 재앙이 겹치고 있습니다. 이것들은 모두 음이 성하고 양이 약하다는 증거입니다. 폐하께서는 자신을 질책하는 조칙을 내리시고 간언을 올리라는 통지를 내리셨지만, 하늘의 마음[天心]은 아직도 풀리지 않고 이번에 또한 이러한 괴이怪異가 일어났습니다. 역시 음이 모여서 양을 덮어 가린 것이고, 음양이 아직 조화롭지 않다는 것을 나타내고 있는 것입니다.

주희는 "천변은 두려할 것이 채 못된다"라고 하는 식의 말은 절대로 하지 않는다. 재이는 철저하게 하늘이 내리는 징계이고 군주된 자는 그 이유를 여러 모로 생각하고 깊게 반성하지 않으면 안 되는 것이다.

옛날의 성왕聖王은 재앙을 만나면 경외하고 덕을 수양하여 정치에 임하는 자세를 바르게 하였습니다. 그 때문에 재앙을 바꾸어 경사스러운 결과를 불러 일으켰고, 그 효과는 이와 같았습니다. 바라옵건대 폐하는 이러한 선례를 규범으로 삼아 자신의 사사로운 욕심[私慾]을 극복하고 수양을 쌓아서[克己自新] 아침, 저녁으로 자성하고 마음을 움직이거나 여러 모로 생각을 하거나 말을 하거나 무언가를 실행할 때에는 호천상제가 위에서 굽어 살피고 선조의 영혼이 곁에서 지켜주시고 있음을 그와 같이 경외하고 근신하며 경고가 필요 없도록 그저 조금의 사사로운 뜻[私意]도 일어나지 않도록 하여 주십시오. 또한 중앙·지방의 모든 신료에 대하여 서로 정중하게 협력하여 정무를 집행하도록 고하시고, 그렇게 하여 하늘의 뜻[天意]이 있는 바를 도모하여 그것을 수양하도록 하여 주십시오. 그렇게 하면 재해는 나날이 멀리 사라지고 경사스러운 상황으로 나날이 바뀌어 갈 것입니다(『朱文公文集』 권14, 「論災異箚子」).

이와 같은 주희의 논의 진행방법이 앞에서 서술한 송대의 다른 사람들의 논법과 같다는 것은 쉽게 파악할 수 있다. 재이災異가 무엇에 의해 발생하였는지 그 자체가 문제 되는 것은 아니다. 재이를 계기로 하여 군주가 스스로의 정치적 자세를 반성하고 필요할 경우에는 그것을 바르게 하는 것에 초점이 맞추어져 있다.

황제가 내리는 조칙의 질문은 구래의 "이번 재이의 이유라고 생각되는 것을 상주하라"는 것이면서 조칙을 받는 측의 논지는 '공구수성恐懼修省'·'극기자신克己自新'에 있다. 그들에게 재이는 오히려 재앙을 바꾸어 복을 이루기 위한 호기로까지 간주되었다. 군주를 보좌하는 자의 책무는 군주에게 긴장감을 지속시키는 데 있다. 재이가 수습되었다고 해서 결코 방심해서는 안 된다. 군주에게 마음의 방심이 일어나면 언제라도 다음의 재이가 발생할 것이다. 재이가 있든지 없든지 간에 천견을 받지 않도록 부단한 마음의 경계가 요구된다. '공구수성'·'극기자신'은 재이에 대한 대처일 뿐만 아니라 평상시의 마음의 준비로서 위정자에게 요구되었다. 그것은 재이가 어떤 개별적 현상에 의해 이른바 기계적으로 발생한다기보다도 군주의 마음의 준비에 대한 감시·억제의 기능을 가진 현상으로서 파악할 수 있게 되었기 때문이다.

주희는 한대의 재이설에 대해서 대체로 비판적이다. 한대의 유자들은 재이·참위讖緯와 바람·새 등을 이용한 점술을 주요한 학문으로 삼고 '의리지학義理之學'을 부차적인 것으로 간주했다고 해서 이것을 비판하고 있다(『朱子語類』권135). '의리지학'이야말로 유교의 근본임에도 불구하고 이것을 경시하는 결과로 이어져 사이비학문으로서 재이·참위의 학문이 그 자리를 차지하였다. 참위설의 중핵이라고도 해야 할 오덕종시五德終始[30]의 사고방식에도 주희는 회의적이었다. 애당초 '창제령위앙蒼帝靈威仰' 등이라고 하던 오제五帝의 명칭에 관해서는 모두 터무니 없는 것에 지나지 않는다고 단정하고 있다(同, 권87). 재이와 상서로움을 내리는 존재로서의 천제에 관해서 주희는 이렇게 말한다.

근래의 사람들이 한결같이 주재主宰에 의해 제帝를 설명하고 그 형상形象이 없다고 하는 것은 결국에 가서는 아마도 맞지 않을 것이다. 이렇게 하여 세간의 소위 옥황대제玉皇大帝도 역시 소용이 없다(同, 권79).

형상이 있다고 하는 그 천제는, 그러나 습속으로 제사 지내는 옥황대제와 같이 의관을 걸친 인격신이 아니다. 『시경詩經』의 대아大雅·문왕文王편에 있는 "상제[帝]가 문왕에게 명命을 내리다"라고 하는 어구를 해석하여 하늘이 말할 이유가 없고 이치로서 당연히 그러할 것이라고 한다.

다른 문답에서도 또한 주周가 명을 받은 것은 하늘로부터 받은 것이 아니라 인심의 귀추를 나타낸 것에 지나지 않는다고 설명하고 있다. 같은 『시경』의 "상제의 좌우에 있으며"라는 것은 천리天理를 관찰하여 좌측으로 가거나 우측으로 가거나 하는 것이라고 해석한다(이상은 권81). 이 『시경』에 보이는 '천天'과 '제帝'는 주희에게 있어서 '천리'라고 바꾸어 말하는 것이 가능하게 되었다.

푸르고 넓은 것을 하늘이라고 부른다. 운행하며 회전하고 멈춤이 없는 것이 바로 그것이다. 만일 하늘에 어떤 사람이 존재하고 있어 죄악을 판가름한다라는 것은 물론 불가능하겠지만, 주재하는 자가 전혀 없다라고 말하는 것도 불가능하다. 이러한 것을 잘 이해하지 않으면 안된다.(原注) 게다가 경經과 전傳에 보이는 '천天'이라는 글자에 관해서 물어보자 이렇게 말씀하셨다. 분명하게 구별해서 이해하지 않으면 안 된다. 푸르고 넓은 것을 말하는 것도 있고 주재主宰를 말하는 것도 있고, 단지 리理라고 읽는 것도 있다(同, 권1).

여기에서 주희에 의한 유명한 천의 세 가지 구분을 볼 수 있다. '창창

蒼蒼'·'주재主宰'·'리理'가 그것이다. 주희가 간단하게 천을 리로 바꾸어 놓지 않았던 것은 그 하나의 이유로서 푸르게 펼쳐져 있는 눈에 보이는 천공天空이 엄연히 존재하고 있었기 때문이고, 다른 하나는 주재로서의 천을 말살할 수가 없었기 때문이다. 재이는 무의지적·무작위적으로 리로서 생겨난다고 말하면서 의지적·작위적으로 이해될지도 모르는 주재라는 말을 꺼내지 않을 수 없었던 것은 역시 교사의 문제가 있었기 때문이다.

> 최근 사대부의 가문에서는 모두 옛날의 예禮를 실천하려고 하고 있다. 다만 현재는 천하에 중대한 현안이 두 개가 있어 이러한 경향을 답습하고 있다. 그 하나는 천지를 동시에 남교南郊에서 제사 지내는 것, 또 다른 하나는 태조를 위해 한 개의 사당을 만들지 않고 다른 조상들이 거기에 함께 있는 것이다. 어느 것이나 후한 이후에 이렇게 되어 버렸다. ······ 이전의 왕조에서 실시하였던 제도라 하더라도 잘못된 것은 고쳐서 바꾸지 않으면 안된다(同, 권90).

태조의 사당이 없다고 하는 것은 태묘와 종묘가 동의어로 되어 버렸다고 하는 것으로, 후한 제2대 명제明帝의 유언으로부터 시작되고 있는—그렇게 해석되고 있는—것은 이미 앞에서도 서술하였다. 왕조의 창립 때에 태조를 위해 말대까지도 그 지위를 변경하지 않는 태묘를 세우고 안치해 두면 희조僖祖인가 예조藝祖인가의 논의는 할 필요도 없었는데도 ······ 라고 하는 그러한 술회일 것이다. 애당초 '태묘'에서 제사 지냈기 때문에 '태조'이며, 초대 황제가 태조가 된다고 결정된 것은 아니었다. 이 문제가 배유제의 성격 규정, 나아가서는 호천상제를 왜 제사 지내는가라는 점에서 천지합제의 문제와 관련하는 것도 이미 서술하였던 그대로이다.

주희의 이러한 발언에서도 알 수 있듯이 기본적으로는 분제론, 그것
도 필자의 분류법으로 말하면 시절중시파에 속하는 것이라고 보아도
좋을 것이다. 소식이 근거로 삼고 있는 『시경』의 해석에 관해서도 지기
에 대한 언급이 없으므로 합제의 논거가 되지 않는다고 주장한다(同,
권80). 또 한편으로는 하지에 지기를 제사 지낸다고 하는 설의 최대의
논거인 『주례』 「대사악大司樂」의 신빙성을 의심하고 있다(同, 권90).
이것은 호굉의 주장에 영향을 받은 것이었다.

도학의 개조인 정이가 신학의 논자들과 같이 시절중시파에 속해 있
다는 것은 이미 확인하였다. 호굉은 틀림없이 도학의 조류에 속해 있지
만 이 건에 관해서만큼은 정이와 그 주장을 달리하고 있다. 그럼 이것
과 주희가 주장하는 어느 쪽에도 맞지 않는다고 해석하는 태도는 어떠
한 관계가 있을까.

여기에서 호굉이 북송의 친제중시파와 마찬가지로 『효경』의 '부천모
지'라는 구절을 자설의 근거로서 인용했다는 사실로 말을 돌려보자. 호
천상제를 아버지로 황지기皇地祇—호굉의 경우는 사직—를 어머니로
비유하는 이 구절은 천자인 황제가 천지의 양자를 함께 섬기지 않으면
안 된다는 것을 이야기하고 있는 것으로써 자주 인용되었다.

그러나 호굉의 용법은 그 이전과 크게 달랐다. 일반적으로 친제중시
파가 호천상제와 똑같이 취급하고 있는 것, 즉 친제를 행하지 않으면
안된다고 하는 논거에 이 구절을 인용하는 데 반해 호굉은 호천상제와
동격의 지기가 존재하지 않는다는 논거로서 인용하고 있는 것이다. 그
것은 어머니는 아버지보다 그 격이 낮기 때문이다. 친제중시파는 호천
상제의 배우자처럼 존재하는 것으로서 황지기를 평가하고 그 때문에
동시에 나란히 해놓고 제사 지내도 관계없으며, 소식에 이르러서는 그
것이 본래의 모습이라고 주장하고 있다. 하지만 호굉은 호천상제가 타

의 추종을 불허하는 특별한 지위의 신이라는 것을 말하고자 함에 '부천모지'를 들고 나온 것이다.

여기에서 정이의 주장을 다시 한번 확인해 두자. 그는 "천지를 교사하는 것이 부모를 함께 제사 지내는 것과는 사정이 다르다"라고 말하고 있다. 확실히 그가 부정하고 있는 이러한 주장이 친제중시파의 것이고 교사를 '보본報本'의 제사라고 하는 것이 그의 입장이었다. 그는 분류를 중시하였기 때문에 호천상제와 대등한 황지기를 인정하고 하지북교사를 지지하게 되었던 것이다. 여기에서 만일 '보본'의 상대가 하늘뿐이라고 한다면 어떻게 될까. 『주례』의 기술 및 위서로부터 나온 황지기의 주박呪縛—주술의 힘으로 움직이지 못하게 함—에서 벗어난다면 그렇게 될 가능성은 높아진다. 호굉은 실제로 그렇게 하였던 것이다. 결국 정이와 호굉은 결코 대립하고 있지 않았던 것이다.

다만 거기에는 이러한 '보본'의 의미와 내용을 검토하지 않으면 안된다. 희조시조설僖祖始祖說의 근거도 여기에 있다. 주희는 이 사항에 관한 상주문 속에서 정이의 '체설禘說'을 인용하여 희조를 시조로서 인정하고 그 사당을 영구히 옮겨서는 안 된다고 말하고 있다.

> 주의 문왕文王·무왕武王이 흥성한 것은 후직后稷의 덕택만은 아닙니다. 그런데도—후직을 시조로서— 제사 지내는 것은 왕실의 '본시本始'가 여기에서 나왔기 때문이며 제사를 지낼 바에는 중요시하지 않으면 안 되기 때문입니다. 그 공업과 덕행의 크고 작음·있고 없음을 감안해서 그렇게 한 것이 아닙니다(『朱文公文集』권15, 「祧廟議狀」).

주의 후직에 상당하는 것이 송에서는 희조이다. 예조야 말로 후직에 들어맞는다고 하는 논자들은 "공업과 덕행의 크고 작음·있고 없음을 감안해서"라고 하여 그렇게 주장하고 있다. 그러나 본래 후직을 주의 종묘에서 태조로서 제사 지내고 또한 그것과 연동하여 교사에서도 배유했던 것은 '본시'의 선조였기 때문이며 공업·덕행과는 관계가 없다. 확실히 후직에게는 공업·덕행이 갖추어져 있었고 그러한 음덕이 천 년 후에 주가 천명을 받게 되는 하나의 요인이 되기도 하였을 것이다. 하지만 주희는 그것이 후직을 태조로서 인정하는 이유였다고 하는 설에 동의하지 않는다. 철저하게 그것은 우연이었으며 가령 후직에게 어떤 공업·덕행이 없었을지라도 문왕·무왕은 그를 태조로서 숭상하였을 것이라는 얘기이다.

여기에서 주희가 역설하는 '본시'라는 말이 희조를 시조로 삼아야 한다고 하는 희녕 연간의 논자들에 의해 사용되었다는 사실은 앞에서 소개한 바가 있다. 이렇게 주희의 논법은 그들과 동일하였던 것이다. 이말이 "근본에 보답하고 만물의 시초를 추모한다[報本反始]"는 『예기』의 말에서 유래한다는 것, '보본'은 정이가 그 주장을 펴는 데 있어서 강조했다는 것도 이미 서술한 바 있다. 그들이 동일한 발상을 가지고 태조의 문제를 논의하였던 것은 분명하다.

다소 지겹게 되풀이되어 귀찮다는 생각이 들지도 모르지만, 지금까지의 일반적 시각으로는 주희를 왕안석에 대해 반대한 논자로 평가하는 경향—그것은 그 자체로 틀렸다고 볼 수 없지만—이 강하였기 때문에, 여기에서 다루는 문제에 관해서는 주희가 왕안석에게 동의했다는 것을 확인하기 위해서 주희의 발언을 세 가지 정도 인용해본다.

> 공업功業이 있기 때문에 제사 지낸다고 말한다면, 조종祖宗에게 공업이 없는 경우에는 제사 지내지 않는다고 말할 수가 있는가(『朱子語類』 권87).

희조를 시조의 위치에 모시고 그후의 덕행이 부족한 여러 사람은 사당을 옮겨 가는 것이 좋다(同, 권90).

희녕 연간에 장형章衡이 상주하여 희조의 사당을 옮겨서는 안 된다고 논하였는데, 그 의론은 왕개보王介甫(安石)를 지지하였던 것으로 전적으로 옳다(同, 동권).

그리고 이러한 '보본반시報本反始'는 교사제도郊祀制度의 바람직한 형태의 이념이 되었다. 동지의 날에 황지기를 제사 지내는 것이 왜 무의미한 것인가. 시절중시파의 논법은 이미 서술하였던 그대로이다. 여기에 주희가 예제상禮制上의 '최근의 두 가지 문제'로서 언급한 바의 교사의 시기와 태조의 사당[太祖廟]이라는 것이 공통되는 문제의식에서 나온 발언이었다는 것을 이해하게 될 것이다. 호천상제와 황지기는 희조와 동질의 성격을 갖춘 신이고 그 때문에 모시게 되었다. 이것은 호천상제를 단순하게 리理로서 그냥 넘겨버리는 것이 아니라 주재主宰라는 분류를 가했던 것과 하나의 연결고리이기도 하다.

시절의 경과經過, 양기와 음기의 소장消長과 교체를 의례를 통해서 상징적으로 나타내 보이는 것이 교사라는 것이었다. 보다 엄밀하게는 천자가 의례를 통해 그 소장을 연출함으로써 정상적인 계절의 운행이 확보된다. 호천상제와 황지기는 이러한 음양이기陰陽二氣의 주재인 것이고, 의관을 걸친 인격신이 아니라는 것은 당연한 일이면서, 다른 한편으로는 방치해 놓아도 리理로써 저절로 그렇게 될 역량이 있는 것도 아니었다. 거기에는 사람의 힘[人力]과의 상호작용, 즉 천인상관의 역학이 작용하였던 것이고 하늘은 하늘, 사람은 사람으로 분리할 수 없었다.

하지만 그러한 관계도 포괄하는 형태로 '천리'라고 말해 버린다면 쉽게 끝나버릴 것 같은 문제였다. 이미 살펴보았던 바와 같이 정이에게는 그러한 경향이 존재해 있었다. 주희는 어째서 리로서의 천과 주재로서의 천 및 창창蒼蒼한 천을 구별하였던 것일까. 필자는 아직 그 점에 관한 확실한 통찰을 하지는 못하였지만, 어쩌면 천리라는 용어에 대한 정이와 주희의 차이가 작용하고 있는 것일지도 모른다. 한 마디로 정리하면 '천의 리'에서 '천으로서의 리'로의 중심이동이라고 할 수 있다.

주희는 정이보다도 천리라는 말을 더 애용하였다. 이정二程 직속의 문인들 사이에서는 천리 혹은 리라는 말은 그다지 사용되지 않았다. 주희에 의한 천리의 부흥은 아마도 그 자신에 의한 이정의 어록에 대한 정리·출판과 관계없지는 않을 것이다. 어록에 자주 나타나는 천리라는 말에 분명 주희는 뭔가 느끼는 바가 있었을 것이다.

다만 주희에게 천리의 용법으로서 이정과의 현저한 차이점으로 지적되고 있는 것은 '천리인욕天理人欲'이라는 대립개념의 다용이다. 주희의 사상은 '리理와 기氣'·'체体와 용用'과 같이 이항대립 구도를 다용多用한다고 알려져 있다. '천리와 인욕'도 그 하나의 예이지만, 여기에서는 정이에게 천지만물의 전체를 관통하는 것으로서 구상되었어야 할 '천의 리'라는 관념이 주희에게 '인욕'의 대립개념으로서, 이를테면 수비의 범위를 축소하는 형태로 사용되었다고 하는 점에 주목하고 싶다.

천리에 대한 인욕을 논하는 장면은 여러 가지가 있겠지만, 그중에서도 대표적인 것은 '인심도심人心道心'과 '극기복례克己復禮'라는 경서의 자구해석일 것이다. '인심도심'이란 『상서尚書』「대우모大禹謨」에 "인심은 위태롭고 도심은 희미하다"로서 보이는 말이다. 주희는 당초 그 해석으로서 인심을 인욕, 도심을 천리라고 바꾸어 이해하였다.

이러한 해석은 천리의 범위를 좁히는 방향으로 이루어졌다. 사람의 육체는 천리의 쪽에는 없으며 오히려 인욕에 속하든지 하는 것과 같은 식의 설명이다. 사람에게 천성적으로 갖추어진 본연의 성[本然之性]이

어째서 그대로 발현하지 않는가의 설명으로서 그것을 흐리게 하는 기질의 성[氣質之性]이 있기 때문이라고 하는 것은 잘 알려진 주자학의 성설性說이고, 제2장에서 상세하게 살펴보겠지만 이러한 인심도심론에서는 그 본연의 성에 상당하는 것을 천리라고 말하고 있다. 천리가 만물 전체를 망라하는 이법理法으로서가 아니라 여기에서는 극히 한정된 범위를 가리키는 용어로서 사용되고 있는 것이다.

단지 이러한 해석 자체는 실제로는 정이의 주장으로부터 이끌어내온 것이었다.

> 인심이란 사욕私慾이다. 그 때문에 위태롭다. 도심은 천리天理이다. 그 때문에 정미精微하다. 사욕을 없애는 것이 가능하다면, 천리는 분명하게 드러난다(『河南程氏遺書』 권24).

뒷날 주희는 오히려 '도심=천리, 인심=인욕'이라고 한 마디로 단정짓는 해석에 다른 견해를 제시하게 된다(『朱子語類』 권78). 인심 그 자체는 악이 아니고, 그것이 인욕을 그대로 드러내 놓을 때에만 천리와 대립하여 악이 된다고 하는 논법이다. 이것은 인심에도 천리에 연결되는 부분이 있다는 것을 주장하고, 도심이 천리에 완전히 속한다는 것은 말할 것도 없기 때문에 인욕에 대한 천리의 상대적인 범위가 넓어졌다는 것을 의미하는 것처럼 보일 것이다. 그러나 이러한 노선변경에 의해 천리는 항상 인욕의 반대개념으로서 정의 내려지고, 오히려 인심이라는 장을 둘러싸고 격렬하게 서로 대립하게 되었다. 정이와 같이 '인심은 사욕, 도심은 천리'라고 말하고 있는 동안은 애당초 성립부터가 양자가 다르다고 하는 것을 서술하는 데에 지나지 않는다. 그것은 후일 주희가 비판하였던 것처럼 인심과 도심이라고 하는 두 개의 '마음'을 별도의 것으로서 취급해 버리고 있기 때문이다. 주희가 시행착오 끝에 도달한 —일단의— 결론은 마음은 하나이고 인심은 반드시 악이 아니며 보편적인 도심에 들어맞는 형태로 발현시켜 가야 한다는 것이었다.

그러한 것은 '극기복례'의 해석에서 한층 더 명료해진다. 주희의 『논어집주論語集注』에서 보이는 이 구절에 대한 해석은 "일신一身의 사욕私慾을 이겨 천리의 절문節文으로 돌아간다"고 하는 것이었다. 여기에서 '기己'를 바꾸어 놓은 것이 '일신의 사욕'인 것에 대해서 '예禮'의 치환이 '천리의 절문'이라는 것에 주목하고 싶다. 또한 '신身'에 대하여 '천리', '사욕'에 대하여 '절문'이 대응하고 있다. 이 '신'이란 '수신修身'의 '신', 즉 어떤 사람의 전인격적인 표현일 것이다. 사람에게는 자기 자신의 이로움과 해로움을 우선시하는 욕망이 기질로서 갖추어져 있다. 그것을 대상화하고 극복하여 '천리의 절문', 즉 규범으로서의 예禮에 합치한 말과 행동을 해 나가는 것이 당연히 사람으로서의 올바르고 본래적인 모습이라고 말하고 있는 것이다.

주희는 '일신의 사욕'이라고 말하지만, '사욕의 ××'라고는 표현하지 않는다. 일신에 존재하는 사욕이 여기에서의 '기己'이고, 이 전체가 '사람의 욕심·욕망' 즉 '인욕'이다. 이것을 『주자어류』에서는 '기사己私'—자기의 사사로움—라고 말하기도 한다.

> 극기복례에서는 리理의 글자를 예禮의 글자로 바꾸어 읽어서는 안 된다. 기사己私를 누른다면, 그것으로 당연히 천리로 되돌아갈 수 있지만 극기하면 이제 아무것도 할 것이 없다고 하는 것이 아니다. 기사를 눌러 버린다면 그것이야말로 정밀한 공부工夫를 더하는 것이고, 그 때문에 또한 복례가 필요하게 되며 그렇게 하여 처음으로 인仁이라는 것이 된다 (『朱子語類』권41).

사람에게는 천리와 인욕이라는 두 가지의 도 밖에 없다. 즉 천리 아니면 인욕이다. 천리에 속하지 않고 또한 인욕에도 속하지 않는다고 하는 것은 없다(同, 同권).

여기에서 우리는 주희의 이러한 천리와 인욕의 이항대립이 동일하게 사람의 마음이라는 장에서 좌표의 방향을 나타내는 용어였다는 것을 이해하게 될 것이다. 그것은—주희의 해석에 의한—정이가 생각했던 것과 같은 별도의 것을 의미하는 것이 아니었다. 감히 말해 본다면 두 개의 것이 아니라 하나의 것에 대한 형용이고 대소大小든가 고저高低라고 말하는 것과 동일한 대립이었다.

결국 이러한 것이다. 정이의 단계에서 천리는 '천의 리'로서 '사私의 욕慾'에 대립하는 어떤 것이었다. 정이도 '극기복례'의 해석에서 인욕이라는 말을 사용하고 있고, 그것이 주희가 사용하는 용법의 근거라고 생각되지만 그 경우에도 철저하게 그것은 '사람에게 갖추어진 사욕'으로서 '천에서 부여받은 리'와 대립을 이룬다. 그런데 주희에게는 '하늘—의 본연의 작용—로서의 리'와 '사람—의 기질의 현상—으로서의 욕慾'이 질적으로 서로 다른 것이 아니며, 양적인 상극관계에 서서 대립한다. 거기에서는 '천리'는 물론 '천의 리'라고 하는 측면을 남기면서 '천이라고 불리는 리'의 성격이 강화된다.

이렇게 사람의 내면을 향한 천天의 침투가 진행되고 있었음을 볼 수도 있다. 리가 천에서 유래한다는 것을 이제는 이정만큼 강조할 필요가 없어져버린 것이다. 또는 주희에게 초점을 맞추어 말해보면 천리라는 말은 그 자신이 고생스럽게 생각해낸 관념이 아니라 이미 거기에 준비되어 있었던 학술용어였던 것이다.

이렇게 보면 주희가 천 그 자체를 세 가지의 의미로 분류한 사정을 이해할 수가 있다. 정호가 제帝의 주재성主宰性, 신神의 유원성幽遠性에 대하여 실체로서는 동일한 것을 말하면서 리理로서 파악한 경우에 천天이라고 부르는 것에 대해, 주희는 형체·주재의 경우도 포함하여 천이라고 표현하고 있다. 결국 이정의 경우에는 천天이라는 관념과 제帝·신神이라는 관념을 어떻게 구별할 것인가라는 논의였지만, 주희에게는 천이라는 이미 주어진 말을 어떻게 해석할 것인가의 문제에 대답하고 있는 것이다. 이러한 차이는 가끔 발화發話의 문맥이 그렇게 되었다라고 하는 것은 아니다. 즉 질문자를 포함하여 관심의 상태가 변화하였다 라는 것을 의미하고 있다. 주희의 발상에서는 제帝와 주재로서의 천에서 그 차이점을 찾아내는 일은 관심 밖에 있다. 리로서 파악한 천을 그 리로서의 작용에서 명명한 것이 '천의 리'라는 것이 될 것이다. '천리'는 어떤 실체가 아니라 어떤 것의 속에 갖추어진 성질이다. 따라서 성질이 아니라 실체로서 존재하는 천에 관해서는 별도의 의미용법으로부터 설명할 필요성이 생긴다. 그것이 눈에 보이는 '창창蒼蒼'이고 또한 만물의 생육·소장을 감독하고 관리하는 주재인 것이었다.

　이처럼 논하면서도 필자 자신이 부끄럽게 생각하는 바는 이렇게 주희의 사고방식을 내 나름대로 분석하여 제시할 때에 성질이라든가 실체라든가 하는 주희 자신의 어휘에는 없는 말에 의지하지 않을 수 없었다는 것이다. 이렇게 설명하는 것은 사실 주희가 의도하는 바를 전달하려다 도리어 그 자신의 사고체계로부터는 점점 벗어날 위험성이 도사리고 있다. '리'와 '주재'의 구별은 현재 우리들이 말하는 바의 성질과 실체―입이 열려 있어도 필자는 '질료'와 '형상'이라고는 말하지 않지만―와는 그 의미를 달리하기도 하면서 동일한 차원의 사항으로서 취급되고 있기도 하다.

"천지의 마음과 천지의 리에 관하여, 리란 도리, 마음이란 주재의 의미일까요?"

"마음은 원래부터 주재의 의미이지만, 그 이른바 주재란 다름이 아닌 리이다. 마음이란 달리 리라는 것이 있거나, 리와는 별도로 마음이라는 것이 있거나 하는 그런 것이 아니다"(『朱子語類』 권1).

또한 주희의 문하에서 이러한 개념 정리에 뛰어났던 진순陳淳은 간결하게 다음과 같은 기록을 남기었다.

제帝는 리를 중심으로 삼는다(同).

스스로 설명을 포기하는 것처럼 무책임한 말투가 되겠지만, 주희가 생각했던 '천'이란 무엇이었는가를 정확히 재현하는 것은 필자로서는 힘에 벅찬 일이다. 선학先學에 의한 종래의 제 연구에서 적잖이 이러한 정의가 시도되었지만, 서로 견해가 일치하지 않다는 것에서도 알 수 있듯이 아직까지도 그 정론定論은 없다. 아마도 이 작업은 영원히 해결되지 않을지도 모른다.

다만 이 책에서 확인해 두고 싶은 것은 다음과 같은 사항이다. 즉 이정과 주희 사이에서는 '천리'의 의미와 내용에 그 위상의 차이가 간파된다는 것, 그것이 주희로 하여금 경서에서는 주재에 관해서도 천이라는 용어로 표현한다고 말하게 했다는 것, 그리고 그러한 것이 결국은 교사에 있어서의 천의 위상을 주희 자신이 생각하지도 못한 방향으로 이끈 하나의 원인이 되었다라는 것이다. 이 최후의 사항을 설명하기 위해서 여기에서는 일단 송대로 그 막을 내리고 16세기 명대 중엽으로 건너뛰고자 한다.

5. 천견론의 재현再現

송의 신종神宗에게 왕안석이 있어 개혁을 단행하였던 것처럼 명의 신종神宗에게는 장거정張居正이 있었고, 그는 흔들리기 시작한 왕조의 축대를 다시 일으켜 세우고자 수많은 정책을 추진하였다. 그러던 중 만력萬曆 5년(1575)에 장거정의 아버지가 향리인 호북 강릉에서 세상을 떠나게 된다. 이러한 경우 즉시 관직을 그만두고 귀향하여 삼 년 동안 복상하는 것이 당시의 관례였다. 그것은 부모에 대한 효도야말로 모든 인간관계 속에서 가장 우선되어야 한다고 하는 이념이 형식적으로 반강제성을 띤 시대였기 때문이다. 정무政務가 다망多忙하였던 장거정도 당초에는 그러한 관례에 따르려고 한다.

그런데 어떤 관료가 국사다난한 때에 정부의 중심인물인 장거정에게 복상을 인정해서는 안 된다는 의견을 아뢰면서 소동이 시작되었다. 본래 복상하는 것이 인정人情인데도 불구하고 황제의 명령으로 특별히 복상을 허가하지 않는 것을 '탈정奪情'이라고 한다. 장거정으로 하여금 탈정을 시켜야 할 것인가를 둘러싸고 조정의 의론은 두 갈래로 갈리게 된다. 특히 한림원에 봉직하는 인사들 중에는 탈정을 반대하는 사람들이 많았다. 신종은 탈정에 적극적인 태도를 취하고―이보다는 이 단계에서 도성을 떠나고 싶어하지 않는 장거정 본인의 의향이었을 것이지만―탈정 반대파는 엄벌에 처해지게 된다. 그들은 형식적으로는 탈정에 반대하였기 때문에 파면되었지만, 장거정의 정책에 비판적이었기 때문에 이것을 빌미로 삼아 숙청肅淸되었다고 하는 것이 실제의 정황일 것이다.

마침 그러한 때에 혜성이 동남쪽 하늘에 나타나 꼬리를 길게 늘어뜨리고 있었다. 세상의 물정은 떠들썩하게 어수선해지고, 장거정이 복상하지 않은 것에 대한 하늘의 견책[天譴]이라는 소문이 항간에 널리 퍼지게 되었다. 신종은 조칙을 내려 그러한 풍설을 엄금하고 그 일에 관해 언급하는 자는 사형에 처한다고 선언하였다. 그렇게 함으로써 비방은 그치게 되었다고 『명사明史』의 장거정전張居正傳은 전하고 있다. 이 점에서도 장거정을 "천변天變은 두려워할 것이 채 못된다"라고 말한 왕안석의 훌륭한 후계자라고 말할 수 있을 것이다. 그리고 또한 이러한 언동의 다른 한편에서는 다음에 살펴볼 사례와 같이 그가 천견론을 사상적으로 부정한 것이 아닌 점도 보게 될 것이다.

겨우 스물 세 살의 나이로 또한 우수한 성적으로 진사가 된 장거정은 엘리트 관료의 통과의례로서 처음에는 한림원翰林院에서 관직생활을 하였다. 가정嘉靖 28년(1549), 그는 「논시정소論時政疏」를 상주하게 된다.

> 요사이 음양이 조화를 이루지 않아 재이가 자주 일어나고, 오랑캐[夷狄]는 고분고분하게 조공을 바치지 않고, 변경邊境에서는 분쟁이 끊이지 않고, 정무에 쉬지 않고 부지런히 힘쓰시는 와중에서 근심거리가 되고 있는 것은 신하로 사람[人才]을 얻지 못했기 때문이 아닌가라는 생각이 듭니다(『張文忠公全集』권12).

다음으로 그는 후에 개혁정책의 밑바탕이 되는 듯한 건의안을 늘어놓고 있는데, 여기에서 그 서두의 말로서 천견에 관해 언급하고 있다는 점은 역시 확인해 둘 필요가 있다. 확실히 이것은 서두의 말에 지나지 않는다. 그러나 이러한 건의안을 올릴 즈음에 그 서두의 말로서 천견이 변경문제와 함께 나란히 내세워지고 있다는 점, 그러한 형식적인 언설로 처음으로 정치적인 효력을 가지게 되었다는 점에 다시 한번 주목하

고 싶은 것이다. 자기의 건의에 근거를 부여하기 위해서는 현행의 정책
으로는 하늘의 뜻[天意]에 맞지 않는다고 주장할 필요가 있었다. 그렇
게 말하는 것이 발언하는 사람에게 부과된 규칙이었다는 것이 더 정확
한 얘기일 것이다. 탈정을 둘러싼 일화의 주인공이면서도 이러한 규칙
에 따랐다고 하는 것은 그만큼 이 언설의 중요성을 이야기해주고 있는
것이다.

   게다가 가정 30년(1551) 및 31년(1552)은 2년 연속 전국적으로 가뭄이
발생하였다. 『세종실록世宗實錄』의 기록에는 이 두 해 동안 각지의 세
량稅量을 면제했다는 기사가 빈출하고 있다. 또한 "세종은 강우降雨를
자주 하늘에 빌었다. 그리고 하늘도 이따금 눈과 비를 내리게 하였다"
고 되어 있으며, 『세종실록』권392는 31년 12월 25일의 조문에 "대설大
雪. 백관百官이 표表―군주나 관청 등에 올리는 문서―를 헌상獻上하
고 찬양하며 축하하였다"고 서술하고 있다.

   『장문충공전집張文忠公全集』권13에 실려 있는 「하서설표賀瑞雪表」
계 7편은 이때 한림원편수로 있던 장거정이 작문한 것이고, 같은 권의
「하서우표賀瑞雨表」계 6편도 이 두 해에 걸친 가뭄에 관련된 것이다.
모두 내용은 대동소이한데 황제 폐하의 진지한 기도에 대답하여 하늘이
단비를 내려주셨다고 하고, 천견에 대해서 그 몸을 잘 추스려 조심스럽
게 근신한 군주를 축복하는 내용이다. 이처럼 구양수나 왕안석과 마찬가
지로 자신의 위치·직책에 어울리게 그가 천견에 대한 태도를 바꾸고 있
는 것을 알 수 있다.

   물론 이것은 장거정에 한정된 것만은 아니다. 그다지 의미가 없는
나열은 피하도록 하겠지만, 천견론은 정치적으로 효과를 가진 언설로
서 명대에서도 그 위력을 가지고 있었던 것이다.

6. 교사론의 재현再現

　그런데 세종이라는 황제는 가정 8년(1529)부터 수년간에 걸쳐 예제를 큰 폭으로 개정하고 있다. 필자는 이러한 일련의 개정에 일관되게 관통하는 이념이 있다고 판단하는 입장이므로 관제개혁·재정개혁 등의 용어를 참고하여 '가정嘉靖의 예제개혁禮制改革'이라는 명칭으로 이 사태를 기술하려고 한다.

　사태의 발단은 세종이 방계로부터 들어와 즉위했기 때문에 종묘에 친부인 흥헌왕을 어떻게 처우할 것인가 하는 '가정대례嘉靖大禮의 의議[31]에 있었다. 이것은 송대에서의 복의濮議[32]에 상당하는 것이고, 수년간의 논쟁 끝에 세종의 의향이 관철되었다. 아마도 그러한 과정에서 여러 가지 의례에 관한 문제점이 그의 의식에 떠오르고 가정 2년의 가뭄에 즈음하여 기우의 방법을 어떻게 할 것인가라는 논의로부터 이 예제개혁은 시작되었다.

　사태는 사직단社稷壇·선농단先農壇·선잠단先蠶壇·태묘太廟·문묘文廟 등 조정이 취급하는 거의 모든 제사에 미쳤지만, 그중에서도 유달리 논의를 불러일으킨 것은 최대의 국가제사인 교사의 개혁이었다.

　명은 최초에 천지분제의 방식을 취하였지만 홍무洪武 12년(1379)부터는 매년 정월에 대사전大祀殿이라 불리는 건물의 내부에서 호천상제·황지기 및 몇 개의 천신·지기를 합쳐서 제사 지내는 방식이 취해졌다. 그후 북경으로 천도하면서 새로운 대사전이 건립된다. 역으로 말하면 가정의 개혁까지는 북경에 명조의 남교·북교는 아직 설치되어 있지 않았다는 말이 된다.

　가정 9년(1530) 2월, 천지는 분제해야 마땅하지 않겠느냐고 하는 세종의 자문이 내린다.『세종실록』권110의 기록에 의하면, 세종은 그 이

전부터 교사의 개제를 시도하여 태조의 위패 앞에서 점을 쳤는데, 그 결과는 두 번이나 불길하게 나와 그 자신도 개제에 주저하였다고 한다. 그런데 하언夏言이라는 인물이 분제를 권고하는 상주를 제출함으로써 세종도 갑자기 시행할 마음이 생기게 되었다고 한다.

이때도 쟁점이 된 것은 『주례』 「대사악大司樂」의 조문에 관련한 평가였다. 『주례』는 왕망·유흠에 의한 위서이기 때문에 근거가 충분하지 않다고 하는 논조가 뿌리 깊게 자리잡고 있었다. 이에 하언은 이렇게 반박한다.

천지를 합제하는 방식을 처음 시작한 이는 다름 아닌 왕망이다. 당시 실권을 쥐고 있던 왕망은 황태후에게 아첨했기 때문에 호천상제와 황지기를 동격의 것으로서 제사 지낼 것을 제안하여, 음으로서 여성을 대표하는 황지기에는 여후呂后를 배향하고 황제와 황후가 동격임을 나타내는 제례의식을 실시했던 것이다. 만일 이러한 식으로 『주례』가 왕망 일당의 솜씨로 이루어진 위서라고 한다면, 대사악에 있는 그 조문이 그러한 형태로 될 리가 없고, 합제를 설명하는 형태로 되었을 것임에 틀림이 없다(『皇明經世文編』권202외 所收).

그는 당시의 합제론자의 논거를 네 가지로 정리하고 하나하나 차례로 반론을 가하고 있다. 합제론의 논거란 다음과 같은 것이었다.

① 『시경』 호천유성명昊天有成命의 서문에 '천지를 교사할 때의 시가詩歌'라고 적혀 있는 점.
② '북교'라는 말은 경서에는 없으며 실체로서는 '사社'와 동일한 것으로 간주할 수 있다는 점.
③ 옛날의 교사제도에는 북교가 존재하지 않았을 것이라는 점.
④ 땅은 하늘의 안에 포함되는 일물一物에 지나지 않고, 하늘의 대립

개념으로는 될 수 없다는 점.

　여기에서의 ①은 소식의 논법으로서 이미 소개한 바와 동일하다. ② 이하는 하늘과 땅의 관계가 대칭적이지 않다는 것으로 호굉의 의견을 계승하고 있다. 명대에서의 합제론의 주류는 이러한 호굉의 주장이었다. 구준丘濬의 『대학연의보大學衍義補』도 권57에서 호굉의 설에 찬동하는 형태로 천지합제를 옳다고 하고 있다.

　앞에서 서술했던 것처럼 소식과 호굉의 의견은 어느 것이나 모두 형식적으로는 천지합제를 주장하고 있기는 하지만, 그 논리의 구성은 큰 차이를 보이고 있다. 한마디로 말하면 소식은 황지기를 호천상제와 대등하게 취급하기 위해 합제를 주장했던 반면, 호굉은 황지기의 존재를 인정하지 않았던 것이다. 하언의 상주는 가정 연간의 합제론자에게 두 가지 형태의 사고방식이 병존하고 있었다는 것을 이야기해주고 있는데, 사료를 살펴보면 합제론자 중에서는 호굉의 논리가 더 힘을 발휘하였다. 위교魏校의 견해는 다음과 같다.

　　주는 왕조의 특징으로서 예제가 정교하고 치밀하였기 때문에 확실히 분제를 행하였을지도 모르겠다. 그러나 그 이전의 하나 은에서는 예제가 번거롭지 않았으므로 일부러 분제를 행하였다고는 간주하기 어렵다. 분제는 주 왕조만의 특징적인 제도였고, 다른 왕조가 모방할 필요는 없다. 또한 일반적으로 사직社稷의 사신社神은 오토五土의 신—동서남북과 중앙을 합쳐서 다섯 개의 방각을 상징하는 토지신—이라고 생각되었고, 이것으로는 남교의 호천상제와　병칭하기에는 격이 너무 낮다고 생각한 후세의 학자들이 사社와는 별개로 북교라는 것을 만들어 내었다. 황지기라는 명칭은 경서에는 보이지 않으며 원래 위서緯書의 발상이다. 분제론자가 근거로 하는 『주례』 「대사악」의 기술은 음양감격陰陽感格의 도리에 관해서 설명하고 있는 것뿐으로 동지와 하지만을 말하고 있는 것이 아니다. 호천상제와 대등한 동격의 신은 존재하지 않는다. 예禮에 있어서 '왕이 된 자는 하늘을 아버지로서 섬기고, 땅을 어머니로서 섬긴다'라고 적혀 있으므로 합제가 당연한 것이다(『皇明經世文編』 권152, 「郊祀論上」).

반황潘潢도 역시 '부천모지'를 이유로 합제를 주장하고 있다

하늘에 제사 지내는 것이야말로 교사이고, 땅에 제사 지내는 것만을 말하는 것은 아니다. 한대에 북교를 날조한 학자들은 『효경』에 근거를 두고 있는 것 같지만, 그 읽는 법이 틀린 것이다. 오토의 신이 땅이 아니고 무엇이겠는가(同, 권197 「郊祀對」).

마찬가지로 '부천모지'를 말하면서 명대 가정기의 합제론자의 논점이 송의 원풍·원우의 합제설과는 다르다는 점을 알 수가 있다. 후자가 일부의 분제론자와 같이 황지기에 대한 친제에 구애되어 시절중시파와 대립하였던 것에 반해 전자는 황지기라는 존재를 부정하는 것으로 논의를 짜 맞추고 있는 것이다.

결국 지향하는 바가 마치 거꾸로 된 것 같다. 그것은 가정의 예제개혁으로부터 50년 이상 전에 황윤옥黃潤玉이 "하늘은 땅을 포함하기 때문에 하늘은 존귀하고 땅은 비천한 것이어서, 남교와 북교가 대칭적으로 존재하는 일은 있을 수 없다"(『昭代經濟言』 권3 「郊祀議」).고 서술하였던 것에서도 볼 수 있듯이 그것은 명대 초기로부터의 주장이었다. 이러한 것으로부터 방금 전에도 서술했다시피 그 기본에는 호굉의 의견이 배경에 존재하고 있었다.

앞에서 서술하였던 대로 호굉의 합제론은 송대 그 이전의 합제론과는 양상이 다르다. 그는 황지기를 부정하고 있기는 하지만 그 때문에

합제를 주장한 것이다. 그리고 그 발상은 실제로 형식으로서는 분제론을 주장한 정이의 논리를 계승·발전시킨 결과로 만들어진 것이었다. 명대의 합제론자가 말하는 '부천모지'는 송대의 논자들이 『효경』에 근거하여 말하는 그것과는 완전히 별개의 것이었다. 명대까지 계속된 제도로서의 합제를 유지하던 논리는 이상에서 소개한 바와 같은 것이었다고 보아도 좋을 것이다. 그것은 친제를 중시하는 논리가 아니었던 것이다.

결국 송대의 논쟁이 친제인가 시절인가를 쟁점으로 했던 것에 반해 명대의 쟁점은 다른 곳에 있었다. 즉 북교의 필요성과 불필요성에 관한 것이다. 개제의 시비를 묻는 질문과 그것에 관한 관료들의 답신 결과가 통계 수치로 기록되어 남아 있다.

(1) 분제에 적극적인 자. 82명.
(2) 분제에 원칙적으로는 찬성하지만, 개제에는 신중한 자. 84명.
(3) 분제는 마땅히 행해야 하지만, 이른바 북교는 산천단으로도 좋다고 하는 자. 26명.
(4) 합제 그대로가 좋다고 하는 자. 206명.
(5) 어느 쪽이나 좋다고 하는 자. 응답 없음. 198명(『世宗實錄』 권112).

분제파는 (1)부터 (3)의 총계가 192명으로, (4)의 합제파와 수적으로는 거의 대등하다. 그러나 그 절반은 도리로서는 분제가 올바른 것이지만 일부러 매우 많은 경비를 들여 제도를 바꿔야 할 것까지는 없다고 하는 (2)의 논자들이었다. 또한 소수라고는 하나 북교무용北郊無用의 분제론자인 (3)의 존재도 빠뜨리고 볼 수는 없다. 산천단山川壇이란 주요한 산과 강을 대상으로 한 제단으로서 북경에 설치된 시설이었지만 천도가 이루어진 후에 황제에 의한 친제는 그 전년인 가정 8년(1529)이 처음이었다. 천신에 대한 지기로서는 이러한 산과 강에 기도하면 되고, 구태여 황지기만을 제사 지내는 시설[北郊]의 건설은 필요 없다고 하는 의견이다. 호굉과 위교가 말하고 있는 사직이 아니라 산천을 내세우고 있는 점이 색다르기는 하지만 그 논리는 동일하다.

결국 세종과 하언이 뜻하는 바대로 개제가 실시되고 현재도 남아 있는 지단地壇이 하지에 황지기를 제사 지내는 북교로서 건설되었다. 대사전大司殿—후에 기년전祈年殿이라고 개칭—과 별도로 노천의 원구가 천단으로서 남교에 설치되었던 것도 이 시기이다. 그후 사백 년 가까이 명청明淸의 천자=황제들은 자기 자신 또는 대리파견의 형식으로 호천상제 이하의 천신과 황지기 이하의 지기를 계속해서 제사지냈다. 그것은 양기와 음기의 주재자로서 하늘과 땅에 제사지내는 것이 천하의 안녕을 유지하는 황제의 의무였기 때문이다.

가정 2년(1523) 정월, 재이의 발생으로 인해 세종은 대사전에서의 교사—이 때는 물론 아직 합제—를 중지하려고 하였다. 그것에 대해 왕준汪俊은 이렇게 간언한다.

교사의 예가 실시되면, 불순한 기후는 해소되고 재앙을 바꾸어 복을 이룰 수가 있다. 옛날 당唐의 헌종憲宗이 교사를 행하자 눈이 내리고 사람들은 기뻐하였다. 틀림없이 뭔가 느끼는 바가 있었을 것이다(『皇明名臣經濟錄』 권31, 「慶成筵宴雖遇災傷不免事例」).

위에서 소개한 바 있는 반황도 세종이 즉위한 직후, 비록 선대에 대한 상중喪中이라 하더라도 교사를 행해야 한다고 말하고 있다.

교사란 '근본을 찾아 처음으로 돌아간다'라는 것으로 하늘과 땅을 자식의 도리로서 섬기고 백성에게 윗사람을 향한 태도를 가리키는 것이다.

지금 장마가 계속되고 있는 것은 하늘의 견책임이 분명하다. 경敬과 효孝의 태도를 나타내 보이고 백성을 위해 복을 구해야 되지 않겠는가(『皇明經世文編』권197).

또한 사상가로서 저명한 초횡焦竑도 하늘과 땅은 그 격이 다르다고 한 후에 군주는 하늘을 받들어 모셔 부모로 삼아야 하고, 하늘에 대한 봉사가 충분하지 않은 경우에는 수해·가뭄 등의 재이가 생기게 된다고 논하고 있다(『澹園集』 권6, 「郊祀分合考」).

이렇게 교사는 변함 없이 천견설과 관련되어 있었다. 결국 그것은 더욱더 천견사응의 논리가 희박해지고 군주의 공구수성이 중시되기 시작되었다고 하는 것만으로도 가일층 그 결합을 강화했다고 말할 수 있을지도 모르겠다. 항상 일신을 삼가며 조심하는 황제는 음양의 조화에 각별히 신경을 쓰지 않으면 안 되게 되었다. 교사야말로 황제가 천자로서 철저하게 하늘의 인증 하에 천하를 통치하고 있음을 내외적으로 두루 확인하는 의식이었다.

그 제사의 대상은 의관을 걸친 유의지적인 인격신은 아니다. 우러러 숭앙을 받게 되는 것은 이 세상의 보편적이면서도 불변의 법칙·도리이다. 하지만 그렇다고 해서 그것을 제사 지내든 그렇지 않든 간에 상관 없을 것이라고 그들은 생각하지 못하였다. 주희는 '주재主宰'라는 말을 담보로 하여 교사의 대상이 되는 신을 자기의 학설 속에서 그대로 유지하였다. 그런데 명대의 설선薛瑄[33]에게 천의 양태는 두 가지, 즉 '창창'과 '리'뿐으로 주재主宰의 의미가 사라져버린다. 이미 이 시점에서는 주희가 그렇게 한 것처럼 하늘의 주재로서의 성격을 그대로 유지할 필요성을 느낄 수 없었을 것이다. 황지기가 호천상제와의 대칭성을 잃어버려 가고 그 존재조차 부정하는 논조가 강해진 것도 '천=리'에 대한

신뢰의 일원화라고도 불러야 할 현상이 진행되고 있었기 때문이다. '리'
와 '주재'는 천의 두 개의 측면이라는 것이 아니라 천의 동일한 작용의
두 갈래의 표현으로서 일체화해 간다.

　가정의 개제에 의해 황지기는 호천상제와의 대칭성을 회복한 듯이
보인다. 그러나 그 배후에 있는 논리는 양상을 변화시켰다. 일부러 천
리를 내세우지 않고서도 리의 지배는 만인이 인정하는 상식이 되었던
것이다. 이제는 '천天의 리理'를 말할 필요도 없거니와 '천으로서의 리'
조차 불필요하게 되었다. 시대는 거꾸로 리의 절대성을 다시 문제삼는
단계로 접어들었던 것이다. 호천상제가 리의 신격화인 것에 구애받지
않게 되었거니와 황지기와는 격이 다르다는 것을 강조할 필요도 없어
졌다. 가정의 개제에 즈음하여 한 시기에 고조되었던 의론이 일단락된
[一件落着] 다음에는 송대와는 달리 그 활동을 멈추고 잠잠해져버린 이
유를 필자는 그렇게 이해하고 있다.

　이제는 천신과 지기의 성격규정 등은 아무래도 좋다고 여기게 되었
다. 그 요점은 교사라고 하는 의례의 존속에 의의가 있었던 것이다. 그
것은 마침 만인의 마음에 갖추어진 양지良知를 천리 그 자체라고 간주
하는 학설이 지지를 얻어 가는 시기이기도 하였다. 이 학설의 원류로서
추앙되는 사람은 내 마음과 우주의 일체성을 주장한 송대의 사상가였
다.

2. 성性

1. 북송北宋의 성설性說

명의 정덕正德 16년(1521)은, 4월에 세종世宗 가정제嘉靖帝가 제위를 이은 해이다. 그 해 강서江西 무주부撫州俯의 지부知府 이무원李茂元은 그곳 출신의 사상가인 육구연陸九淵의 문집 복각復刻을 기획하고 서문을 어떤 인물에게 의뢰한다. 「정덕신사칠월삭正德辛巳七月朔, 양명산인왕수인서陽明山人王守仁書」라고 적혀 있는 그 서문은 "성인의 학문은 심학心學이다"라는 유명한 한 문장으로 시작되고 있다(『象山先生全集』 부록. 덧붙여 『왕양명전집王陽明全集』 문록文錄4에서는 그 전년인 '경진庚辰'의 집필이라고 한다).

이때 왕수인王守仁은 50세였고, 치양지致良知의 교설을 막 제창하기 시작하던 때였다. 왕수인은 그 5년 전부터 군사면에서의 재능을 인정 받아 순무巡撫로서 강서에 체재하고 있었다. 연보年譜에서는 정덕 16년에 '육상산陸象山의 자손을 등록한다'라고 하는 항목을 정하고, 주자학朱子學에 견주어 육학陸學이 저조한 것을 안타깝게 여겨 스스로 『상산문집象山文集』을 목판으로 새겨 서문을 쓰고 표창하였다고 기록되어 있다.

육구연이 주희의 논적이자 왕수인의 선구자로서 현재에도 일본 고등학교 세계사 교과서에 등장하고 있다는 것은 이 책의 서두에서도 이미 언급했다. 육구연이 이렇게 묘사된 것은 정덕 13년(1518)에『고본대학古本大學』·『주자만년정론朱子晚年定論』을 간행한 것에서 시작되고 있는바, 즉 왕수인 자신의 태도에서 유래하고 있다. 강서江西에서의 수년 간은 왕수인이 육구연에게 친근감을 마음에 품고 '양지良知'를 발견하여 '심학心學'을 높게 주창하기에 이르는 중요한 시기였다.

육구연은 생애의 대부분을 고향인 무주撫州에서 보냈다. 무주에서는 육구연보다 백 년 정도 이전에 북송을 대표하는 사상가를 배출하였는데, 그가 왕안석이다. 남송에 이르러 도학파를 중심으로 왕안석 비판의 풍조가 높아지고는 있었지만, 왕안석은 의연하게 문묘에 종사되었다. 그 존재가 얼마나 컸음을 느끼게 했던가는 왕안석 비판자인 주희가『주자어류朱子語類』속에서 빈번하게 그에 대해서 언급하고 있는 사실로부터도 역설적으로 추측해 볼 수 있다. 또한 육구연에게 「형국왕문공사당기荊國王文公祠堂記」가 있는 것은 당연하다고 말할 수 있다(『象山先生全集』권19). 이 문장이 쓰여진 것은 주희와 논쟁을 전개하고 있는 순희淳熙 15년(1188)의 일이었고, 그 문말文末의 표기는「방인육모기邦人陸某記」로 되어 있다.

육구연의 왕안석에 대한 평가는 호안국이나 주희에 비교해보면 상당히 부드러운 편이다. 그는 왕안석에 대해서 인격에 관련된 공격은 전혀 하지 않는다. 왕안석의 개혁의 잘못은 정치의 요체를 법으로 추구했다는 점에 있었다.

정치를 하는 것은 사람이고, 사람을 등용하는 것은 몸[身]에 의한다. 그 몸을 수양하는 것은 도道에 의하고, 도를 수양하는 것은 인仁에 의한다. 인이란 사람의 마음이다. 사람은 정치의 근본이고 몸은 사람의 근본이며 마음은 몸의 근본이다. 근본을 정확히 하지 않고 말末에만 구애되어서는 말末조차 다스릴 수가 없게된다.

마음을 핵심의 자리에 고정시킨 평소의 지론이 설명되고 있다. 순희 2년(1175)의 「경재기敬齋記」(同書, 同卷)는 "옛날의 사람이 그 몸을 가家·국國·천하天下로 정확히 미치게 하였던 것은 그 본래의 마음[本心]을 잃어버리지 않았기 때문이다"라고 시작된다. 천자千字에 조금 못 미치는 짧은 문장 속에 '심心'이라는 글자가 열세 번 등장하고 확실히 '심학'의 선언문의 취지를 드러내 보이고 있다. 연보 13세 때의 조문에는 '우주야말로 내 마음, 내 마음이야말로 우주'라고 말한 것이 보이고, 육구연에게 있어서의 마음의 문제가 유소년기 때에 이미 깨달음의 단계에 도달한 것 같이 묘사를 하고 있다. 육구연은 마음의 학문[心學]이라고 하는 평가는 이미 일찍부터 정해져 있었다. 왕수인이 '성인의 학문은 심학이다'라고 해서 육구연을 재평가하고 스스로 그 계보를 이어 받는 자로서 자임했던 것도 뚜렷한 이유가 없는 것이 아니다.

그런데 '심학'의 대극에 위치한 '성리학性理學'자 주희도 심이라는 용어에는 유달리 주의를 기울인 사상가였다. 단지 주희의 경우에는 장재張載의 '심心은 성性과 정情을 통합한 것'이라는 규정에 전면적으로 의거하고 있기 때문에 마음의 문제는 항상 성이나 정의 구별을 둘러싼 의론과 불가분의 관계였다. 바로 그것이 일반적으로 심성론心性論이라고 일컬어지는 이유이다. 그리고 맹자의 성선설에도 전면적으로 의거하기 때문에 선善으로서의 성性이 어째서 그대로 발현되지 않고 이 세상에 악惡을 초래하는가라는 악의 기원을 논하는 것이 심성론에 요구되었다. 하지만 맹자의 성선설은 송대 이전에 결코 정론이었던 것은 아니다.

북송에서 맹자를 세상에 널리 알린 제일인자는 왕안석이었다. 그에게는 「원성原性」이라는 제목의 문장이 있는데(『臨川先生文集』권68), 어떤 사람이 맹자孟子·순자荀子·양웅楊雄·한유韓愈의 성설이 서로 다른 이유를 질문한다고 하는 상정으로 시작되고 있다. 그 제명 및 그 첫머리부터가 한유의 동명同名의 문장(『韓昌黎文集』권1)을 의식하고 있다는 것은 분명하다. 한유는 맹자의 성선설, 순자의 성악설, 양웅의 선악이 뒤섞인 성설을 열거하고 자신의 견해로서 성삼품설性三品說을 제창하였다. 한유의 이 문장이나 「원도原道」(同書 同卷) 말미의 기술에 의해 제3장에서 보는 바와 같이 북송에서는 공자의 뒤를 계승하는 대학자로서 이 네 사람의 이름을 내세우는 것이 통례였다. 왕안석의 「원성」에서도 질문자는 이 네 사람은 모두 '옛날에 도道를 갖추고 있던 어진 사람'임에도 불구하고, 그 주장이 다른 것은 어떠한 이유였을까라는 형태로 의문을 제기하고 있다.

이것에 대해 왕안석은 자신이 의거하는 것은 공자의 주장뿐이라고 대답한 뒤, 네 사람의 주장에 각각 비판을 덧붙여 간다. 먼저 한유는 인의예지신仁義禮智信의 오상五常을 성 그 자체로 간주하고 있는 점에서 잘못되어 있다. 성이란 이러한 오상의 '태극太極', 즉 근본에 의해 결정되는 것이고 오상과는 구별을 하지 않으면 안 된다. 다음으로 맹자의 성선설과 순자의 성악설을 한 쌍의 것으로서 받아들이고 어느 쪽이나 모두 선인가 악인가라는 성격규정을 성에 대해서 행하려고 한다는 점에서 동일한 잘못을 저지르고 있다고 한다. 선악이 문제가 되는 것은 정의 위상문제에 달려 있는 것이고, 성 그 자체에는 선악이 존재하지 않는다. 그들은 정情 또는 습習의 위상을 성으로서 논하고 있다. 양웅의 주장도 성이 아니라 습에 관한 논의를 하고 있는 것에 지나지 않는다. 그리고 공자가 "본성[性]은 서로 가까운 것이지만, 습관[習]이 서로를 멀어지게 한다"(『論語』 陽貨)라고 서술한 것이야말로 자신의 견해라고 한다. 즉 성에는 선험적인 시비是非나 선천적인 차이는 보이지 않고 그것들이 문제가 되는 것은 성이 원인이 되어 구체적인 형태로서 발현한 상태·단계라고 하는 것이다.

「성설性說」(『臨川先生文集』 권68)은 「원성」의 속편이라고도 할 수 있을 정도의 내용을 갖추고, 공자의 위의 말과 상지上智·중인中人·하우下愚라고 하는 인간 유형과의 관계를 논하고 있다. 한유가 제시했던 바와 같은 성삼품설이란 결국 습관에 의해 나누어진 것이고, 하우라고 하더라도 선인善人이 될 소질은 갖추고 있는 것이며, 그러한 의미에서 성은 누구라도 선하다고 설명한다.

하지만 다른 한편에서 「양맹揚孟」(『臨川先生文集』 권64)에서는 맹자와 양웅의 서로 다른 점을 개념의 내용규정이 서로 빗나가 있는 점에서 찾고 있다.

> 맹자가 말하는 성이란 올바른 본성만을 가리키고 있다. 양웅이 말하는 성은 본성의 올바르지 않은 부분을 합쳐서 가리키고 있다. 양웅이 말하는 명命은 올바른 명만을 가리키고 있다. 맹자가 말하는 명은 명의 올바르지 않은 부분을 합쳐서 가리키고 있다…… 지금의 학자들은 맹자 측에 가담해 있으면 양웅을 비판하고 양웅 측에 가담해 있으면 맹자를 비판한다. 그것은 문자의 표면만을 이해한 것뿐이고 거기에서 지시하는 내용을 이해하지 않고 있는 것이다. 그러면서 자기 자신은 성이나 명의 도리道理를 분별하고 있다고 스스로 일컫는 것은 무슨 까닭일까.

「성정性情」(『臨川先生文集』 권67)에서도 세간에서 통설로 되어 있는 '성은 선하고 정은 악하다'고 하는 사고방식을 비판하고, 그것이 맹

자의 문장에 대한 피상적인 이해에서 유래한다고 지적하고 있다. 맹자
의 성선설이란 성이 무조건 언제나 선이라는 것을 의미하지는 않는다.
성에는 악으로 향하는 요소도 포함되어 있는 것이고, 그렇다고 한다면
그야말로 양웅도 사람의 성에는 선과 악이 뒤섞여 있다고 설명한 것이
라 할 수 있다. 이렇게 왕안석은 맹자의 주장을 기본적으로는 시인하고
그 자신의 해석에 맞추어서 양웅을 증거로 인용하는 수법을 사용하고
있다. 결국 그의 견해에 의하면 맹자나 양웅도 말하려고 했던 것은 동
일한 것이고, 그것은 공자의 생각과 일치하는 것이라고 한다─결국은
왕안석 자신의 견해와도 일치한다. 다만 그 설명방법에 약간의 문제가
있어 정이라고 해야 할 것을 성이라고 불렀기 때문에 이해에 혼란을
초래하였다고 파악하는 방법이다.

　북송에는 사마광에 의해 대표되는 맹자 비판세력이 존재하였다.
사마광에 의하면 공자의 교설은 명名을 바로잡는 것에 중점을 두고 있
고 맹자는 그 가르침으로부터 이탈해 있다는 것이다. 그의 저서 「의맹
疑孟」(『增廣司馬溫公全集』 권101) 속에서 사마광은 맹자의 고자告子
에 대한 반론을 다시금 논박하고 있다. 고자가 물의 흐름에 비유하여
성에 본래는 선악이 없다는 것을 논한 것에 관해 그 비유는 중인中人에
관해서만 들어맞는 것뿐이고, 한편으로는 확실히 타고난 선인이 있기
는 하지만, 다른 한편으로는 교도敎導할 방법이 없는 악인도 있으며,
맹자가 말하는 바와 같이 누구에게도 성선性善이라고 하는 것은 없다
는 것이다. 이렇게 사마광은 기본적으로는 성삼품설을 주장하였다. 또
한 소식은 「맹자변孟子辯」에서 성 그 자체에 선악은 없다고 서술하고
맹자의 주장을 비판하였다. 덧붙여 왕안석과 마찬가지로 『주례』에 근
거하여 정치의 실현을 구상한 이구李覯는 「상어常語」에서 맹자가 춘
추오패春秋五覇[34]의 업적을 인정하려고 하지 않았다는 점이 있는데,

그것은 공자의 의도에 반한다고 비난하고 있다(여윤문余允文의 『존맹변尊孟辯』에 의거함).

그 중에서 왕안석은 맹자의 옹호파이고, 그는 맹자의 성선설을 완벽하다고는 말하지 않더라도 기본적으로는 수긍하고 있다. 이러한 형태에서의 맹자 성선설의 현창顯彰은 정호·정이에서 시작되는 도학계 학자들의 것과 공통의 기반 위에 서 있는 것이었다.

왕안석은 개혁의 일환으로서 과거의 시험과목을 변경하여 당대唐代 이래로 중시되어 오던 시부詩賦를 시험과목에서 제외하고, 그 대신에 책策(시사문제에 관한 대책)과 논論(역사비평)을 중시하였다. 경학에 관해서는 경문·주석의 암기가 아니라 내용의 이해를 묻고 그 자신이 '단란조보斷爛朝報[35)에 지나지 않는다'고 평했다고 하는 『춘추』를 빼버리고, 그 대신에 『주례』를 넣은 오경五經을 '본경本經'이라고 부르고 이 중에서 하나를 선택하게 한 것 이외에, '겸경兼經'이라는 명칭 하에 『논어』와 『맹자』를 모두 과거의 필수과목으로 삼았다. 결국 『맹자』는 이러한 계기를 시작으로 하여 경서로서의 취급을 받게 되었던 것이다. 사실 과거시험의 개혁에 관해서는 도학계의 인사들도 『주례』를 『춘추』로 돌려버렸다는 것 이외에는 왕안석의 개혁을 기본적으로는 답습하였다. 이러한 신학 및 도학의 맹자 현창에 의해, 예를 들면 남송 말 진진손陳振孫의 『직재서록해제直齋書錄解題』에서 『맹자』는 자子가 아니라 경經으로 분류되고 「경록經錄」에 「어맹류語孟類」로서 『논어』와 병칭되기에 이른다.

이보다 먼저 경덕景德 2년(1005)에 칙명에 의한 사업으로서 당의 『오경정의五經正義』를 증보하는 형태로 소疏가 간행되었는데, 그것은 전부 열두 개의 경서로 이루어져 있었다. ─경학상 엄밀하게 말하면 춘추삼전은 철저하게 전이고 경은 아니지만, 여기에서는 다른 것과 똑같이 경서라고 부르기로 한다. 즉 『오경정의』의 다섯 가지 서적—『주역』, 『상서』, 『시경』, 『예기』, 『춘추좌씨전』—과 『주례』, 『의례』, 『춘추공양전』, 『춘추곡량전』, 『효경』, 『논어』, 『이아爾雅』이다. 여기에 『맹자』가 덧붙여지면 오늘날 우리들이 통상적으로 불러서 익숙해져 있는 『십삼경주소十三經注疏』가 갖추어지는 것이지만, 이 시점에서 『맹자』는 아직 경서라고 간주되고 있지는 않았다. 『십삼경주소』에 들어 있는 『맹자』의 소疏는 경덕의 사업에 참가한 학자의 한 사람인 손석孫奭의 이름을 위에 붙이고 있지만, 이미 주희가 지적한 바와 같이 남송 초기의 사람에 의한 위작이다.

서적 목록에서도 조공무晁公武의 『군재독서지郡齋讀書志』나 『송사宋史』 예문지藝文志에서는 여전히 경부經部가 아니라 자부子部에 들어가 있다. 이것들의 목록이나 주희의 『맹자집주孟子集注』, 『맹자정의孟子精義』를 보아도 주석서의 수가 『논어』에 비하여 예상보다 훨씬 적지 않았다는 것을 짐작해 볼 수가 있다.

신학이든 도학이든 맹자를 현창하는 최대의 이유는 인의를 사람의 본성이라고 하는 소위 성선설에 달려 있었다. 당시 왕성하게 논의되던 성론性論 속에서 그들은 맹자의 주장을 근거로 삼았던 것이다. 그때 필연적으로 본성과 마음의 관계를 논의의 과정 속에 포함시키게 되었다. 『맹자』에 자주 나오는 마음에 관한 발언, 그리고 "그 마음을 다하는 자는 그 본성을 안다. 그 본성을 알면 바로 하늘을 알게 된다"로 시작되는 진심편盡心篇 첫 장의 논리 등이 초점이 된다.

『하남정씨유서河南程氏遺書』 권1에 수록되어 있는 정호의 다음과 같은 발언은 주희에 의해 『근사록近思錄』 권1에 재차 수록되어 있다.

태어난 그대로를 본성[性]이라 한다. 본성은 곧 기氣이며, 기는 곧 본성으로 이것을 생生—태어난 그대로—이라고 말한다. 사람이 태어나면 기품이 있고 도리[理]에는 선과 악이 있다. 그러나 이것은 본성의 안에 본래부터 선과 악이 있는 것이고, 서로 대립하여 생겨나는 것이 아니다. 어릴 때부터 선한 사람이 있고, 어릴 때부터 악한 사람도 있다. 이것은 사람에게 기품이 그러하기 때문이다. 선은 물론 본성이지만 악도 또한 본성이 아니라 할 수 없다.

여기에서 주목을 끄는 것은 정호의 주장이 뒤에서 서술할 정이·주희의 그것과는 그 취지를 달리하고 있다는 점이다. 그는 기품 이전의 본성 그 자체에 관해서는 이것을 선인가 악인가로 논할 수 없다는 견해를 나타내 보여주고 있다. 이것은 왕안석과 일치하기는커녕 여윤문余允文에 의해 맹자 비판파로 분류되고 있는 소식의 주장과도 아주 닮아 있다. 본성이란 사람의 태어난 그대로의 것이라는 표현은 실제로는 맹자의 논적인 고자告子의 논법이었다. 본성을 선악을 뛰어넘는 차원에서 이해하려고 하는 이러한 사고 방식은 지금부터 살펴보는 바와 같이 도학계열에서는 호굉의 『지언知言』이나 장구성張九成의 『맹자전孟子傳』으로 계승되고, 이윽고 양명학陽明學의 무선무악론無善無惡論에서 그 면모를 일신하여 부활하게 된다.

그것은 주희의 용어를 가지고 설명하면 그들이 본성[性]이라는 개념을 『중용』에서 말하는 바대로 미발未發 단계에서의 마음 상태로서 파악하고 있기 때문이었다. 미발의 성에 대하여 이발已發 단계의 상태는 정이라고 불린다. 정호는 그것을 기氣에 의한 것으로서 설명하였다. 왕안석이든지 정호이든지 간에 윤리적인 의미에서의 선악은 이 단계에서 밖에 사용할 수 없는 말이라고 생각하였다. 뒤에서 서술하겠지만 주희 자신은 이러한 방식으로 성과 정을 구별하고 있다. 그리고 주희 이후에도 왕안석이 부정했던 바의 성선정악설性善情惡說에 대한 약간의 수

정이 한때 널리 퍼지기도 하였다. 이것은 그렇게 파악하는 방법이 사람들의 이목을 끌기 쉬었고, 바꾸어 말하면 그들의 생활감각에 익숙해지기 쉬운 도식이었다는 것을 의미하고 있다고 생각된다. 다만 마음에 관하여 호굉 등이 이발의 단계에, 장구성 등이 미발의 단계에 귀착시키는 것에 대하여 주희는 장재의 주장에 근거하여 새로운 심성론을 이른바 주자정론朱子定論으로서 주장하게 된다.

2. 주희의 정론定論

성과 정을 둘러싼 논의는 주희가 등장하면서 새로운 단계를 맞이한다. 주희는 복건福建 북부에서 태어나고 자라서, 소흥紹興 18년(1148) 전시殿試[36]에 제278위로 합격한다. 그는 이때 열아홉으로, 과거 합격자의 평균연령을 훨씬 밑도는 대단히 일찍 핀 꽃이었다. 다만 그 순위가 278위라는 성적 때문에 관계의 엘리트 코스에 올라탈 수가 없었다. 하지만 이 때문에 오히려 조정에서 행정업무에 쫓기지 않고 깊은 사색을 할 수 있는 충분한 시간적 여유를 가질 수 있었다는 사실은 사상가로서의 주희가 탄생하는 데 바람직한 방향으로 작용하였다고 할 수 있다. 만일 그 해에 과거시험에 낙제하고 3년 후에 장원이라도 되었다면 동아시아의 근세사상사는 상당히 그 양상이 달라졌을 것이라는 생각이 든다.

그것은 잠시 제쳐놓고, 하위의 합격자가 임관되기 위해서는 다시금 전시銓試[37]라는 심사를 통과해야만 했다. 주희는 3년 뒤인 소흥 21년 (1151)에 무사히 이것에 합격하여 천주泉州 동안현同安懸 주부主簿에 임명되었다. 그렇다 하더라도 곧바로 부임하는 것이 아니라 다음의 정기 인사이동에서 현임자의 후임이 되는 것이 내정된 것에 지나지 않는다. 그는 일단 거주지인 건주建州 숭안현崇安縣에 돌아갔다가 소흥 23년(1153)의 여름에 부임길에 올랐다. 숭안에서 동안同安을 향하여 가는 이 여정이 그의 사상을 결정짓는 만남을 초래하게 된다.

숭안을 출발한 주희는 건계建溪를 따라 남하하여 남검주南劍州—현재의 南平—를 지나게 되었다. 여기에는 그의 부친 주송朱松과 마찬가지로 나종언羅從彦에게서 수학한 이동李侗[38]이 살고 있었다. 주희 자신 및 후세의 주자학자에 의한 현창을 거쳐서 그들에 관하여 잘 알고 있는 현대를 사는 우리들의 눈에는 두 사람의 만남은 필연적인 것이라고 비친다. 나종언의 스승인 양시楊時는 정호에게 "나의 도道는 남쪽으로 전해질 것이다"라고 기대되었던 인물이고, 그의 학술을 전하는 이동에게 주희가 가르침을 청하러 길을 떠난 것은 당연한 과정이라고 보인다. 그렇지만 현실적으로 중기 이전부터 높은 명성을 날리고 있던 양시에게는 그 문하에 장구성을 비롯하여 많은 훌륭한 제자들이 있었고, 나종언은 시골에 파묻혀 사는 범용한 학자에 지나지 않았다.

『송원학안宋元學案』이 나종언의 문인으로서 이동과 주송 두 사람밖에 이름을 내세우고 있지 않다는 것, 주송이 양시 문하의 다른 인물도 사사했다는 것, 자식의 교육을 위해 다른 우인友人을 만나 유언을 남겼다는 것 등을 종합해서 생각해보면 나종언 및 그의 문인 이동이 당시 어느 정도의 평가를 받고 있었는가는 자연스럽게 상상이 갈 것이다. 주희는 범여규范如圭에게 보낸 서간에서 이동에 대해서 일부러 소개하고 있다(『朱文公文集』 권37, 「與范直閣」).

범여규는 호안국 문하의 뛰어나고 훌륭한 도학자이면서 건양建陽에 거주하고 있었던 인물이다. 그런 그조차도 이동이라는 이름을 몰랐다고 한다면 이동은 철저하게 무명에 가까운 인물이었다고 할 수 있다.

주숭이 진작부터 이 동문同門의 선비를 높게 평가하고 있었다고 한다
면, 겨우 100킬로미터 남짓 떨어진 곳에 살고 있는 인물에게 그 자식이
임지로 향하는 도중, 그 기회에 잠깐 들러서 첫 대면의 인사를 시키게
하지는 않았을 것이다. 그렇지 않으면 두 사람의 만남은 마땅히 좀더
일찍 이루어져야 했을 것이다.

하지만 운명은 두 사람을 대면시키고야 말았다. 그리고 그것이 주희
의 생애에서 가장 결정적인 만남이었다는 것은 선행의 제 연구가 한결
같이 지적하는 바이다. 다만 첫 번째의 만남으로 인해 곧바로 주희의
사색에 일대 변화가 오지 않았다는 것은 그 자신이 후년에 술회하고
있다. 이동에게 들었던 것을 동안同安에서 반추할 때 그 깊이를 깨닫고
주희는 임기가 만료되어 숭안으로 돌아오는 도중에 다시금 이동의 거
처를 찾아가서 만나 뵈었다.

그때까지 주희의 사색적인 경향은 선禪의 강한 영향 아래에 있었는
데, 이동과 만남으로써 그것으로부터 빠져나오게 되고 이정의 학통을
계승하는 도학자로서의 자각이 싹트게 되었다고 한다. 그것은 마음 수
양 방법의 문제에서 현저하게 드러났다. 이동은 마음이 발동하여 나오
지 않는 미발未發의 단계 이른바 고요할 때[靜時]의 마음상태에 그 중
점을 두었다. 고요할 때에 대본大本을 체인體認해 두면 갖가지 사물에
대해서 스스로 올바르게 대응할 수가 있다. 그럴 때야말로 이일理一이
면서 분수分殊인 이 세계의 상태에 대처하고 있는 것이었다.

다만 그러한 수양에 힘쓰면서도 마음의 본체와 그 작용의 관계를 어
떻게 이해해야만 할 것인가라는 의문이 주희에게는 아직 남아 있었던
것이다. 거기에서 장식張栻을 방문하고 그 스승인 호굉으로부터 전하
는 소위 호남학湖南學의 학풍을 접하게 된다. 그들의 논법은 '미발未發
은 성性이고, 이발已發은 심心이다'라고 하는 것이었다. 결국 미발의

단계에 관해서는 수양의 대상에서 제외하고 마음이 발동한 상태에 있어서의 그 움직임을 명확히 파악하는 것, 이른바 찰식察識이 중시되었다. 거기에 그들의 성설性說, 즉 성 그 자체를 선악으로 파악할 수 없다는 사고방식이 있었던 것은 분명하다. 여기에서 주희의 사색은 미발에서 이발 쪽으로 크게 흔들렸던 것이다.

그 흔들림에서 다시 돌아오게 된 것은 주희 자신의 사색에 의해 초래된 결과였다. 그때 그가 근거로서 강조했던 것이 장재의 '심心은 성性과 정情을 통합한 것'이라는 테제였다. 마음이라는 개념을 둘러싼 주희의 사색은 여기에서 일단락짓게 된다.

이러한 소위 정론의 확립이 주희의 사색의 종착점은 아니었으며 그 후 그의 교설을 계승하는 사람들에 의해 그 심성론이 더 한층 전개되고 완성되는 것은 말할 필요도 없다. 하지만 역시 여기에서 잠시 멈추어서서 주희의 심성론에 관해서 살펴두고 싶은 이유는 그러한 심·성·정의 취급방법이 북송 이래의 성설의 전개사 속에서 하나의 전형을 제공하고 있기 때문이다. 더욱 정확하게는 후세에 주희의 정론을 가지고 한 방면의 전형으로 삼고, 한편으로는 육구연의 주장을 가지고 다른 한 방면의 전형으로 간주하는 것에 의한 이항대립의 도식이 상정되고 있기 때문이다.

뒤에서 서술하는 바와 같이 두 쪽 모두 맹자의 성선설을 전제로 한다는 점에서는, 북송 때의 제 논의의 과정 속에 있는 특정의 유파[道學]에 소속되어 있으면서 마치 때로는 하늘과 땅만큼의 현격한 차이가 있는 것처럼 취급을 받고, 때로는 외관상 상반되는 것임에도 불구하고—그렇다고 이 종류의 논자들도 인정한다—내실內實은 동일한 것이라고 하여 그 조정이 시도되었다. 또한 때로는 양자가 제각기 시기에 따라 주장을 바꾸어 놓았다고까지 얘기되는—그 대표적인 경우가 '만년정론晚

年定論'이라는 사고방식—이러한 이항대립성의 폭넓은 인지와 대립이 있다는 것을 인정하므로써 말의 갖가지 표현 차이를 모두 자기의 영역으로 끌어들이려고 하는 동향의 실상을 해명하기 위해서 주희의 정론에 관한 설명을 하지 않으면 안 된다. 따라서 다음에 나오는 이 책의 해설은 이 정론이 철학 사상으로서 얼마나 훌륭한 것이라든가, 혹은 어디에 그 한계가 있는가를 지적하는 시각과는 별개의 관심에 근거하고 있다는 것을 이해해 주었으면 한다.

주희의 정론은 장재의 '심통성정心統性情'과 정이에 의한 '성즉리性卽理'라는 두 개의 규정 위에서 성립되어 있다. 그래서 먼저 이 두 개의 말에 관하여 살펴볼 필요가 있다. '심통성정'의 본래의 출전은 사실 잘 알려져 있지 않다. 주희가 편찬한『근사록』권1에 의해 인구人口에 회자膾炙되고 있기는 하지만, 장재가 언제 어떠한 문맥에서 집필한 것인지 또는 발언한 어구인가는 알 수 없다. 그의 문장·어록을 수집하여 편집한『장자전서張子全書』는 명대 후반의 편찬물이고, 그 안에 수록된「성리습유性理拾遺」에 이 유명한 어구를 포함한 조문이 보인다. 단지「성리습유」란 명대 초기에 편찬된『성리대전性理大全』에서 골라내어 수집했다고 하는 의미이며, 실제로 그 권33「심성정心性情」에『장자전서』의 일련의 조문이 세 개로 구분되어 수록되어 있다. 그 맨 처음에 나오는 조문은 "장자가 말하기를 심은 성정을 통합한다[張子曰, 心統性情者也]"라고 하는 바로 그 어구만으로 되어 있어 앞뒤의 맥락을 전혀 알 수가 없다.『성리대전』은『근사록』으로부터 인용하고 있을 가능성이 높다. 원대에 편찬된『장자어록張子語錄』에는「후록하後錄下」에 '심통성정'이 몇 번 등장하기는 하지만 어록의 본체에는 이러한 어구가 포함되어 있지 않다.「후록하」란『주자어류朱子語類』에서 발췌하여 쓴 것으로, 예컨대 주희가 발언한 말들 중에서 장재에 관련된 것을 수집한 것이기 때문에 오히려 이 어구가 보이는 것은 당연한 일이다.

이러한 까닭으로 그 태생부터 의심스러운 이 어구가 지금에 와서 장재의 사상을 말하는 데 빠뜨릴 수 없게 된 것은, 주희가 이것에 의거하여 자신의 정론을 세웠기 때문이었다. 다만 이것은 다른 각도에서 살펴보면 주희 이전 시대에는 이 어구가 그다지 주의를 끌지 못했다는 것을 의미하기도 한다. 그보다는 장재라는 사상가 자체가 도학자들 사이에서 평판이 높았다는 것은 아니라는 점이다. 물론 역사적 사실로서 이정과 교류한 사실이 있고, 이정이 그 나름의 경의를 표시하여 그에 관해 언급한 어록이 남아 있기는 하다.

또한 장재의 문하에는 그의 사후에 정이를 스승으로 우러러 받든 자들도 많았으며, 그렇기 때문에 동일한 문장이 문헌에 따라서 장재의 발언일 것이라고 생각하면 정이의 것으로 되어 있기도 하였다. 하지만 도학의 본류는 철저하게 이정 문하의 것이었고, 장재는 이것과는 약간 성격을 달리하는 사상가로서 부즉불리不卽不離의 관계로 보였던 것 같다. 그가 도학사에서 찬연히 빛나는 거성이 될 수 있었던 것은 『정몽正蒙』과 『서명西銘』 및 그 태허太虛의 사상, 거기에 '심통성정'이라고 하는 한 마디의 어구 등이 주희의 현창을 거친 결과였다. 이것과 비슷한 상황이 '이학理學의 개산開山'이라고 불리는 주돈이周敦頤에게도 벌어진다는 것은 제3장에서 상세하게 살펴본다.

그건 그렇다 치고 그러면 주희는 무엇 때문에 '심통성정'을 그토록 중시하였던 것일까. 그는 어떤 문인에게 성性·정情·심心·인仁의 관계에 관하여 질문을 받고 다음과 같이 대답한다 .

　　황거橫渠[張載]가 가장 잘 설명하고 있는데, '마음[心]은 본성[性]과 감정[情]을 통합한다'라고 말하고 있다. 맹자가 '가슴 아파하는[惻隱] 마음은

인자함[仁]의 실마리이고, 부끄러워하고 싫어하는[羞惡] 마음은 의로움
[義]의 실마리이다'라고 말한 것도 본성과 감정과 마음을 매우 잘 설명하
고 있는 말이다. 본성에는 선善하지 않은 것은 없다. 마음에서 일어나는
것이 감정이 되지만, 여기에는 선하지 않은 것도 있다. 선하지 않은 것은
이 마음이 아니라고 말할 수는 없다. 마음의 본체에는 원래 선하지 않은
것이 없고, 그것의 결과로서 선하지 않게 흐르는 것은 감정이 바깥의 사
물[外物]에 옮겨져서 그렇게 되는 것이다. 본성이란 이치[理]의 총체적인
명칭이며, 인자함[仁]·의로움[義]·예의바름[禮]·지혜로움[智]은 모두 본
성 가운데 있는 이치의 총체적인 명칭이다. 가슴 아파하고[惻隱]·부끄러
워하고 싫어하며[羞惡]·겸손하고 양보하며[辭遜]·참과 거짓을 가리는 것
[是非]은 감정이 드러날 때의 명칭으로 이것들은 감정이 본성에서 비롯되
어 선하게 된 것이다. 그 실마리가 드러난 것은 매우 미미하지만, 모두가
이 마음에서 나온다. 때문에 '마음은 본성과 감정을 통합한다'라고 말한
다. 본성이란 어떤 것이 특별히 마음 속에 있는 것이 아니다. 마음이 본성
과 감정을 갖추고 있는 것이다(『朱子語類』 권5).

이렇게 설명함으로써 주희는 본성 그 자체에는 선악의 구별이 없다
는 기존의 사고방식과 결별하였다. 왕안석이 한유의 잘못으로서 비판
하였던 인의예지를 본성으로서 인정한다고 주희는 감히 말하고 있는
것이다. 그렇게 말할 수 있는 것은 만인에게 본래적인 성性과 실제로
각자에게 부여되어 있는 본성을 구별하는 발상을 장재에게서 배웠기
때문이다. 장재는 이렇게 말한다.

형체를 갖춘 단계가 되고 나서 기질의 성이라는 것도 나타난다. 원래
의 곳으로 돌아갈 수가 있다면 천지의 성을 유지할 수가 있다. 따라서
군자는 기질의 성을 성이라고는 부르지 않았던 것이다(『正蒙』 「誠明」).

　여기에서는 천지의 성과 기질의 성이라는 이층구조二層構造에 의해 성을 파악하는 방식으로, 맹자가 말한 본래적인 의미에서의 성과 순자 등이 말하는 현실적인 사람의 양태로서의 성이 정합적으로 설명되고 있다. 사람은 본래 선善으로서의 본성을 갖추고 있다. 그럼에도 불구하고 기질의 소위所爲에 의해 악행이 생겨난다. 그렇다면 이 세상에서 악을 없애기 위해서는 기질을 선善으로서의 본성으로 되돌리기만 하면 된다. 기질변화론氣質變化論이라고 불리는 주자학의 수양론은 이러한 성설에 근거하고 있었다. 주희는 이러한 자기학설에 의해 '태어난 그대로야말로 본성[性]'이라고 해야 할, 앞에서 예를 든 정호의 주장을 막무가내로 바꾸어 적용하고 있는 것이다. 이렇게 하여 인의예지를 전자의 의미의 본성으로서 사람의 마음에 미리 부여된 리理라고 간주하는 것이 가능하게 된다. 이것이 바로 성즉리설性卽理說이다. 다음으로 그 전거가 된 정이의 발언을 살펴보자.

　　맹자가 사람의 본성[性]이 선하다고 말한 것은 옳다. 순자나 양웅 정도의 학자라도 역시 본성에 관해서는 이해하고 있지 않다. 맹자가 이들 유자儒者보다 한 단계 뛰어난 점은 본성에 관해서 확실히 해 둘 수가 있었기 때문이다. 본성에 선하지 않은 것은 없다. 선하지 않은 것이 있다면 재才이다. 본성이란 다름 아닌 리理이다. 리란 요순堯舜 뿐만 아니라 그 주변 사람들에 이르기까지 동일하다. 재는 기氣로부터 부여받지만 기에는 청탁淸濁이 있다. 기의 맑은 것을 받으면 현인이 되지만, 기의 탁한 것을 받으면 우둔한 자가 된다(『河南程氏遺書』 권18).

　성에 대한 재를 세우는 것으로 정이는 성선설을 지지하는 논리를 만들어 내었다. 그것이 성즉리설이다. 이러한 리가 그 본래적인 올바름·선함을 지고至高의 존재라고도 말해야 할 천에 의해 보장되어 있다는 것은 이미 제1장에서 설명하였다. 리를 통하여 전체 우주와 연결되어 있는 성에 악이라는 성질이 있을 리가 만무하다. 정이의 성선설은 맹자가 사용한 문맥의 단면을 그 나름대로 바꾸어 이해함으로써 선으로서의 성이 만인에게 동등하게 부여되어 있다고 설명하고 있다. 정이의 설명으로 양웅이나 한유가 성으로 말하고 있는 것은 어차피 재의 차원에 지나지 않는다고 한다(同, 권19). 소백온邵伯溫—소옹邵雍의 아들—의 질문에 답하여 리로부터 말하면 천, 품수稟受로부터 말하면 성, 사람에게 갖추어져 있는 것으로서 말하면 마음이라고 하는데, 이것들은 하나의 리에 의한 것이라고 한다(同, 권22 상).

주희의 성설은 정이의 이러한 발상을 계승하면서 여기에 성과 정이라는 이층구조를 도입함으로써 왕안석이나 정호가 구별하였던 미발과 이발의 벽을 뛰어넘게 되었다. 그것은 본체로서의 성과 작용으로서의 정을 통합하고 주재하는 것이 되는 마음의 제시였다. 따라서 주자학을 성리학이라고 규정하여 단지 육왕심학陸王心學과 서로 대치하는 것으로 삼는 그러한 이해는 지나칠 정도로 표면적이다. 문제는 마음[心]이 아니며 또한 성리性理를 설명했다고 하는 등의 차원이 아니다. 이미 선학先學이 지적하는 바와 같이 주자학이 말하는 '마음'과 심학이 말하는 '마음'이 내용적·구조적으로 어떻게 달랐는가 하는 차원에서의 비교가 이루어지지 않으면 안 된다.

3. 심心·신身·정情·성性

주희와 육구연 학풍의 차이는 두 사람의 저작 활동에서 현저하게 드러나고 있다. 그것은 육구연이 언어에 의해 진리를 전수할 수 없다고 생각하였기 때문일 것이다. 그렇기에 육구연은 저술에는 그다지 힘을 쏟지 않았다. 이에 반해 주희는 그 생애에 걸쳐 수많은 서적을 집필·편집·출판하였다. 그 대표작이라고 간주할 만한 것이 『대학』, 『중용』, 『논어』, 『맹자』의 주석서, 이른바 『사서장구집주四書章句集注』이다. 명대에는 이것이 과거시험의 정식 주석서가 되고 또한 사서는 필수의 경서로서 중시되기도 하여 독서인이라면 누구나 읽지 않으면 안 되게 되었다.

그중에서도 주희 자신이 가장 먼저 읽어야 할 것이라고 지정했던 『대학장구大學章句』는 삼강령三綱領·팔조목八條目이라는 정연한 논리적 구조를 갖추게 되어—이렇게 주희에 의해 그 내용이 바뀌었다.—인격수양의 지침서로서 우러러 받들어졌다. 주희는 정호·정이 형제의 주장에 의거하면서 텍스트를 경 일장과 전 10장으로 나누어 상세하게 주를 달았다. 죽음의 문턱에 서서도 또한 성의장誠意章의 주석을 수정하려고 했었다는 것은 유명한 일화이다.

격물格物로 시작되어 평천하平天下에 이르는 팔조목은 주자학의 이해에 의하면 수기치인修己治人의 계제성階梯性을 나타내고 있다. 물物·지知·의意·심心·신身·가家·국國·천하天下라고 하는 팔조목의 전개는 학습자의 내면의 도야가 어떻게 그 주위를 감화시키고 마침내는 태평천하를 가져오게 되는가를 이야기 형식으로 그려내고 있다. 종래 『대학』의 주희에 의한 해석을 둘러싸고서는 삼강령 특히 '신민新民'에 대한 개정 부분과 격물치지보전格物致知補傳에 초점이 맞추어져 있던 것이 많고, 성의정심誠意正心 이후의 주석에 관해서는 그다지 주목을 끌지 못하였다. 성의에서 평천하에 도달하는 계제성은 『대학』의 원본 텍스트가 이미 갖추고 있는 내용이고, 주자학의 독창적인 견해라고는 할 수 없다. 즉 송대 사상사에서는 특유의 제재題材가 아니었다는 것이다. 그러나 송대가 되어 『예기禮記』의 이 한 편이 모든 경서의 핵심으로 자리잡게 되었던 것은 이 시기가 되어서 처음으로 『대학』이라는 텍스트가 갖추고 있던 어떤 이해[讀法]의 가능성이 개척되고 수용되었다는 사실을 의미하고 있다. 그 이해는 『예기』의 한 편으로서 그것에 주석을 단 정현에게는 그만큼 중요하다고 의식되지는 않았던 것이고, 자주 논급되는 바와 같이 송대에 등장하는 과거 관료제를 배경으로 하였던 독서인讀書人층에게 호소되기 시작한 것이다. 주희가 '수기치인'으로서 정리한 팔조목의 커다란 두 단계, 즉 자기 수양과 타자에 대한 교화를 연결시켜 연속성을 갖추고 파악하는 시점은 어떻게 해서 가능하게 된 것일까.

주희에 의하면 팔조목의 전반부 다섯 개, 즉 격물格物에서 수신修身까지가 수기修己의 단계이고, 삼강령의 명명덕明明德에 상당한다. 그리고 제가齊家·치국治國·평천하平天下의 세 개가 치인治人의 단계로 '친민親民', 즉 바꾸어서 신민新民에 해당한다. 따라서 양자의 이음매는 수신과 제가의 관계에 있고, "천자天子로부터 서인庶人에 이르기까지 일체 모두 수신을 근본으로 삼는다"라고 하는 원본 텍스트의 기술에 의해 수신을 종착점으로 하는 요지의 정당성이 보장되었다.

하지만 이 텍스트 주석의 목표인 신학적神學的 입장보다는 그 논리의 과정을 분석하는 시각으로 조망해 본 경우, 수신이 종착점이 되어 양자를 연결한다고 하는 논리는 그다지 자명해 보이지 않는다. 이것이 세상 사람들의 지지를 얻어 주자학의 근간에 관련되는 대전제가 될 수 있었던 이유는 무엇일까. 아마도 거기에서 열쇠가 되는 것은 '신身' 자에 대한 이해일 것이다.

주희는 이정의 방법을 계승하여 『대학』의 원본 텍스트를 수정하였다. 이정의 개정안은 『하남정씨경설河南程氏經說』의 권5에 「명도선생

개정대학明道先生改正大學」, 「이천선생개정대학伊川先生改正大學」으로서 게재되어 있다. 원래의 텍스트 및 양자 각각의 사이에는 문장의 배열에도 상당한 차이점이 보이고 이정이 제각기 어떠한 전체 구성을 갖추고 『대학』이라는 텍스트를 이해하려고 했던가를 시사해주고 있다. 정호가 배열의 변경에 시종일관하여 문자의 개변에는 미치지 않았던 것에 비해 정이는 두 군데에 걸쳐서 원본 텍스트의 문자를 바꾸고 있다 —그 외에도 말미에 이문異文을 병기하고 있다. 문자를 바꾼다고 하더라도 그것은 원본 텍스트가 잘못되었다고 하는, 즉 본래의 텍스트로부터 이탈해 있다라는 판단에 의한 것으로 문자의 배열을 바꾼 것과 똑같이 그에게는 원형으로 되돌아가는 '개정'작업에 다름 아니었다. 적어도 그렇게 주장하는 것으로 자신의 행위를 정당화하였다. 『하남정씨경설』 소재所載의 형식에서는 이 두 군데에는 '마땅히 ×로 해야 한다[當作×]'라고 하는 주기注記가 달려 있다. 그리고 주희는 문장 배열의 '개정'에서는 반드시 정이의 설법을 따르지는 않았는데 이 두 군데의 문자 '개정'만은 그대로 답습하고 있다. 바꾸어 말하면 그 이후 『대학』의 텍스트는 이 두 군데에 관해서는 문자를 변경하여 읽히게 되었다는 것이다.

이때 후세에 자주 화제로서 등장하여 문제된 것은 서두 부분의 한 문장 "대학의 도는 명덕明德을 밝힘에 있으며, 백성과 친하게 함에 있으며, 지선至善에 머무름에 있다"라고 하는 '친親'에 '마땅히 신新으로 해야만 한다'라고 주석을 단 방법이었다. '백성과 친하게 함'이 아니라 '백성을 새롭게 함'이 올바르다고 하는 논거는 문장의 뒷부분에 그 증거로서 인용하고 있는—그렇다고 주희가 해석한—경서의 어구와 대응시키기 위함이었고, 또한 그렇게 해석하는 것으로 삼강령에 체계성을 갖추게 하기 위함이었다. 주희의 수기치인론도 '명명덕'과 '신민'이 나란히 줄지어 서 있는 것으로부터 구상되었다고 말해도 좋을 것이다.

그러나 이것에 비해서 또 다른 한 군데의 개정은 거의 주목을 끌지 못하였다. 여기에서 문제삼고 싶은 것은 바로 이 부분이다.

주희에 의한 장구의 전傳 제7장은 "이른바 몸身을 닦음이 그 마음을 바르게 함에 있다는 것은 몸에 분치忿懥하는 바가 있으면 곧 그 올바름을 얻지 못한다"라고 시작된다. 여기의 '몸에 분치하는 바가 있다[身有所忿懥]'의 '신'이라는 글자에 「이천선생개정대학」은 '마땅히 心으로 고쳐야 한다[當作心]'라고 주를 달고 있다. 이러한 경우 대응하는 인증引證의 경문이 있는 것은 아니고 내용상 '몸에 분치하는 바가 있으면'이 아니라 '마음에 분치하는 바가 있으면'이 되어야 할 터라고 하는 것이다.

주희의 『대학장구』는 "정자程子에 의하면 신유身有의 신이라는 글자는 심心이라고 하는 것이 좋다"라고 하여 정이의 주장을 인용하는 형태로 이 부분의 개정을 주장하고 있다. 반면 정호 쪽은 '친민親民'의 경우와 마찬가지로 어떠한 주도 달지 않고 그대로 '신'자로 해석해도 괜찮다고 생각했을 것이다. 이 부분에 대해 공영달孔穎達의 『예기정의禮記正義』에서는 다음과 같이 해석하였다.

> '몸에 분치하는 바가 있으면 곧 그 올바름을 얻지 못한다'라고 하는 것에서 치懥란 노怒라는 의미이다. 만일 몸에 노하는 바가 있는 경우 '곧 그 올바름을 얻지 못한다'고 하는 것은 노함에 의해 올바른 것에서 빗겨나가 버린다라는 의미이다. 그렇게 되는 까닭은 만일 노함에 봉착하면 리理에 어긋나기 때문에, 올바른 것으로부터 벗어나 버리는 것이다.

결국 몸에 노함이 끓어오른 경우 격정이 내키는 대로 하여 올바른 도리에서 벗어나 제멋대로 행동할 위험성이 존재하기 때문에 그렇게 되지 않도록 주의하라고 말하는 것이다.

애당초 이곳의 원문에는 계속해서 그 외 공구恐懼·호요好樂·우환憂患이라고 하는 세 가지의 경우에도 각각 '그 올바름을 얻지 못함[不得其正]'이 된다고 서술되어 있으며, 어느 것이나 그것들의 격정이 끓어오르는 장은 모두 '신身'이라는 글자와 관계를 맺고 있다. 정이·주희는 이 네 가지가 몸에서 일어나는 것이 아니라 마음에서 일어나는 것이라고 주장해야만 할 내재적인 이유를 가지고 있었다고 해석하는 것이다. 정이에 관해서는 왜 그가 그렇게 주장했는지 분명치 않지만, 주희는 스스로 이렇게 설명하고 있다.

　　이 네 가지는 모두 마음의 작용이니, 사람에게 없을 수 없는 것이다. 그러나 한 가지라도 있어 또한 그것을 살피지 못하면 욕慾이 동동動하고 정情이 치우쳐서, 그 작용이 행하는 바가 혹 올바름을 잃지 않을 수 없을 것이다.

결국 이것들은 마음의 작용이지 몸의 작용은 아니다. 따라서 그것들이 일어나는 것도 몸에서가 아니라 마음에서 일어나지 않으면 안 된다. 마음의 작용이 좋은 방향으로 진행하는 것이 있으면, 그 반대로 나쁜 방향으로 떨어지는 것도 있다. 나쁘게 되는 것은 사람에게 기질로서 부여받은 욕망과 감정이 만들어낼 수 있는 소행이다. 학습자는 자기 마음속에서의 욕망·감정의 움직임을 찰지察知하여 미연에 그것을 방지하지 않으면 안 된다. 그것에 성공하는 것이 '마음을 바르게 함'이고, 다음의 조목인 수신의 전제가 된다. 이렇게 주희의 해석은 이상의 논리를 기준으로 삼고 따른 것이었다.

후세 주자학에 의한 이해에 근거한 경우, 이 두 군데를 '마음'으로서 해석하는 것이 보편적이다. 그렇게 해석하지 않으면 이 부분의 문맥에

차질이 생기기 때문이다. 그러나 원본 텍스트로 충실하게 해독하려고
하는 입장의 해석에서는 원래의 '신身'이라는 글자 그대로 해석하는 경
향이 있다. 그것으로부터 일부러 몸을 마음이라고 바꿀 필요가 없다는
것이 그 변명이다. 정심이 수신의 전제가 되고 있다는 사실로부터도
알 수 있듯이 몸쪽이 마음보다도 넓은 범위를 가리키며 이용되고 있다.
따라서 분치·공구·호요·우환의 네 가지는 몸에 일어나는 격정으로서
조금도 틀림이 없다.

　원본 텍스트의 저자는 구태여 마음과 몸을 구별한 연후에 여기에 '신
身'이라는 글자이던가 '심心'이라는 글자이던가를 사용하는 것에 대해
결단 내리지는 않았을 것이다. 그러나 문제는 정이가 굳이 '신'자에 이
의를 제기했다고 하는 것의 의미이다.

　정이의 '개정改正'에 대해서는 반론이 있었다. 이하의 세 가지 예는
모두 위식衛湜의 『예기집설禮記集說』 권151에 실려 있는 것으로 시간
적으로는 정이와 주희 사이에 위치하는 사람들의 문장이다. 그들의 반
론으로부터 역으로 정이가 제기한 문제의 의미가 무엇인지를 살펴볼
수 있지 않을까. 먼저 장구성張九成은 현존하지 않는 「대학설大學說」
에 있는 문장이라고 생각되는 것 중의 한 구절에서 다음과 같이 논하였
다.

　　　마음의 본래 상태에는 분치도 공구도 호요도 우환도 없다. 분치·공구·
　　호요·우환이라고 하는 것은 모두 혈기血氣에 의한 것이다. 때문에 '몸에
　　분치하는 바가 있으면'이라는 것과 우환까지만―모두 몸에 관하여―말하
　　는 것이며, 마음이라고는 말하지 않는다.

　마음의 본체에 이것들의 격정이 일어나는 일은 없다. 그것들은 혈기

가 만들어낼 수 있는 소행이며, 따라서 몸 차원의 일에 속한다. 그리하여 텍스트에는 몸이라고 말하고 마음이라고는 말하지 않는 것이다. 오여우吳如愚도 혈기를 내세우면서 해석을 가하고 있다.

> '그 올바름을 얻지 못한다'라고 하는 것은 몸에 그것들이 생겨나기 때문이다. 몸에 그것들이 생겨나는 것은 혈기가 그렇게 하는 것이며 바로 사욕私慾이다.

이것은 혈기에 의한 소행을 사욕이라고 규정하고, 그 때문에 올바른 도리에서 벗어나는 것이라고 설명하고 있다. 이원백李元白은 몸과 마음을 별개의 것이라고 파악하는 점에서는 정이와 같은 입장이지만 오히려 그렇기 때문에 이곳이 '신'이라는 글자가 아니면 안 되는 이유를 설명한다.

> 처음에는 마음이 몸을 제어할 수 있지만, 이미 지금은 몸이 오히려 그 마음을 상하게 하고 있다. 그 때문에 경문에서는 '마음에 분치하는 바가 있으면'이라고는 말하지 않는 것이다. 특별히 내세워서 '몸에 분치하는 바가 있으면'이라고 몸에 갖다 붙이어 말하고 있는 것은, 이것들 네 가지의 장해障害가 몸에서 생겨나는 것이지, 마음에서 생겨나는 것이 아니라는 것을 분명히 하고 있는 것이다.

이상의 세 사람은 몸과 마음의 구별을 전제로 하고, 그 연후에 이곳을 '심心'으로 고쳐야만 할 것이 아니라고 설명하고 있는데, 바로 필자는 이러한 논리에 주목하고 싶다. 원본 텍스트가 그렇다고 일반적으로 해석되는 것과 같이 몸과 마음 사이에 개념상의 구별을 두는 것은 아니다. 때문에 일부러 고치지 않아도 괜찮다라는 것이 아니라, 정이·주희와는 반대로 '신'자가 아니면 안 된다는 것이다.

그들이 네 가지의 격정을 마음이 아니라 몸에 귀속시켰던 것은 마음이 혈기를 갖추고 있지 않다고 간주하였기 때문이었다. 결국 마음은 혈기가 작용하는 차원이 아니라 그 이전의 차원, 즉 말을 바꾸어 보면 미발의 단계에 속해 있는 것이다. 장구성이 정호의 주장을 받아들여 성性은 선악의 어디에도 속하지 않는다고 파악했다는 점은 이미 앞에서 서술하였다. 그에게 성은 즉 마음이며, 이것이 이발의 정情과 서로 대립하였다. 이 마음을 그대로 현현시키는 것이야말로 정심正心의 요점이고, 마음에 올바르지 않은 격정激情이 끓어오른다고 하는 일은 있을 수가 없다. 이러한 논리야말로 육구연의 '심즉리心卽理'설에 연결되는 것이었다.

장구성은 이정 문하의 양시楊時에게서 배웠다. 소흥紹興 2년(1131)에 과거에 장원으로 합격하여, 보통이라면 관계官界의 엘리트 코스를 밟아 늦지 않게 재상의 자리에 오를 터였지만, 스승이 그러했던 것처럼 당시의 재상인 진회에게 비판적이었기 때문에 그다지 승진하는 일도 없이 관직 생활이 끝나버렸다. 경서의 주석 등 많은 저작을 남기고 양시를 계승하여 남송 초기 도학의 중심인물이 되었다. 그러나 주희에 의해 그 학풍이 선禪에 가깝다는 비판을 받아, 홍수나 맹수의 폐해에 비유될 정도였으므로 주자학이 기득권을 잡은 후에는 전혀 관심을 끌지 못하게 되어 그 많은 저작은 산일散逸되었다. 문집 외에 전해지고 있는 것은 『심전록心傳錄』・『중용설中庸說』, 그리고 『맹자전孟子傳』정도이다. 게다가 이것도 또한 진심편 부분이 누락되어 있다.

사고전서四庫全書의 제요提要가 말하는 대로 그가 활약하던 시대에는 아직 사마광 등 맹자 비판세력이 남아 있었고, 이 저작은 그러한 환경 속에서 신진新進의 경서인 『맹자』의 의의를 선전하는 의도로 저술되었다. 형식적으로는 각각의 장마다 주석을 달았지만, 내용적으로는 문장의 의미를 부연하여 논을 전개하고 있어 이른바 훈고의 책은 아니다. 그중에서도 눈에 띄는 것은 누차에 걸쳐 『대학』의 팔조목에 관해 언급한 부분이다. 물론 『맹자』의 텍스트 그 자체도 "천하의 근본은 국가에 있고, 국가의 근본은 가家에 있으며 가의 근본은 몸에 있다(離婁上)"라고 하여 팔조목에 대응하는 문장이 있고, 장구성을 포함한 도학 진영에서는 『대학』의 영향을 받은 것으로서 설명할 테지만—물론 현 시점에서는 그 관계가 정반대라고 이해하는 것이 옳을 것이다—그렇지 않은 부분에 있어서도 말을 팔조목에 의거해서 한 경우가 많다. 그 때 초점이 되고 있는 것이 마음에 대한 취급이었다. 예를 들면, 마음과 몸을 비교하여 다음과 같이 논의를 전개해 간다.

> 삼대三代에 천하의 인사人士는 모두 마음을 기르는 일부터 시작하였다. 전국시대 이후, 천하의 인사는 대부분의 경우에 몸을 기르는 일을 중심으로 하고 있다. 마음을 기른다는 것은 예禮·악樂·사射·어御·서書·수數와 팔조목에 대한 학습이며, 몸을 기른다는 것은 신체적인 욕망·쾌락의 충족이다. 가치적으로 말하여 마음 쪽이 몸 쪽 보다도 존귀하다. 공자나 안자와 같이 즐거움이 마음의 차원에 처하고 몸의 차원에 없는 자는 시간이 오래 지난 뒤까지도 모범으로서 우러러 받들어지는 것이다(『孟子傳』 권27).

마음의 순수성·본래성에 따른 생활방식을 존중하는 주장은 특별히 내세울 만한 새로운 것은 아니다. 그러나 여기에서 방금 전의 『대학』에 관한 해석으로 되돌아가 살펴보면, 이러한 마음과 몸의 구별이 장구성의 사상을 관통하는 것임을 이해할 수 있을 것이다. 그것은 확실히 역사적으로 말해서 주희가 비판하는 대로 선禪의 사상을 받아들인 결과였을지도 모른다. 단지 여기에서 문제로 삼고 싶은 것은 그러한 형식으로 유가의 텍스트에서 말하는 마음이란 것을 해석하는 경향, 즉 본래 선한 것으로서의 본성[性]과 마음[心]을 중첩해서 파악하려고 하는 경향이 도학 안에서는 존재했다라는 점이다. 장구성도 표면적으로는 문장 속에서 고자告子의 설을 비판하는데, 그 이유는 다음과 같다.

> 고자가 본성[性]에는 선한 것[善]도 없고 선하지 않은 것[不善]도 없다고 하는 것은, 본성의 본래의 모습을 알지 못한 것이다.……맹자가 말하는 성선性善이란 본성의 본체를 가리키고 있는 것이며, 악과 대립하는 차원에서의 선이 아니다(同, 권26).

본성, 즉 마음 본래의 모습은 이발 단계에서의 선악 개념과는 별개의 것이다. 마음에 격정은 생겨나지 않는다고 하는 장구성의 변명은 이러한 논리에 의한 것이다. 그러나 주회에게 그것은 수양을 일면적인 것으로 처리해 버리는 위험성을 안고 있는 것처럼 보였다. 『대학혹문大學或問』의 전傳 8장에서, 이미 마음이 올바로 되어 있어야 할 터인데도 몸의 행함에 치우침이 생겨나는 것은 왜인가라는 질문에 그는 다음과 같이 대답하고 있다.

> 이 장의 의미는 앞의 장을 이어받고 있다. 그 문장이나 의미 내용도 대체로 비슷하다. 요컨대 몸이 사물과 접촉하게 되면 치우침이 생겨나는 경우도 있다고 하는 것이며, 사물과 접촉하면 반드시 치우침이 생겨난다고 하는 것은 아니다. '마음이 올바르게 된 후에 몸이 바로잡힌다'라는 것은 역시 마음이 올바름을 얻고 나서야 겨우 몸을 바로잡을 수가 있다는 것이며, 마음이 올바르게만 되면 몸은 조심하지 않아도 저절로 바로잡힌다라고 하는 것은 아니다.

이것은 팔조목의 계제성을 수양의 시간적 순서로써 설명하고 있는 주희의 체면치레 해명이다. 마음의 본래성을 착실하게 확립하기만 하면 몸이 격정에 사로잡히는 것은 없다고 하는 장구성 등의 논법을, 주희가 용인할 수 없었던 것도 그 때문이었다. 장구성과 같은 입장은 '마음이 올바르면 몸도 닦여진다'라고도 표현할 수 있는 것이다. 그러나 주희에게 팔조목은 그 순서에 따라 차차 장을 확대해 가면서 점진해 가지 않으면 안 된다. 그것은 수양법으로서는 아무리 생각해도 번잡한 것이다. 이른바 '심학'파의 주자학 공격은 마음의 본래성을 발현시키는 것뿐인 일에 왜 그렇게까지 할 필요가 있는가라는 점에서부터 시작되었다.

4. 무선무악無善無惡

가정嘉靖 6년(1527) 9월, 도적토벌의 칙명을 받고 왕수인王守仁은 소흥紹興을 출발하려고 하였다. 이때 유명한 제자인 전덕홍錢德洪과 왕기王畿 두 사람이 새삼스럽게 스승의 성설에 대해 질문하고 토의한 내용은, 후세에 장소의 이름을 채택하여 천천교문답天泉橋問答이라고 불리게 되었다. 그들에게는 이것이 스승과의 이승에서의 마지막 이별이 되기도 하였다.

천천교문답은 당사자들인 전덕홍과 왕기 양쪽 모두가 그 광경을 기록하고 있다. 이야기의 대강은 별 차이가 없다. 그러나 전덕홍이 전하는 『전습록傳習錄』 권 하下에 실려 있는 것과 왕기의 「천천증도기天泉證道紀」(『龍溪王先生全集』 권1)는 왕수인이 주장하고 역점을 둔 방법을 이해하는 데 있어 서로 차이점이 있다고 알려져 왔다. 즉 양자가 제각기 자기 학설의 전개에 유리하도록 스승의 학설을 끌어다 붙여 말하고 있다는 것이다.

왕수인의 사구교四句教는 "선도 없고 악도 없는 것은 마음의 본체이고, 선도 있고 악도 있는 것은 의意의 발동이고, 선을 알고 악을 아는 것은 양지良知이고, 선을 행하고 악을 제거하는 것은 격물格物이다"라고 하는 네 가지인데, 이것의 의미를 둘러싸고 논의는 전개된다.

전덕홍이 수양·노력의 중요성을 역설하여 이 사구를 높게 평가하는 데 반해, 왕기는 마음의 본체를 중시하는 입장으로부터 뒤의 삼구三句도 모두 '선도 없고 악도 없다[無善無惡]'라고 해야만 된다고 주장하였다. 왕수인의 대답은 타고난 소질을 지닌 사람은 본체를 깨달으면 그것으로 족하기 때문에 왕기의 사고방법은 그것으로 올바른 것이겠지만, 보통사람을 상대로 해서 적용하는 경우에는 전덕홍의 방법을 잊어서는 안 된다고 하여 일방적으로 어느 한쪽으로 치우쳐서는 안 된다고 하는 것이었다. 양명학은 왕수인의 사후에 좌우 양파로 나누어지게 되는데, 이 문답에서 그 분열의 징조가 보인다고 하겠다. 여하튼 왕기는 좌파, 전덕홍은 우파이다.

사구교는 『대학』팔조목의 전반부 네 개에 대해 순서를 거꾸로 하여 나열한 것이었다. 주자학의 경우와는 달리 양명학의 '격물格物'은 사물과의 관계 양태를 바르게 하는 것이고, '치지致知'는 '치양지致良知' 즉 각자에게 갖추어진 천리天理로서의 양지를 올바르게 발휘하는 것이었다. 그러기 위한 마음의 준비가 성의誠意이며, 그렇게 함으로써 마음의 올바른 모습이 밝게 드러나는데 그것이 정심正心이라고 하는 것이다. 거기에 시간적인 순서는 없다. 팔조목의 계제성階梯性은 궁극의 목적인 평천하에 도달하는 논리적인 단계로서 이해되었다. 그렇게 된 것은 궁리격물에 의한 수양방법의 한계에 부딪히게 된 왕수인이 대안으로 이러한 이해의 방법을 제시하였기 때문이다. 따라서 사구교도 나열방법으로서는 심心·의意·지知·물物이라고 하여 주회와는 반대로 놓여져 있지만, 본래성으로부터 현실의 행동으로라고 하는 순서로서는 이것으로 좋을 터이다. 왕기는 마음의 본래의 모습에 선악이 없는 이상, 그 현상인 의意 이하도 선악으로 불러야만 할 것은 아니라고 주장했던 것이다.

왕수인이 양자를 조정하게 된 것은 그 자신이 양쪽에 모두 찬성하였기 때문이다. 무선무악은 왕수인의 성설이지만, 이것은 성의 본체는 이발 단계에서의 선악을 뛰어넘는 차원에 있다고 하기 위한 것으로, 요컨대 장구성 등의 논법과 비슷한 논리에 근거하고 있다. 양명학에서도 맹자의 성선설을 신봉하는 것이고 그 지극한 선[至善]의 성을 통상적인 의미에서의 선善과는 구별해서 무선무악이라고 부른 것이었다. 단지 그러한 어떤 성설을 고집하는 것 자체가 성을 선악의 범주에서 파악하고 있는 것이 된다고 하여 그러한 사소한 개념 규정에 구애되는 지知의 상태를 빠져나오는 방법으로서 양지의 개념이 설명되었다.

따라서 성에는 선도 악도 없다는 왕수인이 주장하는 진정한 뜻은 성에 관하여 이것저것 논하는 것 자체의 헛됨을 지적한 것이라고 생각할 수 있다. 주회가 엄밀하게 구별한 성性과 심心의 관계도 왕수인은 어떤 힘도 들이지 않고 건너뛰어 버린다. 같은 『전습록』권 하下에 있는 몇 개의 조문 앞에, 또한 동일한 기록자에 의한 문답에서는 '성의 본체에는 원래 선도 악도 없다'고 되어 있었지만, 천천교문답에서는 '무선무악은 마음의 본체'라고 되어 있다. 따라서 주자학의 '성즉리性卽理' 설에 대하여 양명학이 '심즉리心卽理'를 주장했던 것은 결코 아니다. 왕수인은 심·성·리를 구별하는 것이 학문적으로 유효하다는 사고방식 그 자체를 반대했던 것이다. 『전습록』권 상上에는 다음과 같은 문답이 있다.

  "회암晦庵[朱熹] 선생은 『대학혹문』에서 '사람이 학문을 할 수 있는
것은 마음과 리[心與理]가 있기 때문이다'라고 했는데, 이 표현을 어떻게
생각하십니까?"
  선생님이 말씀하셨다.
  "마음이 곧 본성이고 본성이 곧 리이니라. 그 중간에 '…과[與]'라는 글
자를 넣은 것은, 그것을 두 가지의 다른 것으로 본 것이라고 볼 수밖에
없을 것이다. 이 점에 대하여 학문을 하는 사람들은 잘 살펴야 하느니라."

  주희도 마음[心]과 리를 관계가 없다고 말하고 있는 것은 아니다. 그
것은 제1장에서도 인용했다시피 다음의 발언에 잘 나타나 있다 .

  마음은 원래부터 주재主宰한다는 의미이다. 그것의 이른바 '주재한다'
고 하는 것은 곧 리理이다. 마음이란 별도로 리라는 것이 있거나, 이 리와
는 별도로 마음이라는 것이 있거나 하는 것이 아니다(『朱子語類』 권1).

  다만 주희는 그 말이 가리키는 내용으로서 이 양자를 엄밀히 구분한
다. 마음과 리뿐만은 아니다. 경서에 등장하는 용어의 의미를 하나하나
씩 확정해 가고, 그 위에서 세계의 사상事象을 체계적으로 설명하려는
의도에—왕수인과 비교했을 때의—주자학의 특징이 있다.
  주자학의 '성즉리'가 "우리들 인간이 가지고 태어난 본성은 천지만물
을 관통하고 있는 리의 일부를 이루고 있는 것이다"라는 의미에서의
'즉卽'이었던 것에 비해, 양명학의 '심즉리'란 여기에서 왕수인이 말하
고 있는 바와 같이 "마음과 리를 별개의 것으로서 생각해서는 안 된다"
라는 의미에서의 에두르지 않고 솔직한 '즉卽'이었다. 그것은 학설의
차이라는 차원에 그치지 않고, 학문체계[學知]의 이질성에 뿌리박혀 있
다.

천천교문답 이후 왕기의 일련의 주장은 양명학의 이러한 성격을 한층 더 두드러지게 만든 것이라고 평가할 수 있다. 거기에서는 본래성의 체인이야말로 문제가 되며, 가지각색의 학술용어를 언어 문자에 의해 그 성격을 규정해 가는 지적 영위營爲는 아무런 이득도 없다고 하여 배척된다. 주자학 옹호진영으로부터 경학을 업신여기는 것이라든지, 선禪에 다름 아닌 것이라는 비난을 뒤집어쓰게 된 것은 오히려 당연하였다. 동일한 양명학파 안에서조차 우파는 점점 과격해 가는 좌파의 언설과 행동에 불쾌감을 강하게 내비치고, 도리어 주자학적인 학문체계[學知]로 회귀해 간다.

그러한 조류의 하나로서 명말의 정치사에도 크나큰 발자취를 남긴 한 무리의 인사들이 있었다. 일반적으로 동림당東林黨 또는 동림파東林派라고 불리는 집단이다. 이 명칭은 강소江蘇 무석無錫에 양시가 창건한 동림서원東林書院을 활동의 거점으로 삼았던 것에서 유래하고 있다. 정적으로부터 '당인黨人'이라 하여 탄핵될 때에 그 명칭이 사용되고 있고, 얼마 안 있어 그 명예회복을 도모하는 측에서도 예를 들면 황종희黃宗羲가 『명유학안明儒學案』에 「동림학안東林學案」이란 이름을 실은 바와 같이 이 명칭을 사용함으로써 그것이 정착되기에 이르렀다. 다만 그 범위에 관해서는 단지 동림서원의 관계자라는 것에 그치지 않고 이 시기에 비슷한 사상적 경향을 가진 인사들 일반을 포함해야 한다고 주장하는 견해도 있다.

오랫동안 폐허로 남아 있던 동림서원을 부흥시킨 것은 고헌성顧憲成과 고반룡高攀龍 두 사람에 의해서이다. 고헌성의 「원규院規」는 주희의 「백록동서원학규白鹿洞書院學規」에서 그 발상을 얻어 만들어진 것이다. 그리고 고헌성에 의하면 「백록동서원학규」란 '성학性學'이라고 하는 것이었다(고정진高廷珍, 『東林書院志』 권2). 또한 고반룡은 동림서원에서의 강의에서 다음과 같이 말했다고 한다 .

> 사람들이 이 리理라는 글자를 알지 못하는 것은 성性을 알지 못하기
> 때문이다. 이 리라는 글자는 우리들의 성이다.…… 정자는 '성즉리性卽理'
> 라고 말씀하셨다. 지금 이것을 뒤집어보면 '리즉성理卽性'이란 것이 아닐
> 까(同, 권6).

이러한 논법은 애당초 문제 제기의 방법으로써 정이의 논리를 뒤집
어버린 것이며, 우리는 이것에 주목할 필요가 있다. 정이는 사람들에게
성선설을 납득시키기 위한 논거로서 리를 내세우고 있다. 그 때문에
그의 학풍은 도학道學과 함께 이학理學 또는 성리학性理學이라고 불
리게 되었다. 그런데 그 이학적理學的인 언설이 사고의 대상으로서 직
접 주어진[所與] 의식이 되고, 과거시험을 통하여 사람들에게 오히려
강제적으로 제공되자 성이 무엇인가를 이해하기 위해 이용되었던 리를
이번에는 성의 쪽으로부터 거꾸로 비추어서 생각하지 않으면 안 될 지
경에 이르렀다. 리란 결코 이해하기 어려운 것이 아니라 자신들의 성이
라고 하는 고반룡의 이러한 설명방법은 이학이 본래의 목적으로서 삼
고 있던 곳으로 너무 지나쳐 가 버리고, 바로 그 지점으로부터 되돌아
와서 역방향으로 접근을 시도했다고도 이해할 수 있다.
　고반룡의 후손인 고정진高廷珍은 권6의 말미에 안어按語[39]를 덧붙
여서 이렇게 말하고 있다.

> 생각하건대 고경양顧涇陽[憲成] 선생과 선조先祖이신 충헌공忠憲公
> [攀龍]의 강학講學 의도는, 성선性善 두 글자를 내세워서 무선무악의 범
> 람을 저지하는 데에 있었다.

그들이 성론에 구애되었던 이유는 바로 여기에 있다. 다만 그들은 양명학을 전면적으로 부정한 것은 아니었다. 사람에 따라서 짙음과 옅음의 차이는 있겠지만, 왕수인은 그들에게도 존경해야만 할 선유先儒였다. 그것과 동시에 또 한 사람의 대선유大先儒인 주희의 주장에도 어떤 치우침이 없다고 간주되었다. 양자를 적당하게 균형을 유지시키는 것으로 본래의 올바른 학문적 지식이 회복될 수 있다고 하는 것이 그들이 공유하는 이해의 부분이었다.

동림당의 일원으로서 사형 당한 부친을 둔 황종희도 이러한 조류에 속하고 있다. 그가 이 시점에서 정리한 명대 사상사의 서적이 그 유명한 『명유학안明儒學案』이었다. 그는 「발범發凡」에서 이렇게 말하고 있다.

> 명대의 문화는 어느것이나 앞 시대에는 필적할 수 없지만, 단 이학理學만큼은 앞 시대보다 우수하다. 소의 털이나 명주실과 같은 세심한 곳까지 모두 명확하게 구별하고, 선인이 말하지 않았던 것을 정확히 말로 표현할 수 있었다. 정주程朱가 석씨釋氏를 비판했을 때, 그 주장은 정성껏 주의를 기울였다고 하지만, 요컨대 사적事跡에 관한 것에 멈추어 버렸다. 지극히 리理에 가까우면서도 진리를 어지럽히는 견해에 대해서는 결국 그것을 정확히 비판할 수 없었다. 명대의 유자儒者는 세심한 차이도 빠뜨리지 않고 본다.

황종희는 이학의 존재의식이 석씨 즉 불교—특히 선—와의 이론적 논쟁에 있다고 보았다. 그 논점이 정교하고 치밀하여 상대방의 아픈 곳까지 찌른다는 점에서 명대의 이학은 송·원의 그것을 뛰어넘고 있다고 한다. 그러나 그러한 정치화精緻化는 미이라를 잡다가 미이라가 되는 것과 같이 논자 자신의 사상이 선禪으로 변해 버릴 위험성과 종이

한 장의 차이였다. 황종희가 왕기에 의한 양명학 보급의 공적을 인정하면서도 선이나 노자老子에 가깝다고 그 양지현성설良知現成說을 비판하는(『明儒學案』권12) 것은 그의 입장으로 봐서는 오히려 당연한 일이었다.

「발범發凡」에서 말하는 명대 이학의 공적은 유교와 불교간의 논쟁의 대상이었던 심성론에서 더욱 현저하게 드러난다. 필연적으로『명유학안』은 심성론을 중심테마에 놓아두고 명대 유학사를 전개한다. 양지현성설·무선무악설이 유학 내부의 이단으로서 크게 묘사되고 있는 것은 그 때문이었다.

황종희는 왕기 등의 영향으로 좌파가 강력한 영향을 발휘했던 절강浙江 지역보다는 우파의 기반이었던 강서江西 지역 쪽에 양명학의 정통이 전해졌다고 평가한다.「강우왕문학안江右王門學案」의 서두에는 경敬의 공부를 중시하는 추수익鄒守益, 마음의 고요한 때[靜時]에 주목하는 나홍선羅洪先 등을 왕수인의 올바른 후계자로서 그 이름을 내세우고 있다(同 권16).

황종희가 "모든 전집全集으로부터의 직접적인 요약으로, 선인의 옛 저작에 대한 재인용이 아니다(「發凡」)"라고 큰소리를 쳤던 그들의 저작이나 어록에서 발췌한 부분도 그 대부분이 이러한 심성론에 많은 지면을 허비하고 있다. 위에서 인용한 고정진의 말은『명유학안』에도 그대로 들어맞는 것이다.

하지만 이러한 저작 의도는 그들 양명학자들의 학술이 다채성을 띠고 있다고 보기 어렵게 했다. 불교나 주자학에 대한 또는 양명학 내부에서의 심성론상의 논점만이 전면에 나오게 된 결과, 그 자체가 혹은 그것만이 양명학이 양명학인 까닭이라고 믿게 만들어 버렸다. 이 점에 관해서는 주자학에 대항하는 위와같은 양명학의 독자적인 사유양식과

흔히 양명학자라고 불리고 있는 사람들의 사고 전체와의 위상문제에서 차이점이 존재하며, 황종희를 시작으로 하여 많은 양명학 연구자가 오로지 전자에서만 이 시기의 사조를 파악하려고 했던 문제를 지적해 볼 수 있을 것이다. 그 분석의 뼈대로서 사용된 것이 공자의 손자인 자사子思가 썼다고 알려진 『중용』에 그 전거를 둔 존덕성尊德性과 도문학道問學의 이항대립이었다.

5. 주륙朱陸의 이동異同

순희淳熙 10년(1183), 주희는 친구인 항안세項安世에게 보낸 편지글에서 다음과 같이 말하고 있다.

> 대체로 자사 이후 사람을 교육시키는 방법으로서는 존덕성尊德性과 도문학道問學이라는 두 가지가 노력—힘쓰는 바—의 요점이 되고 있습니다. 현재 자정子靜[陸九淵]이 주장하고 있는 것은 오로지 존덕성에 관한 것뿐이어서, 나로서는 거꾸로 평소 때부터 도문학에 관해서 논하지 않을 수 없게 되었습니다(『朱文公文集』 권54, 「答項平父」).

존덕성과 도문학은 도학에서의 해석으로는, 전자가 선천적으로 하늘로부터 받은 바로서의 리理에 대하여 존경의 염念을 가지고 경건하게 유지하는 것, 후자는 학문에 의해 견문을 넓히고 리에 대한 인식을 깊게 해가는 것이라고 하였다. 주희는 수양법이 이 두 가지에 의해 대표된다고 하여 육구연과 자신의 강조점의 차이를 어느 쪽에 무게중심을 둘 것인가의 차이로써 설명하고 보여주었다.

이 편지가 쓰이기 8년 전인 순희 2년(1175), 주희와 육구연 두 사람 모두와 면식이 있었던 여조겸呂祖謙의 주선으로 양자는 강서의 아호사 鵝湖寺에서 처음으로 회견하게 된다. 그렇기는 하지만 이때에는 아직 육구연의 형 구령九齡이 살아 있었고, 주희와의 회견의 주역은 오히려 육구령이었다. 하지만 순희 7년(1180)에 육구령이 세상을 떠나자 형을 이어받아 육구연이 주희의 논적으로서 정면에 나서게 된다. 이후 제3장에서 소개하는 무극태극無極太極 논쟁에 이르기까지 양자 사이에는 주로 편지의 왕래에 의한 논쟁이 전개되었다. 항안세에게 보낸 편지는 이러한 논쟁의 의미에 관한 주희 자신의 해설이라고 이해해도 좋을 것이다.

육구연은 주희의 학풍을 비판하여 '지리支離'하다고 한다. 세심한 개념의 규정에 얽매인 나머지 학문에서 가장 중요한—그러하다고 육구연이 생각하는—바가 소홀해지는 경향이 주희에게는 있다고 그는 생각하였다. 성性·재才·심心·정情의 구별에 대한 질문을 받고 육구연은 어느 것이나 똑같다고 대답하고 있다.(『象山先生全集』 권35, 「語錄」) 위에서 서술한 주희의 정교하고 치밀한 구별과는 그 발상을 달리하고 있다는 것이 분명해진다.

주희는 이러한 육구연을 '선에 가깝다[近禪]'고 평가하였다. 경서를 면밀히 독해하지 않고 자신의 확고한 믿음으로 성현의 가르침을 이해하려고 하는 것이 선의 '식심견성識心見性'과 닮아 올바른 유학의 방법은 아니라고 하는 주희의 자기 진단은 그 대립의 구도를 정확히 정리한 것이라고 말할 수 있다.

그런데 이러한 진단은 지나치게 정확하였지만, 그 때문에 먼 훗날까지 크나큰 질곡桎梏을 남기는 결과를 낳았다. 결국 주희와 육구연의 차이, 바꾸어 말하면 성리학과 심학의 차이점은 도문학을 중시할 것인가 존덕성을 중시할 것인가 하는 점에 달려 있다고 하는 이해의 구도가 주회의 이 서술로부터 만들어지게 된 것이다.

주자학의 성립을 서술할 때에 어김없이 육구연과의 논쟁이 얘기되는 것도 그 때문이다. 주회의 정론 확립에서 이동李侗이나 장식張栻과의 만남이 중요했는 데도, 또한 그 설을 정교하고 세밀한 것으로 하고 나서, 진량陳亮 등 소위 공리학파功利學派와의 대결도 크게 작용했던 것에도 불구하고 서술에 우선 순위를 매긴다면 역시 육구연과의 관계가 가장 중요한 항목이라고 간주된다. 그러한 전통의 연장선상에 이 책의 서두에서 소개한 바 있는 일본 고등학교 세계사 교과서에 인용된 기술이 자리잡고 있다. 주회의 사상을 말하는 경우에는 그 대립항으로서 육구연의 이름을 내세우지 않을 수 없는 것이다.

그러나 이러한 표현방법은 당시의 실정에 들어맞는 사상사가 아니라, 어디까지나 후세에 만들어진 이미지에 근거한 이야기이다. 도문학 또는 존덕성의 형태로 나타난 주회와 육구연의 대립이 이후의 유교사상을 양분하는 두 가지의 흐름으로 이어지고, 육구연의 계승자로서 왕수인이 등장하고, 새롭게 양명학이라는 이름으로 불리게 되는 유파가 형성되어 주자학과 양명학의 대립 투쟁이 전개되어 간다.……이러한 이야기는 어떤 시기부터는 당사자 자신도 참가하여 재생산되고, 오늘에 이르러서도 끈질긴 생명력을 유지하고 있다. 많은 사상가가 주자학의 정통이든가, 육학陸學의 경향을 띠고 있든가, 주륙절충朱陸折衷을 목표로 했다든가 하는 등등의 레테르에 의해 분류되고, 그러한 분류로 인해 그 사상가는 유교사의 전개 속에 정확히 위치하게 되었다.

물론 당사자 자신이 자기의 사명을 주자학의 수호라든가, 육구연풍 입장의 섭취라든가, 주륙朱陸 대립의 조정 등에 뜻을 두고 추구했다는 것도 사실이다. 그렇게 된 이상 이러한 정리 방법은 틀린 것이 아니다.

단지 그러한 이야기를 재생산해 가는 것, 더 정확하게 말하면 이 구도에서 유교사의 전개가 가능하다고 믿어 의심하지 않는 것에 대해 필자는 커다란 의문점을 느끼고 있는 것이다. 그 이야기가 보편성을 가지고, 그것이야말로 하늘로부터 각자에게 부여된 것이 아니라 역사적으로 형성된 산물일 수밖에 없는 이상, 그 형성 시점으로 거슬러 올라가서 그 타당성 자체를 다시 물어볼 필요가 있지는 않을까. 그렇게 하여 처음으로 우리들은 객관적으로 송학을 탈신화화脫神話化하여 살펴 볼 수 있을 것이다.

애기가 너무 추상적으로 진행되었을지도 모르겠지만, 요점은 다음과 같다. 주희와 육구연의 대립점은 도문학과 존덕성의 차이라고 말해도 괜찮은 것인가. 또한 도문학과 존덕성이라고 하는 이항대립의 도식이 송으로부터 명에 이르는 유교사의 전개에서 과연 중심이 되는 요점인가라는 것이다.

조금 분명치 않은 표현을 쓴다면 대답은 그렇다고도 말할 수 있고, 그렇지 않다고도 말할 수 있게 되어 버린다. 그렇게 얘기하면 확실히 설명을 덧붙여야 하기 때문이다. 패러다임론을 증거로 내세울 것까지도 없이 어떤 사상事象을 설명하는 이론이 의심받는 것은 그 이론에서는 설명할 수 없는 사상事象이 현저하게 드러나 있을 때이다. 현저하게 드러난다는 것은 설명이 불가능한 사상事象이 예외적·주변적인 것이 아니라 그 이론에서 본질적인 부분에 관련되는 경우이다. 전체로부터 보아서 무시해도 상관없을 것 같은 사상事象에서는 그 이론에 대한 위협이 부족할 수 있다는 것이다. 그 무시한 것을 제거한 형태로 전체를 구성하면, 이 이론은 지극히 훌륭한 이론으로서 표상화될 것이다. 성리학과 심학의 이항대립의 구도에 의해 유교사가 전개되었다고 하는 이론은 확실히 그러한 배제의 논리에 의해 성립하고 있다. 따라서 그 논리를 기준으로 삼고 연구하고 있는 한에서는 이론 자체가 문제시되는 일은 있을 수 없다.

이러한 이야기의 내부에서 만들어지고, 그 이후에 전개되는 이야기의 재생산에 가장 공헌한 텍스트가 이미 앞에서 언급한 바 있는 황종희의 『명유학안』이다. 이 서적은 완벽할 만큼 배제의 논리로써 '명유明儒'를 규정하고 있다. 여기에 나오는 사상가들을 이곳에서의 명성에 걸맞은 방법에 따라서 해석하고 있는 한, 위의 이야기는 너무도 무사태평하다. 지금까지 내외에서 간행되어 세상에 알려진 명초의 유학을 다룬다고 알려진 연구논문의 거의 대부분은—그렇다고 말해도 '거의 대부분'이라고 칭해질 정도로 모집단母集團의 수가 적지만—『명유학안』이 소개하는 사상가를, 『명유학안』이 소개하는 방법으로써 나열한 서술에 의해 구성되어 있다. 따라서 결론은 그 논문을 읽기 전부터 알 수가 있다. 거기에서는 결국 『명유학안』의 대체적인 줄거리의 타당성에 대한 확인과 부분적인 서술에 대한 재검토의 제기가 이루어지는 것에 지나지 않는다. 어떻게 해서 양명학이 탄생하고 보급되었는가를 테마로 하는 이 텍스트의 테두리 안에서 작업을 하는 한, 위에서 서술한 이항대립으로부터는 결코 자유로워질 수가 없는 것이다.

이미 다른 책에서 몇 번인가 서술한 바 있듯이 황종희의 『명유학안』은 아주 잘 만들어진, 그 때문에 위험한 저작이다. 양명학의 적통이라고 스스로 인정하고 있는 그는 자신의 우파적인 입장에서 왕수인 이후의 성설의 전개를 총괄해 간다. 무선무악이란 마음에 관한 것이며, 이것을 본성의 문제로서 해석한 양명학자들은 왕수인의 의도를 오해하여 왔다고 황종희는 단정한다(권14, 「浙中王門學案·董穀」 등). 하지만 본성과 마음을 개념상 구별하려고 하는 그의 사고태도 그 자체가 위에서 서술한 바 있는 왕수인의 본래 뜻과는 동떨어져 있는 것은 아닐까. 가령 황종희의 이해가 옳다고 해도 왕수인의 의도를 상술한 바와 같이 해석하여 전개해 가는 것이 양명학—특히 그 좌파—이었던 것이다.

황종희는 이렇게 학문체계[學知]가 모습이 서로 차이가 나는 주자학과 양명학을 동일한 평면에서 파악하려고 하였다. 그 기준의 축으로서 들고 나온 것이 도문학과 존덕성이다. 그는 무리하게 양자를 동일한 평면에서 나열하므로써, 양명학을 좌파의 행동에서 유래하는 혹독한 평가로부터 구출해내고, 정통 교학이 된 주자학과의 병립을 논증하려고 했는지도 모르겠다. 그렇다고 하면 그는 사실 양자의 이질성을 알고 있었던 것이다. 그것을 주자학적 평면에서 얘기하고, 그렇게 해서 명대 유학사를 충분히 묘사해 낸 것에 이 저작의 우수함이 있다. 따라서 이러한 주술과 같은 속박[呪縛]에서 벗어나지 않는 한, 명대 사상사의 진정한 모습은 보이지 않을 것이다.

앞 절에서 이미 서술한 바와 같이 『명유학안』의 초점은 심성론에 맞추어져 있다. 그러나 명대의 유자 개개인의 전기 부분에서는 그들의 업적을 더욱 넓은 시각에서 파악하여 소개하고 있는 부분도 있다. 예를 들면, 계본季本에게는 역경易經·시경詩經·예기禮記·악기樂記·춘추春秋·사서四書 등의 각 방면에 걸친 경학상의 저작이 있고, 또한 그는 황하黃河의 하도문제河道問題 등 실제의 정책에 관한 식견도 가지고 있었다. 그러나 그의 논저로부터 발췌된 부분은 모조리 성설을 둘러싼 논의만으로 가득 채워져 있으며, 왕기에 대한 논적으로서의 상像만이 강조되고 있다(권13). 또 고응상顧應祥에 관해서는 제자백가에 통달하고 산학算學에 능통하였다고 기술되어 있는 데도 불구하고, 역법曆法에 관한 그 저술은 책의 제목만이 소개되어 있다. 전기의 후반부는 오로지 양지良知를 둘러싼 왕기와의 논쟁에 많은 지면이 할애되고 있는 것이다(권14).

여기에서 극히 간단하게 언급해 두고 싶은 것은, '실학實學'이라는 말이다. 이 명사名辭는 당시의 사료에도 등장하고 주희나 왕수인도 사용하던 말이었지만, 그것이 가리키는 내용은 공허한 학문—그것은 많은 경우에 불교를 지칭하였다—에 대하여 실제로 사회와 관련성이 있고 쓸모가 있어 사회에 도움이 된다고 하는 의미였다. 여기에서 말하려고 하는 '실학'이란 현대의 시점에서 당시의 어떤 학풍을 가리키기 위해 사용된 개념으로, 경세치용經世致用에 도움이 되는 것을 목적으로 하는 학문체계[學知]를 의미한다. 명대 후반에는 실용·실천의 중시로부터 그러한 학풍이 성행하게 되었다고 하지만, 이 실학의 성행은 또한 양명학의 유행과도 결코 무관하지 않다. 단순히 동일한 토양에서 싹텄다는 것뿐만 아니라, 양자에게는 그것을 담당하는 자의 측면에서도 겹치는 부분이 많았던 것이다.

'실학'은 그 후 명말에 서양으로부터 내방한 예수회 선교사들과의 만남에 이르러 그 꽃을 피우게 된다. 천문·역법 등의 각 방면에서 예수회 선교사는 예로부터 내려온 지적 전통에 커다란 자극을 주고, '서학西學'의 융성을 가져오게 하였다. 지금은 이러한 요소를 빼고는 청대의 학술을 말할 수 없다고도 평가되고 있다. 여기에서는 이 문제에 대해 깊숙하게 파고 들어갈 수는 없지만, 어쨌든 나중에 고증학考證學으로서 한 학파로 정리되는 바와 같은 학문체계[學知]의 하나의 연원이 명대에 뿌리 박혀 있었다는 것은 확실하다. 게다가 그러한 관심을 가지고 있던 사람들은 위에서 본 바와 같이 양명학자라고 하는 인사들 중에서도 존재하였다. 덧붙여 고증학적인 수법 그 자체도 명대에서 전개되고 있다는 사실을 부연해 두고자 한다.

양명학은 확실히 도문학 편중에 대한 비판, 존덕성 중시에 대한 호소를 하나의 요소로 하고 있었을지도 모르겠다. 그러나 그것은 실제로 주자학의 특징이 도문학 중시에 있으며, 그것에 대한 대항 사상으로서 양명학이 등장했다고 하는 과연 그러한 의미에 있어서였던 것일까.

그렇다면 다시 맨 처음의 구체적인 문제로 돌아가 보자. 주희는 정말로 도문학을 중시하였던 것일까. 도문학을 '좀더 중시하였다'라고 말하면 대답은 '그렇다'이고, '그것만을 중시하였다'라고 말하면 대답은 '아니다'이다. 후자에 관해서는 간단한 것으로 지금까지 그렇게 인식되어 왔다. 처음 『중용中庸』에 양자의 병립이 설명되어 있다는 것이 주희 자신의 해석이기 때문이다. 전자에 관해서는 또한 한정이 필요할지도 모르겠다. 육구연과의 비교에서 자신의 학풍을 얘기했던 경우에는 확실히 그러한 표현방법을 쓰긴 하였지만, 거꾸로 존덕성에 대한 주의가 부족하다고 생각되는 상대방에 대해서는 그 중요성을 설명하게 된다. 요점은 발화發話—즉 음성언어를 표출하는 행동과 결과로 생긴 음성—의 행위가 이루어진 장면이 그 언설의 모양을 규정한다고 하는 것의 극히 평범한 사례에 지나지 않는다. 예를 들면 주희 만년의 사상을 단적으로 보여주고 있다는 「옥산강의玉山講義」(『朱文公文集』권74)에서 다음과 같이 말한다.

> 배우는 자는 물론 존덕성을 위주로 하지 않으면 안 된다. 그러나 도문학에 관해서도 착실히 실천하지 않으면 안 된다. 이 양자가 서로 힘을 합치고 서로 보완함으로써 온갖 일들을 이해하고 도道의 본체를 궁구窮究할 수가 있다.

주희가 도문학의 요점으로 삼은 것은 격물치지格物致知였지만, 옛날 선왕의 시대에서는 대학大學 이전의 소학小學 때에 존덕성의 공부工夫가 완성되어 있어야 할 터였다. 주희가 정이의 견해를 본받아서 『대학』

해석에 '경敬'의 중요성을 가지고 들어온 것은, 지금의 상황은 소학 교육이 쇠퇴하였기에 학문을 목표로 하는 자는 대학 과정에 있으면서 동시에 옛날의 소학 수양을 하지 않으면 안 된다고 하는 판단을 하였기 때문이다. 주자학의 수양법修養法을 '거경궁리居敬窮理'로 형용하는 것은 양자의 균형을 주희가 중시했었다는 증거일 것이다.

한편 육구연도 도문학을 등한히 하였다고 말하는 것은 아니다. 어록에 보이는 다음의 발언 등은 주희가 평소에 입에 담고 살았던 것과 조금의 차이도 없다 .

> 젊은 사람이 경서를 읽을 때에는 주소注疏나 선인先人의 해석을 잘 읽어야만 한다. 그렇게 하지 않고 자신의 견해에 사로잡혀 논의를 하면, 독선적으로 옛날 사람들을 경시하는 일이 되어 버릴 것이다(『象山先生全集』 권35).

요점은 두 사람에게 상대적인 경향으로서 도문학 중시와 존덕성 중시라고 하는 차이가 보였던 것에 지나지 않는다. 이것을 침소봉대針小棒大하여 주자학은 도문학을 중시하기 때문에 존덕성에 대한 경시의 폐해가 있었다고 말하는 것은 위에서 서술한 이항대립의 도식이 확립된 이후의 언설이다.

왕수인에 이르러서는 주희가 앞에서 서술한 바 있는 자기 분석을 문제삼아 존덕성과 도문학은 별개의 것이라고 간주하여 그것은 잘못된 견해라고까지 말하고 있다(『傳習錄』 권 하). 그 자신의 입장은 이러한 이항대립을 통합 또는 무화無化하는 것에 있다고 말하려는 것이지만, 그것이야말로 이항대립의 도식이 당시 사람들의 사고방식을 지배하고 있었음을 보여주고 있다. 그러면 이러한 이항대립은 언제 어떠한 상황하에서 생겨났던 것일까.

6. 비난非難과 조정調停

진순陳淳이라고 하면, 주희의 수많은 문하생 속에서도 사상적 내용의 논리적인 정리에 뛰어났던 인물로 알려져 있다. 『주자어류朱子語類』에 보이는 그의 기록에 의한 문답은 상대적으로 말의 조리가 통하여 이해하기가 쉽다. 그만큼 그것이 주희의 생생한 목소리를 전달하는 것이 아니라, 그 자신이 문자화할 때에 그 자신 나름의 이해에 의해 정리하고 있는—플라톤이 소크라테스의 입을 빌려 말하는 것과 같이—것은 아닐까 하고 의심케 하는 부분도 있다. 스승과 얼굴을 마주 대하고 혹은 편지를 통하여 이루어진 질의의 결과는 진순이 자신의 문인들에게 가르쳤던 강의내용이 되어 그의 사후에 『성리자의性理字義』라는 이름으로 출판되었다. 중국뿐만 아니라 일본에서도 주자학의 입문서로서 폭넓게 읽혀진 『북계선생자의北溪先生字義』가 바로 그것이다.

거기에는 총 스물여섯 개 용어에 관하여 그 내용·외연 및 다른 용어와의 관계가 서술되어 있다. 그 서두에는 명命이 놓여지고 이하에는 성·심·징으로 이어진다. 그 긱긱의 제1조의 요약을 기존의 빈역에 의해 소개해 보기로 한다.

> 성性은 리理이다. 어째서 리라고 하지 않고 성이라고 하는 것일까. 생각하건대, 리는 천지天地 안의 사람과 사물이 갖추어져 있는 공공公共의 리理를, 넓게 전체에까지 미치어 말한 것이다. 성은 우리들 인간에게 갖추어져 있는 리이다. 이 도리를 하늘로부터 받아 우리들 인간이 소유하고

있는 것으로, 그것을 성이라고 한다.……마음은 일신一身의 주재자主宰
者이다. 사람이 손과 발을 움직여서 사물을 잡거나 걷거나 하는 것과 배
가 고프면 먹을 것을 생각하고 목이 마르면 마실 것을 생각하며, 여름에
는 갈포葛布옷을 생각하고 겨울에는 털옷을 생각하는 것은 모두 이 마음
이 주재하는 것이다.……대체로 사람은 천지의 리를 받아 본성으로서 삼
고, 천지의 기를 받아 신체로서 삼는다. 리와 기가 합쳐져서 처음으로 마
음이 만들어지고, 허령지각虛靈知覺이 생겨난다. 이것이 일신의 주재가
되고 있는 것이다. 그러나 이 허령지각에는 하늘에 근거하고 리에 따라서
나타나는 경우가 있고, 기에 따르고 욕慾에 맡기어 나타나는 경우가 있어
또한 각각 달리하고 있다.

정情은 성性과 대립하고 있다. 정은 성이 발동發動한 것이다. 마음속
에 있어 아직 발동하지 않은 것은 성이고, 사물에 접촉해서 발동하여 나
오는 것이 정이다.……

대단히 명석한 설명으로 초학자들도 이해하기 쉽다. 단지 방금 전에
도 서술한 바대로 주희가 장소에 따라 구별하여 사용한 미묘한 표현상
의 기교를 모두 사상捨象해 버리고, 이렇게 사전풍辭典風으로 정리해
버려도 괜찮을까라는 의문이 남는다. 여기에 나타난 것은 어디까지나
진순의 이해에 의한 주희의 사고 방식이었다. 그렇다고 말하기보다도
주희의 사후 그 학설은 동문 제자들 사이에서 다르게 이해되어 버렸다
는 것이다. 그것은 주희의 사상이면서 이미 주희의 손이 미치지 못하는
곳을 향하여 발걸음을 재촉하고 있었다.

진순에게 그것이 특히 현저해진 것은 이단사설異端邪說에 대한 철
저한 비판 양식이다. 불교·도교나 도학을 추방해버린 동료들에 대한
것뿐만은 아니다. 똑같이 도학에 속한다고 그도 인정한 유파라 하더라
도 '민학閩學' 즉 주희의 학파 이외는 모두 비판의 대상이 된다.

그것들은 호굉의 사상을 이어받은 '호상지학湖湘之學', 진량陳亮의

영향하에 있는 '절중지학浙中之學', 육구연 문하의 '강서지학江西之學'
이라고 명명되어 있다.(『北溪大全集』 권33 「答西蜀史杜諸友序文」) 특
히 양간楊簡·원섭袁燮이라고 하는 절강浙江의 '강서지학江西之學'에
대한 대항 의식이 강하게 나타나 있다.

그것을 가장 잘 보여주는 자료가 「엄릉강의嚴陵講義」(同, 권15)이다.
이것은 송 가정嘉定 10년(1217) 수도에서의 과거시험에 또다시 낙제하
여 귀향하던 도중, 절강 엄주에서 지사知事의 요청에 응하여 학교에서
행하였던 강연에 근거하고 있다. 일의 정황도 내용도 정확히 주희의
「옥산강의玉山講義」에 상당하고 진순의 사고방식이 잘 드러나 있다고
생각되는 텍스트이다.

본론은 「도학체통道學體統」·「사우연원師友淵源」·「용공절목用功節
目」·「독서차제讀書次第」라고 하는 네 개의 장으로 되어 있는데, 그 부
록으로서 「사도지변似道之辯」과 「사학지변似學之辯」이라는 두 개의
문장이 있다. 「사도지변」이 도道와는 닮았지만 도가 아닌 가르침으로
서 비판하고 있는 것은 불교와 도교이다. 하지만 그 말미에는 명확히
육학을 염두에 둔 다음과 같은 언사言辭가 보인다.

　　요즈음의 유자들 중에는 불교가 말하는 형기形氣의 영적靈的인 것을
가지고 도심이라고 하고, 도문학의 수양을 배제하여 전혀 별개의 일파一
派를 세우고 있는 자가 있다. 사람에게 하루 종일 침묵하고 정좌하는 것
만을 요구하여 대수롭지 않은 견해를 가지게 되자 곧 득도하였다는 인가
를 내리고, 역대의 성인들이 감추고 전달하지 못하던 내용을 파악하였다
고 칭찬하며, 더욱 의기양양해져서 자기 자신이 틀렸다는 것을 전혀 깨닫
지 못한다.

이곳에서 진순은 분명하게 그들에게 도문학이 결여되어 있다는 것

을 지적하고 있다. 본론에 「독서차제讀書次第」가 있는 것은 이것과 대
응하는 현상이었다. 그렇다고 해도 지식을 주입하는 것만이 도문학은
아니다. 「사학지변」에서 과거시험 공부가 비판받고 있는 것은 그것이
암기와 문식文飾에만 치우쳐 있기 때문이었다. 사서를 중심으로 하고
그 문장의 의미·내용의 파악과 실천을 해나가는 것이야말로 도문학의
목적인 것이다. 비록 진순이라고 할지라도 존덕성을 불필요하다고 말
한 것은 아니다. 단지 무게중심은 분명히 도문학에 기울어져 있다.

주희의 동문 제자들 중에서도 진순의 노선은 육구연으로부터 가장
먼 곳으로 진행하여 갔다. 황간黃榦의 유파 등에서는 육구연에 대해
이해를 보여주는 주희의 측면을 이어받고 있다. 이 양자의 차이점이
현저해지자 그 차이를 평하여 전자는 주자학 묵수墨守, 후자는 주륙의
융합·절충이라고 분류하게 된다. 이렇게 하여 주희와 육구연의 이항대
립 도식이 형성된다.

기묘하게도 원대元代에 이르게 되면 융합·절충파의 쪽이 오히려 주
류였다고 하는 분석이 이루어지고 있다. 그 전형은 역시 『송원학안』으
로, 이 시기에는 '유륙입주由陸入朱'와 '유주입륙由朱入陸'이라는 두 가
지의 흐름이 있었다고 한다. 이러한 표현이 성립하기 위해서는 본래
대립해야만 할 것으로서 주와 육의 이항이 존재하는 것이 필수적인 전
제이다. 그리고 이 점에 관해서는 조금의 의문도 품지 않고 그 서술이
진행되고 있다. 성리학─도문학파─과 심학─존덕성파─을 대립하는
유형으로서 말하지 않으면 만족해하지 않는 황종희·전조망全祖望에게
모든 사상가는 이 양자를 표준점으로 하는 연장선상에 배치할 수 있는
것이었다. 그것은 그들 자신이 '주륙화회朱陸和會'를 의도했던 바와 조
금도 모순되는 것은 아니다. 왜냐하면 그들 자신을 그렇게 위치하게
하는 것은 그 입장의 온당성·정당성을 오히려 입증하는 것이 되기 때

문이었다.

　주륙조정론자들 중에는 우집虞集과 같이 주희와 육구연이 만년에는 동일한 사고방식에 도달하였다고 하는 견해나 원각元格과 같이 그들의 논쟁은 학우學友로서의 당연히 그래야 할 모습이라고 설명하는 의견도 있었다. 여기에서는 잠시 정옥鄭玉의 견해를 그 자신의 문장에 직접 대응하여 소개하고, 더불어 『송원학안』에서 언급된 그에 관한 기술(권 94, 「師山學案」)을 합쳐서 살펴보겠다.

　정옥은 한대의 장구학章句學, 당대의 문장학文章學, 또는 그러한 상황을 이용하여 대두한 불교·도교라고 하는 모든 세력에 대해 맹자 이후에 끊어져 버린 올바른 학술의 부흥을 집대성시킨 인물로서 주희의 공적을 높게 평가한다. 단지 그 한편에서는 최근의 풍조로서 주희를 숭상한 나머지 육구연을 경시하는 경향이 보이는 것에 대해 걱정하고 두려워하는 마음을 표명한다.

　　　육학陸學의 계보를 잇는 자들도 자신의 학문을 정치의 장에서 실천하고 커다란 성과를 올리고 있다. 주자학을 배워야 하는 것은 물론이지만, 육구연을 비방하는 것은 적합하지 않다(『師山遺文』 권3, 「與王眞卿書」).

　또한 친구의 부임을 축하하는 문장에서는 자신이 주희의 본적지인 강서의 신안 출신이고, 상대가 육구연과 똑같은 임천의 출신이란 사실로부터 설명하기 시작하여 주륙이 서로 상대방의 학문을 '강동지학江東之學'과 '강서지학江西之學'이라고 불렀다는 점, 양자의 학풍의 차이점은 그 기질의 차이때문이라는 점, 삼강오상三綱五常·인의도덕仁義道德을 중히 여기며 천리를 공公으로 하고 인욕을 사私로 하는 등등의 점에 양자는 비슷하다는 것을 서술한 뒤에 그 대립에 관하여 다음과 같이 말한다.

후세의 학자들은 두 사람의 공통점을 추구하지 않고, 서로 다른 차이점만을 찾고 있다. 강동은 강서를 가리켜 '괴이하고 허황된 이야기를 행함[怪誕之行]'이라 말하고, 강서는 강동을 가리켜 '무질서하고 조리가 없는 설[支離之説]'이라고 말한다. 그 서로 다른 차이점은 오로지 커지게 될 뿐이지만, 이것이 성현을 배우는 적당한 방법이라고 말할 수 있겠는가.(『師山集』권3,「送葛子熙之武昌學錄序」)

주륙 양자의 학설에는 확실히 그 각각의 폐해가 있다. 그러나 그것은 그들의 죄가 아니라, 그 학도들에게 잘못이 있는 것이다. 정옥은 마지막에 주돈이의 태극도太極圖를 둘러싼 주륙의 논쟁에 대해 언급하고, 친구의 부임지인 무창武昌의 학교에서 어느 쪽의 주장을 가르칠 것인가를 알려달라고 하며 글을 끝맺고 있다.

이러한 글의 결론으로부터 상상할 수 있는 것은, 정옥은 주륙의 대립을 그다지 진지하게 생각하지 않았다고 하는 점이다. 위의 편지에서도 있었던 바와 같이 그는 기본적으로는 주자학의 편에 서 있었다. '편'이라는 표현방법은 부적절할지도 모른다. 그에게 올바른 학문이란, 그것이 주희든 육구연이든지 간에 삼강오상 등의 기본적인 관점에서 동일한 방향성을 가지고 있으면 그것으로 좋은 것이었다. 다만 그 자신이 주희 부친의 출신지를 향리鄕里로 했었다는 이유만으로, 주희 쪽 편을 드는 데 그것이―출신지가―크게 작용하였다는 것뿐이다. 『송원학안』이 그에 대한 부분의 「부록附錄」으로서 그 「행장行狀」으로부터 골라낸 한 구절은 그의 학문의 목적을 단적으로 얘기해주고 있다고 말할 수 있다.

이 도道의 뛰어난 점은 언어문자의 위에는 없고, 성性의 안에 갖추어져 있다. 고답적이고 망막한 곳에는 없고, 일상의 비근한 행위 속에 들어있다. 이것에 의해 이치를 궁구하며, 이것에 의해 몸을 잘 추스르고, 이것에 의해 백성을 다스리며, 이것에 의해 후학을 가르친다. 옛날 사람에 대해서 부끄러운 바가 없다.

언어문자를 사용하여 아득히 높고 먼 진리를 설명하는 것이 아니라, 사람으로서 가지고 태어난 본성에 근거하여 하루하루의 행함을 규칙적으로 거듭해 가는 것에 의해 자기의 존재의식을 발견하려는 태도나 이론보다 실천을 지향하는 심성心性은, 리란 무엇인가 성이란 무엇인가라고 하는 용어의 내용규정에 노력을 할애하는 경향과의 거리를 느끼게 한다. 송대의 유교가 주자학이라는 형태의 이론으로서 확고해졌을 때 그것에 이어지는 원명元明의 독서인을 사로잡았던 것은 실천에 대한 갈망이었다. 관심의 초점은 어떠한 교설이 일어날 가능성이 있는가에 대해 새롭게 제시하는 것이 아니라, 기존의 이항─주희와 육구연─을 어떻게 혼합하면 올바른 교설이 될 수 있는가로 옮겨졌다.

「사산학안서록師山學案序錄」에서 전조망全祖望은 다음과 같이 말한다.

초려草盧를 계승하여 수륙을 화회和會시켰던 학자는 정사산鄭師山(정옥)이다. 다만 초려가 육구연의 편을 들었던 것에 반해 사산은 주희의 편을 들었다고 하는 점이 다를 뿐이다.

초려[40] 즉 오징吳澄도 또한 주륙화회론자朱陸和會論者라는 평을 받는 인물이다. 정옥은 그 계승자라고 치부되고 있지만, 무게중심의 위치가 달랐다고 한다. 오징 문하의 우집은 스승의 전기에서 주희는 도문학,

육구연은 존덕성을 중시하였는데, 현재의 과제는 존덕성 쪽에 있다고 하는 것이 오징의 지론이었다고 소개하고 있다.(『道園學古錄』 권24, 「臨川先生吳公行狀」) 또한 진순의 학풍은 사장을 읽고 외우는[記誦詞章] 학문에 가깝다고 오징은 비판하고 있다(『吳文正集』 권40, 「尊德性道問學齋記」). 바로 그의 무게중심은 존덕성 쪽에 접근해 있었다. 이러한 오징의 문장은 왕수인의 『주자만년정론朱子晚年定論』에도 인용되기도 했다. 주자학 속에 도문학 편중으로 치우치는 경향이 있음을 설명하는 문장으로써, 왕수인은 이것을 이용하였던 것이다.

마찬가지로 절충을 주장하면서 정옥이 주희를 편들고 오징이 육구연을 편들고 있는 것은 역시 두 사람의 출신지역의 문제로부터도 설명할 수 있을 것 같지만, 오징에 관한 상세한 소개는 본서의 전개상황에 맞추어 장을 바꾸지 않으면 안 되겠다.

3. 도道

1. 주제主題의 구성構成

후세에 북허남오北許南吳라고 일컬어지듯이, 허형許衡과 함께 원대元代를 대표하는 유자로서 간주되었던 오징의 전기에는 그가 열아홉 살 때에 지었다고 하는 다음과 같은 문장이 게재되어 있다.

> 도의 본원은 하늘로부터 나와서 성인들이 그것을 이어받았다. 요순의 이전은 도의 '원元'이고 요순의 이후는 '형亨'이며, 수사추로洙泗鄒魯41)는 '이利'이고 염락관민濂洛關閩42)은 '정貞'이다. 나누어 말할 경우에는 상고上古는 복희伏羲가 '원元', 요순이 '형亨', 우禹·탕湯이 '이利', 문무文武·주공周公이 '정貞'이다. 중고中古의 '통통統'에서는 중니仲尼(공자)가 '원元', 안顏·증曾이 '형亨', 자사子思가 '이利', 맹자가 '정貞'이다. 근고近古의 '통통統'에서는 주자周子가 '원元', 정程·장張이 '형亨', 주자朱子가 '이利'이다. 누가 현대의 '정貞'인가라고 하면, 아직 그에 해당하는 인물은 없다는 것이다(『元史』 吳澄傳).

'원형이정元亨利貞'은 『역易』의 건괘乾卦에 보이는 말로 사물의 생성·발전의 순서를 나타낸다. 유사 이래의 도의 전수과정이 그것을 담당한 인물의 이름에 의해 언급되고 있다. 오징의 구상에서는 그가 살고 있는 시대에 이르는 역사 전체가 원형이정의 네 단계로 나뉘어지고 있을 뿐만 아니라, 그 각각─단, 맨 처음의 두 개는 하나로 묶어서 '상고上 古'라고 되어 있지만─은 원형이정으로부터 이루어져 있다. 그때그때 마다 도道를 체현하고 후세의 후계자에게 이어받아 건네주는 인물의 행위가 '통統'이라고 표현된다. 이른바 '도통道統'론이다.

 '수사추로洙泗鄒魯'는 여기에서는 공자孔子·안회顔回·증삼曾參·자 사子思·맹자孟子 등 다섯 사람을 가리키고 있다. 복희로부터 주공에 이르는 상고와 그들 다섯 사람으로 이루어진 중고의 차이는 도통의 담 당자가 실제로 천명을 받아서 왕조를 수립하였는가 아닌가, 바꾸어 말 하면 '다스림의 정통성[治統]'을 함께 겸비하였는가 어떤가에 달려 있 다. 공자에게는 왕조 창시자로서의 자격이 있으며, 머지않아 도래할 신 왕조 즉 한漢을 위해서 『춘추』를 썼다는 공자소왕설孔子素王說[43]이 바로 그 한대에 성립하였다. 오징에게서 보이는 것과 같은 주공 이전과 공자 이후를 질적으로 확연하게 구별하는 사고방식은 뒤에서 서술하겠 지만 성인聖人에 대한 관념의 변질과 연동하여 일반화되었던 것이었 다.

 중고가 맹자의 이름으로 막을 내린 후, 근고의 도통을 담당했던 것이 염락관민濂洛關閩, 즉 주돈이·정호·정이·장재·주희라고 하는 도학자 의 면면들이었다. 염락관민을 하나하나씩 원형이정元亨利貞에 대응시 키지 않고, 동세대의 이정과 장재를 한데 묶어서 형亨으로서 하고 정貞 을 공석으로 남겨놓은 바가 이 문장의 특징이다. 결국 그가 말하고자 하는 바는 그 자신이야말로 이러한 도통을 완성시킨 자라고 하는 점일 것이다. 뒤에서 서술하는 바와 같이 맹자 이래 한유韓愈이든 주희든지 간에 도통을 말하는 자는 항상 최후의 자리를 자기 자신만을 위해 비워

두었던 것이다.

맹자 이후 천사백 년의 세월이 지나서 주돈이가 나타나 한 세대 아래의 정호·정이·장재—다만 장재와 주돈이는 겨우 세 살 차이로 실제로는 동세대라고 간주해야만 한다—에게로 계승되고 백 년 후의 주희에 의해 크게 발전한 '근고近古'의 도통은, 이 문장이 쓰여진 주희의 몰후 약 칠십 년이 지난 시점에서, 재능이 뛰어나고 유능한 한 청년이 그 완성을 향해 기개를 펼쳐 보이는 단계에 접어들었던 것이다.

여기에서 볼 수 있는 역사의식 또는 그것에 근거한 도통론이라고 하는 것은 당연히 오징이 독창적으로 만들어낸 것은 아니다. 오징의 것은 주희에 의해 도통론이 목소리 높여 제창된 이후, 자주 볼 수 있는 하나의 변주곡에 불과하였다.

주희에 의해 중국사상사에서 처음으로 '도통'이란 말이 사용된 것은 그가 지은 「중용장구서中庸章句序」(『朱文公文集』권76)라고 한다. 『중용』은 옛날부터 『예기』 속에서도 독립되어 주석이 많이 달려진 한 편에 불과하였는데, 주희가 사서의 하나로 삼은 다음 이중 괄호를 붙여 불러야만 할 텍스트가 되었다. 그는 스스로가 주석을 단 『중용장구』 서문의 모두冒頭에서 이렇게 단언하고 있다.

> 『중용』은 어찌하여 만들었는가? 자사자子思子께서 도학의 전승을 잃어버릴 것을 걱정하여 만드신 것이다. 상고시대에 성인들이 하늘의 뜻을 이어 규범을 세움으로부터 도통의 전수에는 유래가 있게 되었다. 경서에 나타나는 바로는, '진실로 그 중을 잡으라[允執厥中]'고 하는 것은 요임금이 순임금에게 전수해주신 내용이며, '인심人心은 위태롭고 도심道心은 은미隱微하니, 오직 정精히 하고 한결같이 하여야 진실로 그 중中을 잡을 수 있다'는 것이 순임금이 우임금에게 전수해주신 내용이다. 요의 한 말씀[一句]이 지극하고 다하였거늘, 순이 다시 세 말씀[三句]을 더한 것은

요가 말씀하신 한 마디의 의의를 선명히 하기 위함이며, 그런 뒤에야 처음으로 명확하게 성립될 수 있는 것이다.

요로부터 순으로, 순으로부터 우에게로라는 잠언箴言이 전수되었다는 것은 『논어』 요왈堯曰 등에 보이는 기술이며, "인심은 위태롭고 도심은 은미하니, 오직 정히 하고 한결같이 하여야 진실로 그 중을 잡을 수 있다[人心惟危, 道心惟微, 惟精唯一, 允執厥中]"란 『상서尙書』 대우모大禹謨의 문장이다. 이 문장은 이윽고 '십육자심법十六字心法'이라 불려지고 도학에서의 중요한 규범이 된다. 주희의 해석에서는 요에서 순으로의 일구사자一句四字, 순에서 우에게로의 사구십육자四句十六字는 도통의 전수, 그 자체의 내용이었던 것이다. 「중용장구서」는 그 뒤 잠시 이 사구四句의 내용에 대한 해석을 전개하고, 계속해서 자사의 『중용』 제작도 이 사구의 뜻을 이어받은 것에 다름 아니라고 말하고 있다. 단지 자사의 시대에는 이미 묵가墨家와 같이 이단사상이 발흥하고 있었기 때문에 겨우 열여섯 자로 뜻을 다할 수 있는 그러한 시대상황이 아니었다. 이리하여 『중용』이라는 장문의 텍스트가 편집된 것이다.

그후 자사의 재전再傳 제자인 맹자를 끝으로 하여 도통은 끊어지고 만다. 한편으로 이단의 설은 불교·도교를 손에 넣어 점점 성행하게 되었다. 그러나 가까스로 『중용』의 텍스트가 보존되었던 덕택으로 정씨 형제가 '천 년 동안 한 번도 전해지지 않은 계통[千載不傳의 緖]'을 계승하여 이단의 잘못을 비판하게 되었다. 즉 도통의 담당자가 천 사백 년간 끊어져 버렸던 것임에도 불구하고, 이정에 의한 도통의 부흥이 가능했던 것은 텍스트가 전승되었기 때문이라는 것이 주희의 도통론이었다.

성스럽게 텍스트에 의해 도가 전해졌다고 하는 이러한 도통론, 즉 '도道'라고 제목을 붙인 이 장에서는 도통론이란 것의 형성과 그 특질을 소개하면서 '도학적 사고방식이 전대前代와 단층을 이루고 있는 곳을 찾아가 보려고 한다.

2. 이학理學의 개산開山

주희가 여조겸呂祖謙과 함께 편찬한 『근사록近思錄』은 주돈이의 『태극도설太極圖說』로부터 시작되고 있다. "무극無極이 곧 태극太極이다. 태극이 움직여서 양이 생기고, 양이 극에 이르면 고요함이 되며, 이 고요함으로 음이 생긴다[無極而太極, 太極動而生陽, 陽極而靜, 靜而生陰]"라고 말하기 시작하는 이 문장은 그 원도原圖인 태극도와 합쳐서 주자학에서 매우 중요한 지침서가 되었다. 주희는 별도로『태극도설해太極圖說解』를 저술하고 이 문장을 부연하여 자기의 사상체계를 개진하였다.『태극도설해』는 주희가 구상한 이기론理氣論을 파악하기 위한 아주 좋은 책이다. 오늘날에 이르기까지 통상 주돈이를 '이학개산理學開山'이라고 간주하는 사상상의 이유는 그가『태극도설』을 저술했다는 것에서 찾을 수 있다.

역시 주희의 손에 의해 쓰여진『이락연원록伊洛淵源錄』권1은 주돈이의 호인 「염계선생濂溪先生」이라는 표제를 가지고 주희 자신이 정리한 그 전기, 즉 「사장事狀」으로부터 시작된다. 주돈이의 생애를 관료 경력을 중심으로 간결하게 얘기하고 사람됨을 소개한 뒤, 주희의 문장은 다음과 같이 계속된다.

저술로서는 태극도·역설易說·역통易通 등 수십 편이 있다. 남안南安에 재임하던 중, 아직 나이도 젊고 지사知事에게도 알려져 있지 않았다. 낙양 출신의 정향程珦공이 이곳에서 통판通判 직을 겸임하게 되었는데, 선생의 모습이 보통의 인물이 아니라는 것을 간파하여 함께 이야기를 나눠본 결과, 학문이 서로 일치하고 도道에 통하고 있다는 것을 알았다. 그래서 친구로서 사귀게 되고 또한 자신의 두 아들을 선생이 계신 곳으로 보내어 배우게 하였다.…… 程公의 두 아들이란 바로 하남河南의 두 선생을 말한다.

「사장」은 이 뒤에 주돈이가 지방관으로서 얼마나 성실하고 유능하였는지, 또한 청빈한 생활에 얼마나 만족해 하였는지에 관한 일화를 여러 개 나열하고, 황정견黃庭堅이 그를 평가한 "인품의 고결함이 맑은 바람과, 밝은 달과 같다.[胸中灑落 光風霽月]"라는 구절에 동의하면서 그 끝을 맺고 있다. 그 사적事績에 관한 기술의 대부분은 주돈이의 친구인 반흥사潘興嗣[44]가 쓴 묘지명에 의거한 것이다.

인용문 속의 역설이란『태극도설』을, 역통이란 주돈이의 현존하는 또 다른 하나의 저작『통서通書』를 가리킨다.

태극도에 관해서는 주돈이 이전부터 그 자체 혹은 원형이 존재하였던 것은 아닐까라고도 하여 현재에도 확정되어 있는 것은 아니지만, 주희가 태극도도 또한 주돈이의 창안이라고 간주했다는 점, 당시에도 그가 정리한 저작은『태극도설』과『통서』두 개밖에 남아 있지 않았을 것 같다는 점, 그것들이『역易』과 관련되어 명명되고 있었다는 점 등등의 세 가지 측면을 먼저 확인해 두고 싶다. 주돈이의 전설에 관한 형성·정착의 과정을 명확히 한 상태에서 주희의 이 서술은 중요한 실마리가 될 것이다.

여기에서는 일단 인용의 대부분을 점하는 하남의 두 선생과의 관계를 서술하는 측면에 주목해보고 싶다. 물론 두 선생은 정호·정이 두 형제를 말한다. 소년 시절 그들은 부친의 부임지인 남안군南安軍—현재의 강서성江西省 대여현大余縣—에서 주돈이를 사사師事하였다. 그것은 경력慶曆 6년(1046) 주돈이가 서른 살, 정호는 열다섯 살, 정이는 열네 살 때였다. 정향程珦은 당시 이웃해 있는 건주虔州 관할하의 흥국현興國縣 지사知事를 맡고 있었는데, 남안군에 통판通判[副知事]의 자리가 비어 있었으므로 겸임의 형태로 오게 되었던 것 같다. 주돈이는 이곳에서 사리참군司理參軍—사법관계를 담당하는 속리—의 직에 있었다. 정향의 입장에서 보면 연하이면서 직무상에서도 부하라고 할 수 있는 인물이다. 그러나 주돈이가 심상치 않은 인물이라고 생각한 정향은 자식들을 그에게 입문시켰다. 이 사건은 주희에게 대단히 중대한 역사적 사실로 인식되고, 주희 이후의 사람들이 주돈이를 평가하는 데 크게 좌우하는 원인이 되기도 하였다.

주희의 기술은 결코 무책임한 말은 아니다. 그것은 당사자가 남긴 문장과 발언에 근거하여 재구성되고 있다. 단지 그 당사자라고 하는 사람이 주돈이가 아니라 이정이라는 점, 또한 그 설명 방법이 뒤에서 서술하는 주돈이 전설의 그것과는 다소 그 취지를 달리하고 있다는 점이 탐구의 출발점이 된다. 덧붙여 만약을 위해 사전 양해를 구할 것이 있는 바, 그것은 이하의 서술은 필자 나름의 독창적인 견해가 아니라 권말에 정리해 놓은 선행연구로 인해 얻어진 부분이 많다는 점이다. 이 책의 성격상 논지를 전개해 가는 도중에 일일이 주를 달지 않은 것에 대해 미리 양해를 구하는 바이다.

이정이 주돈이를 사사했다고 하는 사실은 정이가 직접 저술한 두 개의 문장 속에서 명확하게 언급되고 있다. 하나는 부친 정향의 「가전家傳」이고, 다른 하나가 형 정호의 「행장行狀」이다. 위에서 인용한 주희의 표면적인 문맥은 대체로 전자의 기술을 답습하고 있는데, 예를 들면 정향이 '그 기품과 용모가 예사롭지 않은 사람[其氣貌非常人]'인 것을 알아차리게 되었다는 것도 정이의 표현을 그대로 사용하고 있다. 후자에서 정이는 이 시기에 주돈이가 도에 관하여 논하는 것을 듣고 나서, 형이 과거시험 공부를 좋아하지 않게 되고 도를 탐구할 뜻을 품게 되기에 이르렀다고 서술하고 있다.

주희는 『이락연원록』에서 「사장」에 이어지는 「유사遺事」의 맨 처음 두 조목에 이 「가전」과 「행장」의 해당 부분을 인용하고 있다. 덧붙여서 말하면 「유사」 전 12조목 가운데 '염계濂溪'라는 호의 유래에 관해서 서술한 여본중呂本中의 것을 제외하고는 나머지 모든 기록이 이정과 관계된 얘기이다. 주희에게 주돈이는 이정을 통하여 보이는 인물이었다. 환언하면 당시 주돈이는 오로지 이정과의 관련 속에서만 언급되고 있었다고 할 수 있다.

주희가 주돈이에 관하여 적어 놓은 문장으로서 당시 각지에 한창 창건되고 있었던, 주돈이를 제사지내는, 사당에 보냈던 「기記」를 예로 들어보자. 그것들은 당지의 지방관이나 지방의 유력자가, 막 명성이 높아지고 있었던 주희에 의뢰하여 지어 받은 문장이고, 그 경위를 주희 자신이 사당기祠堂記 속에서 말하고 있는 경우도 있다. 지금 그 하나의 예로서 「융흥부학염계선생사당기隆興府學濂溪先生祠堂記」(『朱文公文集』 권78)의 첫머리를 살펴보자.

> 융흥부학隆興府學의 교수로 남강 출신인 황호黃灝[45] 군은 염계 선생의 사당을 부학府學에 건립하고, 서면에서 나에게 이렇게 말하였다. "염계 선생의 학문은 정씨가 계승하여 세간에 널리 퍼뜨리기 시작했지만, 지금에서야 겨우 사람들이 존중하게 되었습니다. 그렇게 해서 그 고향과

생전에 근무하셨던 임지任地에서는 어디에서나 학교에 사당을 세우고
는 선생을 존경하는 마음을 나타내게 되었습니다.…… 저도 당지의 부
학에 건립하여 정씨 두 선생을 여기에 배향하였습니다.……

당시 주돈이를 이정과 연결시켜서 현창하는 방법이 일반적이었다는
것은 위의 문장에서도 이미 엿보인다. 이 사당기의 의뢰는『근사록』과
『이락연원록』이 출판된 몇 년 후의 일이고, 의뢰한 사람은 당연히 주희
가 어떻게 주돈이를 평가했는지를 숙지한 상태에서 아니 그보다는 잘
알고 있었기 때문에 이러한 사당기를 그에게 지어 받으려고 했을 것이
다. 따라서 주돈이의 학문을 널리 퍼뜨린 사람이 이정이었다고 하는
이해는 주희 그 자신의 주장이 반영된 것이라고도 생각된다. 그렇다고
해도 주돈이가 단독으로서가 아니라 이정과 한 세트로 묶여 도학의 창
립자로 간주되었다는 것을 알 수 있다. 그 공적에 관하여 이 사당기의
중간 단락에서 주희는 다음과 같이 논하고 있다.

　　요순에서 맹자에 이르기까지 계승되었던 가르침의 내용은 전혀 변하
　지 않았다. 돌이켜보건대 맹자가 세상을 떠난 뒤부터 유자들의 능력은
　그들에게 도저히 미치지 못하게 되었으며, 배움에 뜻을 둔 자는 본받아야
　할 바를 파악할 수 없게 되었다. 고답적인 자는 허무적멸虛無寂滅의 외도
　에 빠지고, 비근한 자는 번거로운 논박으로 볼품 좋은 것만 있는 곳에
　타락하고 스스로는 도란 이러한 것이다라고 생각하여 그 잘못을 깨닫지
　못하였다. 선생이 등장하자 도를 분명히 밝히고 그것을 정씨에게 전하였
　는데, 그 공적이 천하에 널리 알려지게 되었다.

그가 저술한 다른 사당기에서도 서술 내용은 거의 비슷하다. 이러한
사고 방식을 정식화한 것이 다름아닌 도통론이었다. 요순에서부터 공

자·맹자에 이르기까지 계속해서 그치지 않고 이어져 내려온 '도'는 그 후 천사백 년에 걸쳐서 단절하고 만다. 그것을 다시 부흥시킨 이가 주돈이이고, 그는 누구에게 가르침을 받은 것이 아니라, 전적으로 스스로의 배움에 의해 도를 궁구함에 이르렀다. 그러한 성과가 『태극도설』과 『통서』, 특히 전자이며 그 학문을 계승한 것이 이정이었다. 주희는 별도의 사당기에서 주돈이가 끊어진 학문[絶學]의 계승자가 되었던 것을 '하늘이 부여하였다'라고 표현하고 있다(同卷, 「江州重建濂溪先生祠堂記」).

『근사록』은 순희 2년(1175)에 만들어졌다. 이는 북송을 대표하는 네 명의 유자들, 즉 주돈이·정호·정이·장재의 저작·어록 중 정수를 뽑아서 엮은 책이다. 결국 편자인 주희와 여조겸에게 그것은 다름 아닌 자신들이 속해 있는 학문의 유파를 수립한 사람들이 남긴 가르침이었다. 전 14권의 각각은 만일 주돈이의 문장이 포함되어 있는 경우에는 반드시 그것을 서두에 놓아 두고, 다음으로는 이정의 것을 함께 섞고, 마지막에는 장재의 문장을 싣는 순서를 유지하고 있다. 연령과는 반대로 이정이 장재보다 먼저 나오는 것은 편자가 장재보다도 이정을 높게 평가하고 있었기 때문이다.

주돈이와 장재는 나이가 겨우 세 살밖에 차이가 나지 않았다. 또한 주돈이의 문장이 모든 책에 실린 것은 아니다. 그에게는 이정이나 장재와 같은 어록이 남아 있지 않고 참조할 수 있는 문헌 자체가 적었다는 것은 확실하지만, 여섯 개 권이 주돈이의 말을 게재하고 있지 않다. 서두 부분에 그의 문장을 인용한 다른 여덟 개의 권도 각각 1~2조를 인용한 것에 불과하다. 전부 합쳐서 622조가 있는데—그렇다고 서문에서 주희 자신이 말한—그 중에 주돈이의 것은 겨우 10조뿐이다. 앞에서 서술한 바대로 권1의 제1조가 『태극도설』의 전문全文, 다른 9조는 『통서』로부터 발췌하여 쓴 것이다. 양적으로는 다른 세 사람에 비하여 압도적으로 적다.

한편 『이락연원록』은 건도乾道 9년(1173)에 저술되었다. 그 명칭대로 이락伊洛의 땅에서 부흥한 학문, 즉 이정二程 학문의 기원과 전파를 주제로 하고 있다. 이것은 이정 이후의 소옹·장재 및 이정 문인들의 장을 마련해 놓고 있다. 그리고 서두에는 위에서 소개한 주희가 쓴 주돈이에 대한 「사장」과, 거의 대부분 이정과 관계 맺고 있는 「유사」가 놓여있다. 「유사」의 처음에 놓여 있는 것은 정이가 쓴 정향·정호의 전기 속에 보이는 주돈이와의 관계를 언급한 대목이었다.

이상에서 볼 수 있는 것은 주희가 말하는 도학성립사에서 주돈이는 이정의 전좌前座 역할을 부여받았다고 하는 사실이다. 전좌라는 표현은 주돈이가 이정의 최대 스승인―그렇다고 주희는 생각하였다―이상 부적절하게 생각될지도 모르겠다. 그러나 주희에게 도학이라는 진리의 학문을 체계화한 최대의 공로자는 이정 특히 정이이고, 주돈이는 『태극도설』에 의거하여 그들에게 도를 나타내 보여준 선도자로서 중요한 위치를 차지하였다. 순희 16년(1189)에 쓰여진 「중용장구서」에 보이는 도통론에는 주돈이의 이름이 등장하지 않는다. 이렇게 보면 주희의 주돈이 평가는 이정에 대한 평가로부터 결코 독립되어 있었다고는 말할 수가 없다.

표현을 바꾸어 보자. 주희가 주돈이라는 인물을 사상가로서 높게 평가하는 것은 『태극도설』 때문이다. 물론 『통서』도 진리를 설명하고 있는 문헌으로서 중시되었다고는 하지만, 『태극도설』의 잘 짜여진 구조―그렇다고 주희가 이해한 것―에 따라서 이해된 것에 의해 그렇게 된 것임에 지나지 않는다. "『통서』의 전문은 모두 『태극도설』을 해설한 것"(『朱子語類』 권94).이라고 규정짓고 있다.

원래 주희 이전에 호굉이 간행한 책에서는 『태극도설』이 『통서』의 뒤에 놓여 있었다. 내용의 중요성에 따라 순서를 바꾸도록 주장하고 실행하였던 사람은 주희 그 자신이다. 그리고 주희가 『태극도설』을 신성시한 것은 바로 이정에 의해 체계화된 소위 이기이원론理氣二元論의 사상이 간결하게 설명되어 있기—그렇다고 주희가 해석한—때문이었다. 주희에게 『태극도설』은 이정의 사상체계를 도출해낸 책, 요컨대 맹자가 세상을 떠난 후 1,400년 간 아무도 전하는 자가 없었던 진리를 다시금 이 세상에 언설화한 성스러운 문헌이었던 것이다. 따라서 주돈이가 『태극도설』의 저자라는 사실과 이정의 가장 중요한 스승이었다는 사실은 불가분의 관계였다. 주희는 이렇게 말한다.

> 선생의 학문은 그 오묘함이 태극도에 갖추어져 있다. 『통서』에서 말하고 있는 내용은 어느 것이나 이 태극도가 말하고 있는 바를 설명한 것이며, 정 선생 형제가 성性이나 명命에 관하여 말할 때에는 그 학설에 기인하지 않은 것이 없었다.…… 그러므로 반청일潘淸逸[興嗣]은 선생의 묘지명을 기록할 때에 저서 속에서 태극도를 가장 첫머리에 내세운 것이다. 그렇게 된 이상에는 이 태극도가 이 책의 서두에 와야만 한다는 사실은 의심할 여지가 없다. 그런데 선생이 직접 이 태극도를 이정에게 전하자, 이 책의 마지막에 첨가하는 형태로 하여—원주原注; 기관祁寬, 자字는 거지居之로 그가 그렇게 말한 것처럼—그 책을 전해 받은 사람들이 그러한 것만을 보고는 드디어 이 태극도를 이 책의 마지막 장이라고 오해하고 말았다(『朱文公文集』 권75, 「周子太極通書後序」).

이정은 어떤 저술과 어록에서도 자신들이 주돈이로부터 태극도를 전해 받았다고는 증언하지 않는다. 그럼에도 불구하고 주희가 이렇게 상정하지 않을 수 없었던 것은, 그가 생각하고 그려낸 도학의 성립사가 이러한 전수과정을 전제로 하지 않으면 성립될 수가 없었기 때문이다. 물론 만약에 이러한 상정이 현 시점의 연구로부터 보아도 개연성을 가지고 있다고 한다면, 우리들은 주희의 빛나는 혜안에 감복하는 것과 동시에 주돈이를 '이학의 개산'이라고 계속해서 인정해도 상관은 없을 것이다.

그러나 만일 이러한 상정이 스스로를 위해서 생각해낸 억측에 불과하고 실증적으로는 성립하기 어려운 것이라면, 주돈이를 '이학의 개산'으로 생각하는 사관에 대하여 다시금 그 자체를 사상사 연구의 대상으로 검토할 필요가 있을 것이다. 그렇기 때문에 이제부터는 지금까지 발표된 내외의 연구성과에 의거하면서 주돈이라는 인물 자체는 결코 '이학의 개산'이 아니었다는 논증으로부터 이야기를 진행시키고자 한다.

3. 허상虛像의 성립成立

맹자가 세상을 떠난 뒤, 주돈이까지의 1,400년 간 아무도 깊이 도道에 통달한 자는 없었다. 주돈이가 자신의 학설인 『태극도설』의 깊은 뜻을 문인인 이정에게 전수하고, 그들이 그것을 정교하고 치밀하게 설명하여 도학을 부흥시켰다.

앞절에서 살펴보았던 주희의 사관은 이렇게 정리해볼 수가 있다. 그렇다고 하면 문제는 주돈이로부터 이정에 이르는 도의 전수과정이 언제, 어디에서, 어떻게 행하여졌는가이다. 먼저 이러한 점으로부터 검증해 들어가 보자.

주돈이와 이정이 처음으로 만난 것은 정이의 증언에서도 분명하듯이 경력慶曆 6년(1046) 혹은 그 다음 해가 정향과 주돈이가 서로 알게 된 시기이다. 이 때 정호는 열다섯이나 열여섯 살, 정이는 바로 한 살 아래였다. 정이의 말에 의하면, 주돈이가 도에 관하여 말하는 것을 들은 정호는 과거시험 공부에 싫증을 내고 진리 탐구의 학문을 목표로 하게 되었다고 한다. 다만 이 때 '주돈이와 이정의 학문적 전승과정[周程授受]'이 있었다고는 생각되지 않는다.

그 첫째 이유는 정이가 이어서 "요점을 모르고 여러 학파에 종사하여 노자나 석가의 가르침에 추종한지 10년 가까이에 이르렀다"고 서술하고 있기 때문이다(『河南程氏文集』 권11, 「明道先生行狀」). 만일 도가 전수되었다면 정호가 이러한 우회로를 선택했을 리가 없다. 둘째 이유는 마침 이 때 서른 살이 막 되었던 주돈이 본인이 이미 '절학絶學'을 충분히 이해하고 있었겠는가 하는 의문이 들기 때문이다.

『태극도설』은 언제 쓰여졌던 것일까. 적어도 그 원형이 되는 구상을 주돈이가 가슴속에서 품게 된 것은 언제였을까. 사실 정확한 것은 전혀 알 수가 없다. 남송 후반 주희가 세상을 떠난 후에 만들어진 주돈이의 연보에도 그러한 기록은 실려 있지 않다. 다만 그 편자編者도 젊을 때의 저작이라고는 생각하지 않았던 것처럼 문제가 되는 경력 6년의 조문에서 "그 후 선생이 태극도를 만들어 이것을 이정에게만 전수하였다"라고 말하고 있다.

그렇다면 그 후 어딘가 다른 장소에서 혹은 서간을 통하여 『태극도설』이 이정에게 전해졌다고 할 수 있지만, 그러한 흔적은 전혀 찾아볼 수가 없다. 이정의 발언을 보면 그들이 재회를 했다고 짐작할 수도 있지만, 그것이 지난번보다도 더욱 결정적인 만남이었다고는 당사자들의 입에서도 얘기되지 않고 있다.

물론 이것을 주희처럼 일부러 숨겼을지도 모른다고 억측해 볼 수는 있겠지만, 형의 행장에서 소년 시절의 사사師事에 관해서만은 특별히 언급하고 있는 정이가 10년 가까이 우회로를 돌고 난 후 육경六經의 학문으로 되돌아 온 일―그렇다고 그는 표현한다―에 관해서는 주돈이의 영향을 언급하지 않은 것이다. 그것뿐일까, 형은 "맹자가 세상을 떠나고 난 뒤 성학聖學이 전해지지 않았기 때문에 이 학문[道]의 부흥을 스스로의 임무로 삼았다"고 말하고 있으며, 주돈이를 계승한 것이 아니라 독자적으로 절학을 부흥시켰다고 서술하고 있다. 그들에게 주돈이는 확실히 소년 시절에 커다란 영향을 주었던 스승일 것이다. 그러나 그들의 의식으로서는 주돈이의 덕택으로 절학이 다시 일어나게 되어 자신들이 그것을 이어받았다고는 생각할 수 없었다. 제1장에서 소개한 '천리' 개념의 새로운 발견도―사량좌謝良佐의 증언을 믿는다면―스스로 자랑하듯이 그들의 공적인 셈이다. 주돈이의『태극도설』이나『통서』에는 결코 '천리'라는 말이 없다.

결국 전해진 바대로의 '주정수수周程授受'는 역사적 사실은 아니다. 이정 직속의 문인들은 원래부터 호안국의 단계에서도 절학 부흥의 공적은 이정만의 것이라고 간주하였다.『하남정씨유서河南程氏遺書』「부록」에 실려 있는 호안국의「주장奏狀」에서는 공맹의 도道와 중용의 의義를 부활시킨 사람은 이정이며, 그들에 덧붙여서 소옹·장재의 네 명이 '도학·덕행이 지금 그 명성이 높은 자'라고 되어 있을 뿐, 주돈이의 이름은 전혀 보이지 않는다. 이것과 동일한 문장이『도명록道命錄』권3에 인용되어 있다. 그렇다고는 하지만 이 상주문에 관해서는「절략節略」이라고만 주가 달려 있고, 정말로 주돈이의 이름이 없었는지 확증할 길은 없다.

애당초 정이가 정호를 기리기 위해 쓴「명도선생묘표明道先生墓表」

(『河南程氏文集』권11)에서는 형이야말로 맹자가 세상을 떠난 뒤 1,400
년 간 전해지지 않았던 학문[道]을 전하였다고 말하고 있다. 이원강李
元綱이 건도乾道 8년(1172)에 지은 『성문사업도聖門事業圖』에서는 공
자·증자·자사·맹자 다음에 이정으로 놓고 있다. 주희조차도 「중용장구
서」에서 주돈이를 언급하지 않고 있으며, 젊을 때인 소흥紹興 32년
(1162)의 「임오응조봉사壬午應詔封事」나 융흥隆興 원년(1163)의 「논어
요의목록서論語要義目錄序」에서도 이정이 전해오지 않는 학문[不傳의
學]을 깨닫게 되었다고 서술하고 있다. 주희가 주돈이를 도통의 담당자
로서 규정지은 것은 건도 5년(1169)의 「주자태극통서후서周子太極通書
後序」를 지은 이후부터이다.

  주돈이 현창의 첫 담당자는 호안국의 아들인 호굉이었다. 호굉은
『통서』를 간행하는 데에 맞추어서 그 서문을 쓰고 있다. 그는 먼저 태
극도는 목수穆脩[46]로부터 전해 받은 것으로, 목수는 '선천도先天圖'를
진단陳摶[47]·충방种放[48]에게서 배웠다고 말한다. 이러한 도식은 주진
朱震[49]이 소흥 4년(1134)에 상주한 「진주역표進周易表」에 보이는 내용
이다. 이렇게 볼 때 당시 일반적으로는 주돈이의 학문이 충방·목수의
계보라고 간주되었음직하다. 다음으로 호굉은 정호의 어록으로부터 주
돈이에 대해 언급한 두 조목, 후에 주희가 『이락연원록』에도 수록하게
되는 그 발언을 인용하고 있다.

  정명도程明道 선생은 일찍이 문인들을 향하여 이렇게 말씀하셨다. "옛
  날에 주자周子에게서 학업을 전수 받을 때, 나로 하여금 중니仲尼·안자顔
  子가 즐거워한 곳과 즐거워한 것이 어떤 일인지를 탐구하게 하였다." 또
  한 명도 선생은 주자와 다시 만난 뒤부터 음풍농월吟風弄月하면서 돌아
  왔다고도 말씀하셨다. 도학의 선비들은 모두 정호가 맹자에게서 끊어지고
  전해지지 않던 학문을 계승하였다고 말하지만, 그렇다고 한다면 주자는

단지 충방·목수의 학문을 배운 것에 불과한 사람이 될 것이다.······ 주자
는 정씨 형제를 전하지 않던 학문의 세계로 끌어들인 사람이고,······ 그
공적은 공자나 맹자에 필적한다(『五峰集』 권3, 「周子通書序」).

　호굉은 태극도의 유래에 관해서는 종래의 전승관계 그대로 목수에
게서 전해 받은 것이라는 견해를 전달하고 있을 뿐이다. 그의 의도는
태극도에 관해서는 그러하지만, 이정에게 끼친 영향이 강했다고 하는
점에서 주돈이의 공적을 칭송하고 『통서』가 뛰어난 저작임을 강조하는
데에 있었다. 태극도에 관해서는 아무래도 좋았던 것이다.
　그런데 호굉이 위의 인용에서 ‘주자周子’라는 호칭을 사용하는 것에
주목할 필요가 있다. 별도의 문장에서는 북송을 대표하는 유자로서 주
돈이·소옹·정호·정이·장재 등 다섯 명을 내세우고 있다(同, 「橫渠正蒙
序」). 이른바 북송오자北宋五子에 관한 관념이 여기에서 성립했던 것
이다. 우선 호굉에게 주돈이는 『통서』의 저자로서 북송을 대표하는 다
섯 사상가 중의 한명이었다.
　호굉이 『통서』에 서序를 덧붙인 것은 기관祁寬이라는 인물이 이것을
간행한 소흥 14년(1144)이라고 생각된다. 주희의 「주자태극통서후서」에
도 인용되었던 것과 마찬가지로 기관의 「통서후발通書後跋」(『周子全
書』所收)에서도 주돈이로부터 이정에게로 태극도가 전수되었다고 하
는 견해가 제시되고 있다. 그 무렵 또 한 사람의 도학 지도자인 장구성
도 주돈이에게 주목하기 시작하였다. 그의 문하門下가 편집한 『제유명
도집諸儒鳴道集』에는 소위 북송오자가 빠짐없이 모두 언급되고 있다.
다만 그도 『통서』를 평가한 것이지, 『태극도설』에 관해 언급했던 것 같
지는 않다.
　호굉은 주돈이보다는 이정의 영향력을 높게 평가하고 있다. 원래

주돈이는 당대에는 거의 주목을 받지 못하였다. 학파를 형성하여 절학을 다시 일으킨 것은 이정의 공적이다. 호굉은 북송에서 성행했던 학파의 개조開祖로서 왕안석·구양수·소식을 내세우고, 왕안석은 '지리支離'하며 구양수는 경학에 약하고, 소식은 기분 내키는 대로 군다고 하여 물리치고 난 뒤 이 학문[道]의 계승자로서 이정의 이름을 드러내고 있다(『五峰集』 권3, 「程氏雅言前序」). 그는 북송 말의 50년 간 한 세대를 풍미한 것은 왕안석의 학문이었으며, 그것을 타파한 사람이 이정이었다고 평가하고있다(同, 「程氏雅言後序」).

이정이 사상의 원류로서 주돈이를 위치시키는 자세는 호굉의 문인 장식張栻에게 그대로 계승된다. 그가 건도 6년(1170)에 지은 「통서후발」은 아직 『통서』로 주돈이를 평가하는 태도를 내보이고 있다. 장식도 주희와 마찬가지로 각지에 만들어진 주돈이를 제사지내는 사당을 위해 사당기를 지었다. 거기에서는 명확하게 주돈이를 절학의 부흥자로 보고(『南軒集』 권9, 「邵州復舊學記」), 태극도를 그 대표작으로 간주하게 되었다(同, 권36 「南劍州尤溪縣學傳心閣記」). 연대가 명확치 않은 상태에다가 현존하는 것도 아니지만, 그에게는 『태극도해太極圖解』라는 제목이 붙은 저서가 있었던 것 같다(『遂初堂書目』 儒家類). 이것들 가운데에서 쓰여진 연차가 분명한 것은 건도 9년(1173)에서부터 순희 6년(1179)에 걸쳐 있는 것들이다.

이 시기 그와 주희 사이에는 친교가 있었기 때문에, 그러한 주돈이 관觀이 주희와 서로 영향을 주고받은 결과로 인하여 형성되었다는 것은 틀림이 없다. 아쉽게도 『남헌집南軒集』은 편자인 주희의 판단에 의해 장식이 젊을 때에 지은 문장을 수록하고 있지는 않다. 그 이유는 장식의 초기 사상이 주희와는 달랐기 때문—주희의 말을 빌리면 진리를 파악하지 못했던 시기의 문장이기 때문—이다. 그가 호굉의 충실한

후계자였던 것은 바로 이러한 젊었을 때로, 그만큼 주돈이에 대한 장식
본래의 평가를 드러내 보인 문헌이 현존하지 않는다는 것은 유감이다.
주희는 모조분서模造焚書 행위에 의해 자신이 만든 신화를 후세 학자
들이 붕괴시키는 것을 미연에 방지하게 된 것이다.

　주희가 주돈이에게 주목하게 된 것은, 스승인 이동을 따라서 배우기
이전부터였던것 같다. 순희 14년(1187)의 「주자통서후기周子通書後記」
(『朱文公文集』 권81)에 의하면 『통서』를 처음 읽은 이래 '삼기三紀'를
거쳤다고 술회하고 있다. 일기一紀가 12년이므로 그것은 주희가 19살
로 진사에 합격한 직후에 해당한다. 아마도 그것은 기관이 간행한 『통
서』를 손에 넣게 된 일로부터 기인할 것이다. 이 판版에는 『통서』의
뒷부분에 부록의 형태로 『태극도설』이 실려 있었다. 『연평답문延平答
問』에 '태극이 움직여서 양을 낳는다[太極動而生陽]'에 관한 질문이 보
이는 것으로 보아 『태극도설』에 대한 관심도 이동의 생전, 즉 주희가
30살이 되었을 무렵에는 싹트고 있었던 것이다.

　그것이 한 발자국 더 나아가서 주돈이를 절학의 부흥자로서 또한 이
정의 선구자, 북송을 대표하는 유자로 간주하게 된 것은 장식과의 친교
가 시작되고 난 뒤부터이다. 주희와 장식 어느 쪽이 그것을 먼저 말하
기 시작했는가는 확실한 사료도 없으며, 아무것도 말할 수가 없다. 하
여튼 그들의 머리 속에 『태극도설』에 근거한 이기론의 구상과 그것이
주돈이로부터 이정에게 전수되었다고 하는 발상이 떠오르고, 주돈이
신화가 형성되었을 것이다.

　당초 주돈이의 사당을 학교에 부설한 곳은 주돈이의 연고지였다. 이
것은 그 지방에 연고가 있는 인물을 현창한다는 당시의 풍조에 의한
것으로, 특별히 주돈이에게만 특징적인 것은 아니었다. 단지 그가 활약
하던 장소가 오늘날의 호남성·강서성에 있고, 그 땅이 호남학파湖南學

派라고 불리는 호굉·장식의 기반이 된 땅이었다는 것은 결코 우연한 일이 아니다. 호굉에 의한 『통서』의 간행이든 장식에 의한 사당기의 작성이든지 간에 이러한 지연적 관계를 제외하고서는 생각할 수 없기 때문이다. 거기에 주희가 얽힘으로써 주돈이에 대한 평가는 사상적 측면에서 현격한 심화를 보게 되었다. 도학의 이기론을 명쾌하게 논한 텍스트인 『태극도설』의 작자로서 주돈이는 북송을 대표하는 유자라고 인정되었던 것이다.

그것은 바꾸어 말하면 주희가 『태극도설』을 그만큼 필요로 하였다는 얘기도 된다. 그가 구상하는 이기론에서 '무극이태극無極而太極'이라는 구절은 아주 적당한 재료일 수밖에 없었다. 아니 그보다는 이 구절에 자극을 받아 주희의 이기론이 구상되었다고 평해야 할 것이다. 그것은 원래 그 텍스트를 지은 인물의 의도가 어디에 있었는가라는 문제와는 별개의 이야기이다.

주희의 해석에 의하면, 태극이란 리理를 말하고, '무극이태극'을 '무극이고 태극이다'라고 읽으며, 태극에는 형상도 없고 도리만이 존재한다는 의미가 된다. 그런데 당시 존재하던 별도의 텍스트에서는 '무극이생태극無極而生太極' 또는 '자무극이위태극自無極而爲太極'이라고 되어 있으며, 이렇다면 발생론적으로 무극에서 태극으로의 순서가 성립된다. 주희는 그것이 주돈이의 의도와 맞지 않는다고 하여 이것들의 이본異本을 받아들이지 않는다. 그렇기는 하지만 주돈이의 의도가 '무극이고 태극이다'였다고 한 것은 주희 자신이었기 때문에 문헌학적으로 보면 충분한 설득력을 가진 주장은 아니었다. 바로 육구연과의 논쟁도 여기에서 유래한다.

육구연은 형인 육구소陸九韶의 주장을 이어받아 당시 다른 사람도 아닌 바로 주희 등의 노력으로 날로 높아만 가고 있던 『태극도설』의 권위에 의문을 드러낸다. 그것은 '무극에서 태극을 낳는다'고 하는 논리는 노자를 생각나게 하고, 성인의 학문이라고는 말하기 어렵다는 것이다. 그래서 그들은 『태극도설』은 『통서』 이전 주돈이의 젊었을 무렵의 주장이었을 것이라고 추측한다. 『역易』 「계사전繫辭傳」에 그 전거를 두고 있는 '태극'과는 달리, '무극'이라는 말은 경서에 보이지 않는다. '무無'를 중시하고 있는 점에서 허무를 주장하는 도가에 통하는 발상이라고 하는 것이다.

이것에 대한 주희의 반론은 이러하다. 무극이라고 말하지 않으면 태극이 형상이 있는 사물과 동일한 차원의 존재라고 파악될 염려가 있다. 그렇다고 해서 태극이라고 말하지 않고 무극만으로 말하면 공적空寂에 빠져버리고 만다. 주돈이의 본래 의도는 바로 여기에 있으며, 일부러 태극의 위에 무극이라는 두 글자를 덮어씌워 읽는 이들에게 오해가 생겨나지 않도록 하였던 것이다. 리理에는 형상이 없으며 기氣에 붙어 있는 것이라는 그 자신의 이론을 『태극도설』 서두의 한 구절에서 찾아냈고, 그러한 통찰을 주희는 바로 시행한 것이다. 주희의 문인인 진순陳淳은 이렇게 말한다.

무극이라는 말은 누구에게서 시작되었던 것일까. 유자柳子는 『천대天對』에서 '무극의 극'이라는 말을 하였고, 강절康節은 『선천도설先天圖說』에서 '무극의 앞에는 음이 양을 포함하고, 유극有極의 뒤에는 양이 음으로부터 나뉘어진다'고 말하였다. 주자周子 이전에도 이미 무극이라는 말은 있었다. 그러나 그것이 의미하는 바는 제각기 다르다. 유자나 강절은 기氣의 측면을 나타내기 위해 사용하고 있었던 것에 비해 주자는 오로지 리理의 측면을 드러내기 위해서 이 말을 사용하였다(『北溪字義』, 太極).

유자는 당의 유종원柳宗元[50]을 말하며, 그 『천대天對』는 천인비상관天人非相關의 사상을 보여주는 사료로서 근대 이후에 높게 평가되어 왔다. 강절은 소옹邵雍의 호로 이 구절은 만물발생의 전후에서의 음과 양의 관계에 관하여 논하고 있다. 확실히 양쪽 모두 '무극'이라는 말을 사용하고 있다. 하지만 그 의미하는 차원이 기의 단계에 멈추어 있으며, 주돈이처럼 리의 무형성無形性을 표현하고 있지는 않다. 그 때문에 '무극이태극'이라는 용법은 주돈이의 독창적인 것이라고는 할 수가 없다고 진순은 해설하고 있는 것이다.

확실히 유종원과 소옹의 용법은 형상을 지닌 것, 주자학도의 용어에서 말하는 '기'의 차원을 가리키고 있다. 애당초 '극極'이라는 말은 '중中'이라고 해석되는 것이 일반적이었다. 실은 육구연 형제의 주희에 대한 비판도 극을 중이라고 취한 바에서 유래하고 있는 측면이 있으며, 주희는 자기 학설의 '극極은 지至'라는 관념을 가지고 그것에 반론을 제기하고 있다. 주희 및 진순에 의하면 주돈이가 말하는 극極은 '중中'이 아니라 '지극至極'이었다고 한다. 왜냐하면 그는 성인의 절학을 계승한 인물이고, 경서에서는 극을 그러한 의미로 사용했을 것이기 때문이다. 이러한 올바른 용법에 근거하여 무극이라는 말을 태극의 위에 덮어 씌웠기 때문에 『태극도설』은 특기할 만한 텍스트인 것이다. 바로 그들의 논법은 이렇게 해서 일종의 순환론에 빠져버리고 만다.

진순의 깊은 믿음과는 거리를 두고 냉정하게 조망해보면, 주돈이의 무극이 소옹의 무극과 다르지 않으면 안 되는 필연적인 이유가 아무것도 없었음을 알 수가 있다. 두 사람 사이의 연령차는 여섯 살로 같은 하늘 아래에서 같은 공기를 들이마시며 살던 동료였다. 주돈이가 소옹의 『선천도설』을 읽고 나서 『태극도설』을 지었는지는 분명치 않지만 —당시의 지명도에서 생각해보면 그 반대는 대체로 성립될 수가 없다 —두 사람 모두 목수의 계보에 속한다고 알려졌고, 남송 시기에는 그들의 사상적 내용을 비슷한 것이라고 간주하는 경향이 존재했음직하다.

소옹의 선천도先天圖 및 주저인『황극경세서皇極經世書』―여기에서의 황극은 '대중大中'을 의미한다― 는 역학易學으로서는 상수역象數易이라고 불렸다. 반홍사가 지은 묘지명에서는『태극도설』이「역설」로,『통서』가「역통」이라고 칭해졌다는 사실과 주희의「사장」도 또한 그것을 답습했다고 하는 사실을 제2절에서 이미 서술하였다. 태극도는 선천도와 똑같이 역易의 도상학적인 표현으로서 이해되고 있었던 것이다.

양자의 무극은 사물이 명확한 형상을 갖추기 이전의 혼돈한 상태를 가리키는 말로서, 그 용법이 상당히 겹쳤던 것은 아닐까. 그 때문에 이것을 구태여 한편으로는 기, 다른 한편으로는 리라고 분리하는 것은 부자연스러운 해석에 지나지 않는다.

덧붙여서 주돈이가 말하는 태극 그 자체에 관해서 보면, 주희 등에 의한 해석은 원래의 뜻을 훼손시키는 것이었다. 진순은 스승의 주장을 계승하여 "태극은 단지 아직 나누어지기 이전의 극지極至의 리理이며, 형기形氣라든가 하는 말로 설명할 수 없다"고 말한다(『北溪字義』太極). 계속하여 노장老壯 계열은 도와 태극을 나누어 태극을 기의 차원으로 끌어내리고 있다는 점에서 잘못된 사용이라고 단정한다. 여기에서도 주돈이의 용법은 다른 것과 다르다고 하는 점에서 훌륭한 것이라고 하는 논의가 이루어지고 있다.

확실히『역』「계사전繫辭傳」의 "역에 태극이 있다"에 관하여 주돈이의 동시대 사람들은 모두 주자학도가 말하는 '기'에 의한 해석 방법을 사용하였다. 그리고 주돈이도 또한 "태극이 움직여서 양을 낳는다"고 말하고 있다. 주희는 이것을 "리가 기를 낳는 것이다"라고 설명하고 있지만, 주돈이의 문장을 내세워서 그렇게 이해할 필요는 전혀 없었다.

그가 이 문장을 쓸 무렵의 일반적인 인식으로는 기의 근원에서 음양의 두 기가 나누어지고, 오행·만물을 생성하는 것이라고 되어 있었다. 『태극도설』에는 이러한 통설에 대한 명확한 이의제기를 짐작케 하는 표현은 전혀 보이지 않는다. 주희의 의미부여와는 정반대로 이 문장은 당시로서는 극히 상식적인 이론을 전개했을 뿐이었다.

서두의 한 구절이 '무극이고 태극이다[無極而太極]'였는지, 주희가 부정하는 두 종류의 이본異本 즉 '무극하여 태극을 낳는다[無極而生太極]' 또는 '무극으로부터 태극이 된다[自無極而爲太極]'의 쪽이 올바른 것인지 여기에서는 그 판단을 유보하고 있다. 하지만 가령 전자가 원래의 형태였다고 하더라도 후자와 같은 구절이 유포되어 있었다고 하는 사실은 주희 이전에 이 구절이 어떻게 해석되고 있었는가를 여실히 보여주고 있는 것이다. 주희—및 지금도 또한 뿌리 깊고 단단하게 자리잡은 '이학의 개산 주돈이'에 대한 긍정파—의 직접적인 설명을 들어보면, 그것이야말로 주돈이에 대한 주위의 몰이해를 얘기해주는 무엇보다도 가장 좋은 증거로 주희에 의해 가까스로 그 오해가 풀렸다고 주장할 것이다. 그것은 하나의 아름다운 이야기이다. 하지만 우리들은 언제까지고 주희가 만들어 낸 '이야기＝속임'의 세계에 안주하고 있을 수는 없다. 북송의 사상적 흐름이 실로 어떠한 것이었는가는 '주돈이 신화'로부터 자유로워지지 않는 한 살펴보려 해도 보이지 않을 것이다.

주돈이는 절학의 부흥자로서 도통에 낄 수 있는 인물은 결코 아니었다. 북송에는 이미 다른 양식의 도통론이 존재하고 있었다. 다음으로 그 양상을 살펴보자.

4. 종사從祀의 승강昇降

원풍元豊 7년(1084), 공자 즉 '지성문선왕至聖文宣王'을 주신主神으로 하여 제사 지내는 사당—이하에서는 후세의 명칭이지만 '문묘文廟'라고 부른다—에 새롭게 네 명의 유자가 모셔지게 되었다. 맹자孟子·순자荀子·양웅揚雄·한유韓愈가 바로 그들이다.

당대唐代 이래 문묘에서는 역대의 유자를 선택하여 합쳐서 제사 지내는 합제合祭의 관습이 존재하였다. 이른바 공문십철孔門十哲[51]을 시작으로 하는 공자의 직전제자들 외에 좌구명左丘明·공양고公羊高·곡량적穀梁赤이라고 하는 전傳·주注의 저자들이 당대에 선택되었다. 그 중에 안자顔子만은 한 계단 격상되어 '배향配享'으로서 공자상의 옆에 모셔지게 되고, 그 이외의 유자들은 '종사從祀'라고 불리게 되었다. 원풍 7년의 추가에서는 맹자가 안자와 나란히 배향되고, 다른 세 사람이 종사되었다. 이 때에 이미 왕안석은 중앙 정계를 은퇴했지만, 조정의 시책은 여전히 그의 구상에 따르고 있었다. 맹자의 배향도 왕안석의 맹자 존숭에 기인한 것이다. 맹자를 공자의 정통 후계자로 간주하는 입장이 조정에서 공식적으로 인정한 학설로서 확정된 것은 바로 이 시기였다.

왕안석이 특별히 맹자를 존숭하였다고는 하나, 여기에서 종사된 다른 세 사람에게도 똑같이 경의를 표하였다. 그 때문에 종사의 열에 추가되었던 것이다. 제2장에서 살펴본 바와 같이 그는 이 네 사람의 성설性說을 채택하고 있다. 맹자·순자·양웅·한유라고 하는 계보를 주창한 것은 처음에 한유 자신이었다. 「원도原道」(『韓昌黎文集』 권1)가 제기하고 있는 도통론, 즉 요순에서부터 공자에 이르게 된 도가 맹자의 뒤에 정확히는 계승되지 않았다고 하는 대목에 순자와 양웅이 "도의 계승을 목표로 하였지만 완전하지는 못하였다"라고 하는 인물로서 등장한다. 암암리에 도의 정확한 계승자는 자기 자신이라고 하는 이 문장에서 공자를 계승하는 자로서 불완전하지만 맹자 이외에 순자와 양웅의 이름이 거론되고 있다는 것은 송대에서의 '또 하나의 도통'설 형성의 기연이 되었다. 성삼품설性三品說의 제창으로 유명한 「원성原性」(同)에서도 성선설의 맹자, 성악설의 순자, 성선악혼설의 양웅이 나란히 언급되고 있다. 맹자·순자·양웅·한유란 각각 자신만의 학설을 세우고 성설을 전개시킨 인물의 계보인 것이다. 제2장에서도 이미 살펴본 바와 같이 이때는 성설이 사람들의 관심을 모으고 여러 가지의 논의를 만들어냈던 시기이다. 도통론의 원형이라고 해야 할 한유의 이론이 「원도」와 「원성」에서 유사한 주장을 전개시키는 과정에서 나왔다는 것은 도道와 성性의 관계를 직접적으로 말해주고 있는 것이다.

한유의 고문운동古文運動은 그가 살아 있는 동안에는 주류파를 형성하지는 못하였지만, 후세에 커다란 영향을 끼쳤다. 송대에 이르게 되면 최초로 유개柳開 등이 고문운동을 전개하고 맹자·순자·양웅·한유의 계보를 찬양하는 문장을 남긴다. 뒤에서 서술할 석개石介도 또한 고문파의 일원이며, 한유를 대단히 존경하였다. 그는 이렇게 말한다.

요·순·우의 도道가 계癸[桀]에 의해 훼손되었기 때문에 하늘은 탕湯에게 천명을 받게 하여 요·순·우의 도는 회복되었다. 탕의 도는 수受[紂]에 의해 훼손되었기 때문에 하늘은 문文·무武·주공周公에게 천명을 받게 하여 탕의 도는 회복되었다. 문·무·주공의 도는 유왕幽王·여왕厲王에 의해 훼손되었기 때문에 하늘은 공자에게 천명을 받게 하여 문·무·주공의 도는 회복되었다. 공자의 도는 처음에 양楊·묵墨에 의해 훼손되고, 다음으로는 장莊·한韓에 의해 훼손되고, 또 진시황秦始皇·왕망王莽에 의해 훼손되고, 진晉·송宋·제齊·양梁·진陳이라는 다섯 개의 왕조에 의해 훼손되어 마침내는 불佛·노老에 의해 훼손되었기 때문에 하늘은 맹가孟軻·순경荀卿·양웅揚雄·왕통王通·한유韓愈에게 천명을 받게 하여 드디어 공자의 도는 회복되었다(『徂徠石先生文集』 권12, 「上張兵部書」).

석개의 도통론의 특징은 위에서 기술한 네 명에다가 왕통52)을 추가하고 있다는 것이다. 이것은 그의 또 다른 문장인 「답구양영숙서答歐陽永叔書」·「여조택지서與祖擇之書」·「여군황학사서與君貺學士書」(모두 같은 책의 권15)에도 공통되는 것이다. 왕안석이 네 명을 병기하여 그 성설을 비판적으로 검토한 것은 고문을 신봉할 경우에 일반적인 상식에 따른 주장이었다는 것을 알 수가 있다. 원풍 7년(1084)의 추가 조치는 돌연 새롭게 내세워진 것이었다기보다는 당시의 추세에 따른 결정이었다고 말할 수 있을 것이다.

주자학에서 도통론의 연원이 한유의 「원도」에 있다는 것은 새삼스럽게 말할 것까지도 없다. 맹자 이후 끊어져 버린 절학을 다시 일으키지 않으면 안되는 그러한 사업을 완수했던 인물은 주돈이나 정호라고 생각하였다. 다만 한유가 지은 문장의 원래 뜻은 맹자의 뒤에 순자와 양웅이 위치하고, 이 두 사람은 불완전한 형태로서밖에 공자·맹자를 계승할 수 없었기 때문에 필자인 한유 스스로가 그러한 임무를 담당하려고 하는 것이었다. 고문가들 사이에서 신봉되었던 이러한 '또 하나의 도통道統'은 더 정확하게 말하면, 주희의 도통론이 그 구상만을 받아들이고 그 내용물을 바꾸어 넣었던 '원原=도통론'이었던 것이다.

그런데 이러한 '원=도통론'은 왕안석이 세상을 떠난 후 당쟁의 와중에서 새롭게 전개된다. 신법당新法黨 측이 자신들의 교조인 왕안석을 안자·맹자와 동격의 대유로 모셔 받들었던 것이다. 왕안석은 숭녕崇寧

3년(1104)에 종사되고, 정화政和 3년(1113)에는 배향으로 격상되기에 이르고 그의 아들 왕방王雱도 종사되었다. 그후 정강靖康 원년(1126)에 양시의 헌책에 의해 왕안석은 배향에서 종사로 격하되고, 왕방은 종사의 열로부터 추방된다. 금의 침입에 동반한 채경蔡京의 실각과 신법당의 위신 추락이 그 배경에 있었다는 것은 두말할 필요도 없지만, 왕안석의 격하를 상주했던 이가 이정 문하의 고제자인 양시였다는 점은 주목을 끌 만하다. 양시의 본래 의도는 왕안석을 단숨에 종사의 열에서 제외시키려고 하는 것이었지만, 조정은 격하라는 형태로 마무리지었다. 여기에서 부각된 것은 신학新學과 도학道學 사이에서의 헤게모니를 둘러싼 논쟁이다. 다만 양시는 스승인 이정을 종사시키자는 말 따위는 한 마디도 하지 않는다.

왕안석이 문묘를 떠나고 그 대신에 주정장주周程張朱가 종사된 것은 순우淳祐 원년(1241)의 일이었다. 이 시점에서 주자학의 도통론이 정식으로 인정되고 널리 알려지게 된다. 게다가 경정景定 2년(1261)에는 장식과 여조겸, 함순咸淳 3년(1267)에는 소옹·사마광이 종사되고, 이른바 북송오자와 사마광, 거기에 남송에서의 도학 융흥기의 동지인 세 명이 모두 문묘에 들어가게 되었다. 함순 3년에는 안자·맹자에 더하여 증자와 자사가 배향으로 격상되어 이른바 사배四配[53]도 그 형태를 갖추게 된다.

그러면 '원=도통론'의 계열상에 있었던 순자·양웅·한유는 어떻게 되었을까. 현재 문묘에 종사되어 있는 것은 한유 한 사람뿐이다. 순자와 양웅은 어느 시점에서부터인가 종사의 열로부터 제외되었다. 도학에서는 그 개조인 정이로부터 하여 그들에 대해서는 혹독한 평가를 내리고 있다. 한유가 「원도」에서 찬양했던 것을 맞지 않는다고 하여 받아들이지 않고 있는 것이다(『河南程氏遺書』 권18). 이하 그들이 문묘에서 쫓겨나게 된 경위를 요점만 간추려서 살펴보자.

가장 먼저 실각했던 이는 양웅이지만, 서술의 편의상 순자부터 살펴본다. 순자가 종사의 열에서 빠지게 된 것은 가정嘉靖 9년(1530) 문묘에 대한 예제개혁 때문이었다. 순자를 종사해야 할 것은 못 된다고 하는 논의는 그 이전부터 있었다. 예를 들면 가정 개혁의 원안이 되었다고 평가를 받는 홍치弘治 원년(1488)의 정민정程敏政의 「정사전소正祀典疏」(『篁墩文集』 권10)에서는 다음과 같이 말하고 있다.

> 황황[荀子]은 성性을 악惡이라고 하고, 예禮를 인위적인 것이라 하여 자사·맹자를 천하를 어지럽힌 인물로 여기고, 자장子張·자하子夏·자유子游를 하찮은 유자로 업신여기고 있다.

여기에서 언급되고 있는 순자에 대한 비판은 두 가지이다. 바로 그의 성악설과 공자 이후의 교설 전수자들에 대한 태도이다. 물론 양자는 표리관계를 이루고 있지만, 일찍이 한유에 의해 성설을 전개시킨 공적에 열거되었던 순자의 학설은 맹자 성선설을 진리라고 인정하는 주자학의 상황 아래에서는 공자의 가르침을 어지럽혔다고 평가되고, 또한 그 맹자에 적대적인 태도를 취한 것은 순자 자신이 변변치 못한 인물이란 것을 스스로 폭로하고 있다고 간주되기에 이르렀던 것이다. 정민정에 의해 순자와 동시에 배제되었던 한대의 유자들도 실각의 이유는 경학상의 의심스러운 점과 살아 생전의 성향에 대한 비난에 기인한 것이었다.

예를 들면 하휴何休는 『춘추공양전春秋公羊傳』에 「해고解詁」라는 명칭의 주석을 덧붙인 공적으로 종사되었지만 정민정은 이렇게 비난한다.

하휴에게는 단지 『춘추해고』라는 한 권이 있을 뿐이지만, 그 책 속에서 공자는 『춘추』에서 주周를 물리치고 노魯를 으뜸으로 삼았다고 하는 논을 전개하고 있다. 게다가 풍각風角[54] 등의 점치는 법에 주석을 달고, 『효경』이나 『논어』로 혼합하고 있는 것은 이단·사설의 자기 나름의 독특한 방식이다.

새로운 주자학적 경학 체계가 확립됨에 따라 당 태종 정관시대의 『오경정의五經正義』식 해석은 크게 변화되고, 그 전승자들을 유교의 수호자로서 숭배할 필요성이 없어지게 되었다. 도통은 이러한 경학자들에 의해서가 아니라 사서四書 작자作者의 계보이기도 한 배향자들과 주돈이로 시작되는 송대의 전승자들에게 이어졌다고 간주되기에 이른다. 애당초 사서에 남아 있는 한대 유자들의 언동은 '수기치인修己治人'을 드높게 치켜올린 주자학의 눈으로 보아도 추천할 만한 것은 못되었다. 그들을 빼고서도 문묘의 위용은 조금도 훼손되지 않았다.

이러한 것은 우선 양웅의 사례에서 더욱 현저하게 드러난다. 그는 홍무洪武 29년(1396), 양지楊砥라는 관료의 상주에 의해 배제가 확정되었지만, 역시 그 이전부터 정면으로 비판을 받는 처지에 서 있었다. 그 때 양웅과 비교되어 거명된 한대漢代의 유자가 있다. 바로 동중서董仲舒이다. 예를 들면 송말원초宋末元初의 웅화熊禾는 이렇게 말하고 있다.

맹씨孟氏의 뒤에 도를 전하는 자가 없게 되고, 염락濂洛이 흥하기 이전에는 천 년간의 공백이 있었다. 다만 동중서 한 사람만이 그 학문이 올바르고 행동도 적절하였지만, 어쩌된 일인지 종사의 열에는 들어가 있지 못하였다. 그런데도 양웅처럼 신新을 미화하고 왕망의 밑에서 관직에 몸담았던 자나, 순자처럼 성을 악이라 하고 예를 인위적인 것이라 하여 그 근본적인 바가 잘못되어 있는 자가 종사되어 있다(『勿軒集』 권2, 「三山郡泮五賢祠記」).

양지의 상주도 또한 이것과 비슷하게 양웅을 물리치고 동중서를 집어넣자고 하여 그 교체를 요구한 것이었다. 실제로 동중서는 그 이전 원元의 지순至順 원년(1330)에 이미 종사되었어야 할 것으로 홍무洪武 29년에 양자가 교체되었던 것과 같이 사서史書에 쓰여져 있는 것은 사실과 다르다고 생각된다. 하지만 웅화의 윗 글에서도 볼 수 있는 바와 같이 양웅과 동중서는 항상 비교 언급되었기 때문에 일어난 기술상의 혼란일 것이다.

지금은 한대를 대표하는 유자라고 하면 먼저 동중서의 이름을 떠올리는 것이 일반적이다. 그 이름은 고등학교 세계사나 윤리 교과서에도 등장하고 있다. 그런데 지순 원년 이전에는 문묘에 그의 상이 놓여져 있지 않았다. 당의 정관 21년(647)에 전·주의 저자 스물두 명을 종사하였을 때, 춘추학에서는 삼전三傳의 작자와 각각의 주석자를 합쳐서 총 여섯 명이 올려지고, 동중서가 속한 공양학의 주석자로서는 앞에서 서술한 바대로 하휴가 선택되었다. 한유가 제창한 '원＝도통론'에서는 양웅에게 그 초점이 맞추어져 있었는데, 그는 그 뒤 함께 종사에서 제외되는 운명을 맞이한다.

새롭게 추가된 동중서는 가정嘉靖의 개제 이후에는 한대를 대표하는 유자라고 하여, 오늘날에 이르기까지도 그러한 지위를 차지하게 된다. 그렇게 평가받은 이유는 그가 춘추학의 태두泰斗였다거나 성설을 두고 했던 그의 발언 때문이 아니라, 맹자를 계승하고 의리의 구별을 정면에서 무제武帝에게 호소했기 때문이었다.

「백록동서원게시白鹿洞書院揭示」—때로는 「학규學規」라고 불리기도 한다─는, 제2장에서 동림서원과 관련지어 소개한 것처럼, 주희의 교육관을 잘 보여주고 있는 텍스트로서 후세에까지 갖가지의 형태로 계속해서 인증되었던 문장이지만, 그 제4조목은 『한서漢書』에 보이는 동중서가 쓴 문장의 한 구절로부터 끌어들이고 있다.

말하기를 "그 의義를 바르게 하고 그 이利를 도모하지 않는다. 그 도道를 명확히 밝히고 그 공功을 도모하지 않는다"라고 되어 있다. '일에 대처하는 요령'으로서 인용되었던 이 훈시는 게시의 다른 4조목이 모두 사서와 『역易』에서 채택되고 있는 점을 종합해서 생각해보면 더더욱 특징적이다. 이 1조목만이 경서 이외로부터 채택되었기 때문이다. 동중서는 여기에서 공맹에 버금가는 취급을 받고 있는 것이기도 하다. 이 대목은 또한 『소학小學』 가언편嘉言篇에도 인용되었다. 또한 정이가 이 구절을 가지고 동중서가 다른 한대의 유자들보다 뛰어나다고 평가한 발언(『河南程氏遺書』 권25)은 『근사록』에 채록되어 있기도 하다. 결국 주자학의 학습교재 도처에 동중서의 이 말이 인용되어 있는 것이다.

이러한 동중서에 대한 평가가 시작된 것은 실은 북송 중엽부터였다. 그것은 이상에서 서술해 왔던 정관의 종사방식을 비판하고, 순우淳祐·함순咸淳의 수정이나 가정嘉靖의 개제로 연결되는 새로운 사관의 탄생, 바꾸어 말하면 언설 편제編制의 전환을 보여주는 상징적인 사례였다. 그 대표적인 것이 손복孫復의 다음과 같은 글이다.

　　공자로부터 그 뒤 서한西漢에 이르기까지의 대유라고 일컬어진 사람은 일반적으로 맹가씨孟軻氏·순경씨荀卿氏·양웅씨揚雄氏이다. 그것은 그들의 말이 세상의 규범이 되고, 도를 당시에 명확히 밝히어 공업·덕행이 모두 훌륭하였기 때문이다. 그런데 동중서에 관해서는 그 이름을 언급하지 않고 있는데, 동중서에게 미치지 못한 바가 있었다고도 말해야 되는 것인가.…… 그는 그「대책對策」에서 공씨孔氏를 앞세워서 제자백가를 물리치고, 육예六藝가 공자의 학문과 맞지 않음에 억눌러서 금지시키도록 청하고, 유가와 병존시키지 않고 사설邪說을 근절시키고자 하였다. 마음을 성인의 도로 다하였다고 해야 할 것이다(『孫明復小集』 권1,「董仲舒論」).

손복의 기술에는 천인상관설이나 『춘추번로春秋繁露』에 관한 것은 한 마디도 나오지 않는다. 여기에서의 동중서에 대한 평가는 일관되게 「대책對策」에서의 "공자를 존숭하고 제자백가를 물리치다"[推明孔氏, 抑黜百家](『漢書』 권56,「董仲舒傳」).의 공적에만 매달려 있다. 손복은 그 점에서 동중서의 공적은 순자나 양웅을 능가하고 있으며, 동중서가 올바르게 평가받지 못했던 것은 유흠劉歆·반고班固의 기술 탓이라고 한다. 후한 이후 경학의 창시자라고 해야 할 이 두 사람은 제1장에서 소개한 바대로 송대 이전의 천견론의 구조를 만들어 낸 장본인들이다. 바로 그들이 후세의 동중서 평가를 왜곡시킨 원흉으로서 지탄받게 되는 것도 그때까지의 역사적 평가로부터 의도적으로 단절하고 새로운 사관을 구축하려는 의지의 표현이었다.

손복은 앞에서 등장한 석개의 스승이 되는 인물로 호원胡瑗과 더불어 언제부터인가 '송초 세 선생[宋初三先生]'이라고 항상 불려왔다. 최초에 이 세 사람을 나란히 하여 당시를 대표하는 유자라고 평가한 이는 구양수였다. 그는 가우嘉祐 6년(1061)에 지은 호원의 묘표墓表에서 다음과 같이 말하고 있다.

사람의 스승이 되는 자세[師道]가 쇠퇴해버린 지가 오래다. 경우景祐·명도明道 이래 학문하는 자들에게 스승은 선생과 태산泰山의 손명복孫明復·석수도石守道 세 사람뿐이며, 그중에서도 선생의 일문一門이 가장 번성하였다(『歐陽文忠公全集·居士集』 권25, 「胡先生墓表」).

경우·명도란 서력 1030년대에 해당하는 연호이다. 호원은 그 무렵 호주湖州에서 학문을 가르쳤는데 문인 수백 명을 거느리고 있었다. 경력慶曆 4년(1044), 범중엄范仲淹에 의한 경력의 개혁[55]의 일환으로서 개봉에 태학이 설치되고, 각 주현에도 학교를 세우라는 정부의 통지가 하달되자 그 수업의 운영방법으로써 호주에서 행한 호원의 교육법이 추천되었다. 호원 자신도 그 뒤에 태학에서 교편을 잡고 많은 유명인을 양성하게 된다. 손복과 석개는 산동에 거처하면서 역시 경력의 개혁에 찬동하고, 후에 태학으로 옮기어 학문을 강의하였다. 구양수는 손복의 묘지명을 쓰기도 하였다(同, 권27 「孫明復先生墓誌銘」).

정이도 또한 세 사람을 병칭한 적이 있으며, 그것을 이어받아 주희도 "도학이 번성하게 된 것은 자연적인 추세가 아닙니까"라는 문인의 물음에 다음과 같이 대답하였다.

> 결국 점차 그렇게 되었다. 범문정范文正[仲淹]에게 이미 매우 훌륭한 논의가 보이고, 산동에는 손명복孫明復, 조래에는 석수도石守道, 호주에는 호안정胡安定이 있게 되었으며, 그렇게 하여 주자周子·정자程子·장자張子가 나타나게 된 것이다. 때문에 정자는 항상 이 사람들을 잊지 않고 옛날 그대로 존숭했던 것이다(『朱子語類』 권129).

이것은 바로 절학을 부흥시킨 주정周程의 앞에 그렇게 될 시운이 이미 싹트고 있었다고 하는 평가이다. 황진黃震의 경우 세 선생의 등장이 획기적이었다는 것을 한층 더 높게 칭송하고 있다.

> 사람의 스승이 되는 자세가 쇠퇴해져 올바른 학문이라는 것을 알 수

없게 된 지가 오래되었다. 송이 일어난 지 팔십 년, 안정安定 호胡선생·태산泰山 손孫선생·조래徂徠 석石선생이 처음으로 그 학문을 가르치고, 안정 일문一門이 가장 번성하였다. 뒤이어 이락伊洛의 학문이 흥하였다. 따라서 본조[宋]의 이학理學은 이락에 이르러 정교하고 치밀하게 되었다고는 말할 수 있으나 실제로는 세 선생으로부터 시작되었던 것이다(『慈溪黃氏日抄分類』권45, 「讀諸儒書」13).

이렇게 하여 황진黃塵의 자손이라고 칭하는 황종희黃宗羲가 그 원안을 구상했던 『송원학안宋元學案』에서는 그 서두에 호원의 「안정학안安定學案」과 손복의 「태산학안泰山學案」이 놓이고, 손복의 문인인 석개를 「태산학안」 속에서 취급하는 형태가 되었던 것이다. 현행본에서 범중엄이나 구양수의 권이 이어지고 있는 것은 모두 전조망全祖望이 보본補本한 결과이며, 원래의 황종희의 구상에서는 그 뒤에 곧바로 북송오자의 학안이 이어져야 할 것이었다. '송초 세 선생'이 '주정장소周程張邵'의 선구를 이루었다고 하는 도식이 극히 명료하게 표현되고 있는 것이다.

주돈이가 돌연 나타나서 천 년 동안 밝게 드러나지 않았던 도를 부활시켰다는 것은 확실히 신화에 불과하였다. 그러나 주돈이가 살아 있던 시기에 새로운 사상적 흐름이 발흥하고 있었다는 것도 사실이다.

'송초 세 선생'이 활약했던 때는 어떠한 시대였을까. 과연 그것은 '송초宋初'였는가. 다음으로 후세의 시각을 될 수 있는 한 배제하고 이 시대 그 자체를 대상으로 하여 고찰을 진행해 가려고 한다.

5. 당송唐宋의 변혁變革

'송초 세 선생'에 대한 현창은 바꾸어 말하면 그들 이전의 학자를 송대의 사상가로서는 평가하지 않았다고 하는 것이며, 확실히 그렇게 말해도 좋을 것이다. 예조藝祖가 즉위하고 나서부터 세 선생이 활약할 때까지의 80여 년 간 구양수 등에 의해 경시되던 그 시기의 학술은 어떠한 성격을 갖추고 있었던 것일까.

이를 한 마디로 말하면 당唐의 모방이라고 할 수 있다. 지금에서야 우리들은 송宋이라는 왕조가 그럭저럭 300년 가까이 존속했다는 사실을 알고 있다. 그러나 그 당시를 살았던 사람들에게 그것은 결코 자명한 사실은 아니었다. 예조가 군부에 의해 옹립되어 혁명을 단행한 것은 요遼의 대군이 침략해 온다는 위기감 때문이었다. 나이 어린 황제로는 국난에 대처할 수 없다는 위기감이 그에게 황제의 의복을 몸에 걸치게 했던 것이다.

남방에서는 그 힘이 쇠약해졌다고는 하나 여전히 남당국南唐國을 비롯한 여러 나라가 분립하여 있었고, 북방에서는 요의 지원을 받는 북한국北漢國이 있었다. 남조의 유송劉宋56)과 동일한 명칭을 가진 새로운 왕조가 후세에 유송을 능가하는 명성을 얻을 수 있다는 보증은 전혀 없었다. 예조가 찬탈한 '주周'와 마찬가지로 송이 후세가 되어 그 첫머리에 '후後' 자를 뒤집어쓰고 불리는 단명의 왕조로 끝날 가능성도 존재하고 있었던 것이다. 오늘날 '오대五代'57)라고 부르는 시기에 십 몇 년인가를 더하여 '육대六代'라고 불리게 되었을지도 모르는 일이었다.

그러한 상황에서 왕조의 중추부에 있던 사람들이 자신들의 정부의 모범을 어디에서 찾아야 할 것인가는 분명했을 것이다. '오대' 앞의 통

일왕조야말로 그들이 목표로 삼아야 할 대상이었으며, 그것이 바로 당
唐이었다. 송 왕조는 안사安史의 난 이래 정치적 혼란을 수습하고 문화
적 질서를 재건하는 일에서 스스로의 존재 의의를 발견하였다. 태종太
宗·진종眞宗 시대의 정치문화 사업이 모두 당을 강하게 의식하고 있다
는 사실이 그것을 얘기해주고 있다. 정치문서의 집대성이라고 할 수 있
는『책부원귀冊府元龜』나 문학작품의 집대성인『문원영화文苑英華』
의 편찬, 봉선封禪[58]의 거행이나 천서天書[59]의 강림降臨이라는 일련의
왕권의 정통성을 확인하는 식전에 대한 애착에는, 자신들이야말로 당
왕조의 후계자라고 하는 선언을 내외적으로 선포하려는 그들의 절박한
심정이 표현되어 있다.

그들을 그렇게 궁지로 몰아넣었던 것은 요의 끊임없는 위협이었다.
요가 중원의 문화양식에 가까우면 가까워질수록 송에서는 보다 정통의
중원왕조임을 계속해서 강조하지 않으면 안 되었다. 부필富弼이 요에
사신으로 갔을 때 그 땅에서 천변을 맞이하여 군주가 단정히 공구수성
을 행하고 있는 것을 실제로 보고, 송의 황제인 인종仁宗에게 그 이행
을 요구했다고 하는 일화 등은 그들의 감각을 완벽하게 보여주고 있는
것이다.

왕망 이래 왕조 교체에 즈음하여 채택되어 왔던 오덕종시설五德終
始說에서도 이 시기에 논쟁이 있었다. 그것은 송이 어느 왕조를 계승한
것인가라는 논의이다. 예조가 천명을 받고 천자가 될 때, 전 왕조인 후
주後周가 목덕木德이었던 것을 이어받아 자신의 새로운 왕조는 그것을
계승하여 화덕火德이라고 하였다. 그런데 분열되어 있던 모든 나라를
평정하고 당의 후계자로서 실질적인 모습이 갖추어지자 오대五代의 제
왕조는 모두 천명을 받지 못하였으며, 송은 당의 뒤를 계승하는 왕조라
는 입장으로부터 당의 토덕土德이야말로 송에 가장 적합하다고 하는

논자들이 나오게 되었던 것이다. 이것도 한편으로는 요를 강하게 의식한 견해였다고 볼 수가 있다. 당초 송의 정체성은 당의 후계자라고 하는 점에 있었다.

그것은 경학상에서도 확인할 수가 있다.『송원학안』과는 달리『송사宋史』「유림전儒林傳」에서는 국초國初 80년 동안에 활약했던 학자들을 몇 명 소개하고 있다. 그중에서도 최초의 세 사람, 환언하면『송사』에 있어서의 송초 세 선생의 사적은 이 시기의 경학의 양상과 변화를 직접적으로 보여주고 있는 사례이다.

가장 맨 처음에 등장하는 이가 섭숭의聶崇義[60]이다.『송사』에서는 그를 "어려서 삼례三禮를 배워 예학에 정통하였고, 경서의 취지에도 정통하였다"라고 소개하고 있다. 전하고 있는 그의 사적도 많은 부분이 예제에 관련된 것이며, 그 대표작이『삼례도三禮圖』라는 것이었다. 그 작업은 후주後周 세종世宗 때에 시작되었고, 송의 예제의 기본문헌이 되었다. 그는 이렇게 송초를 빛내는 데에 아주 잘 어울리는 인물이었던 것이다.

두 번째 인물은 형병邢昺[61]으로 시대는 조금 내려와서 진종眞宗 때에 활약했던 인물이다. 초대 한림시강학사翰林侍講學士이며 몇 개의 경서를 사용하여 진강進講을 하였다. 조칙을 받고 다음에 소개하는 손석 등과 함께 경전 교정과 의소義疏 작성을 하기도 하였다.『오경정의』이외에도『주례』,『의례』,『춘추공양전』,『춘추곡량전』은 이미 당대의 사람들에 의해 그 소疏가 쓰여졌기 때문에, 그의 이름으로 소가 붙여진 것은『효경』,『논어』,『이아』세 권뿐이다. 형병은『오경정의』의 확대버전 작성의 책임자로서 확실히 당에서 배운, 시대를 대표하는 경학자였다.

그리고 세 번째 인물이 손석孫奭[62]이다.『송사』가 상세하게 서술하고 있는 그의 사적은 진종 때에 봉선과 연동하여 실시된 분음汾陰에서의 제사에 강하게 반대한 일이다. 그 논거는 여러 갈래에 걸쳐 있지만, 아홉 번째로 그가 예로 든 것은 송 왕조에서는 요순이나 하상주夏商周 삼대야말로 그 목표로 삼아야 할 대상이며, 한당漢唐의 허명을 답습해서는 안 된다고 하는 것이었다. 이제 그에게 당을 모방하려고 하는 정서와 결별이 시작된다. 한이나 당의 왕조가 스스로의 권세와 정통성을 과시하기 위해 거행하였던 의례를 그는 허례라고 하여 받아들이지 않는다. 이러한 논리는 그후에 주류를 형성하게 되고 봉선이나 천서에 대한 비판의 수단이 된다. 주자학이 이것을 이어받은 것도 있으며, 제왕에게 최대의 식전이라 할 수 있던 봉선은 송의 진종을 마지막으로 끊어지고 만다.

이 뒤에 「유림전儒林傳」은 경력慶曆의 '송초 세 선생' 등장까지 14명의 전을 세워 놓고 있지만, 여기에서는 아쉽게도 생략하려고 한다. 「유림전」 서두의 본격적인 '송초 세 선생'에서 당 제도의 부흥(섭숭의), 당대唐代 경학의 계승(형병), 당 제도에 대한 비판(손석)이라고 하는 변화가 충분히 간파될 수 있기 때문이다. 천하태평의 상징이기도 하였던 봉선 의례에 대한 손석의 비판은 당에서의 성세盛世의 표상表象이 송대 사람들에게는 결코 받아들여질 수 없게 되었음을 보여주고 있다.

당을 모범으로서 추앙할 경우 그 가운데에서도 가장 이상화되었던 것은 태종의 시대, 이른바 정관貞觀의 치治[63]였다. 『정관정요貞觀政要』는 제왕학帝王學의 교과서였으며, 송대의 사람들도 태종을 명군으로서 존경하였던 것이다. 그러나 거기에 미묘한 변화가 생기기 시작한다.

구양수는 『신당서新唐書』 「태종기太宗紀」의 논찬에서 다음과 같이 말하고 있다.

　　태종의 공적은 이 얼마나 훌륭한 것이었던가. 수말隋末의 혼란을 수습한 것은 탕왕이나 무왕에 필적할 만한 것이고, 태평을 가져왔다는 점에서는 성왕成王이나 강왕康王의 역域에 도달할 만하다. 옛날부터 공업과 덕행을 겸비한 군주로서는 한대 이후에 미증유의 존재라 할 수 있다. 그런데 애정에 이끌려서 불교를 극진히 보호하였던 것이나, 크나 큰 공명에 마음이 앞서 고구려 원정을 계획했던 점은 범용한 군주의 소행이라고 해도 좋을 것이다. 춘추의 법法에서는 현자에게 완벽함을 요구한다. 그래서 후세의 군자로 큰 인물의 훌륭함을 동경하는 자는 이러한 일을 개탄함에는 그 마음이 약해진 것이다.

　구양수도 또한 태종이 희대의 명군이라는 점은 인정한다. 그 예로 「종수론縱囚論」(『歐陽文忠公全集·居士集』권18)을 들어 볼 수가 있다. 언젠가 태종이 감옥을 시찰하고 사형수들을 애처롭게 생각하여 일시적인 귀향 조치를 허락해 주었다. 그러자 사형수들은 태종의 은혜로운 뜻에 감복하여 사형수 전원이 기일을 어기지 않고 감옥으로 돌아왔다. 때문에 태종은 이 일에 감동하여 사형수 전원을 사면하였다고 한다. 태종이 명군이라는 이유를 얘기해주는 이 미담에 대하여 구양수는 혹독한 의견을 내놓는다. 즉 태종의 이러한 조치는 천하의 상법常法에서 벗어나 있는 이상 찬미할 수 없다는 것이다.

　　통상通常의 것이라고 할 수 없는 것을 성인聖人의 법法이라고 말할 수 있을까. 때문에 요순이나 삼대三代에 있어서는 반드시 인정人情에 근거하도록 하고, 색다른 것으로 하여 보여주어 훌륭한 듯한 얼굴표정을 짓지 않고, 인정에 역행하여 명예를 추구하지 않았던 것이다.

　여기에서 그가 말하는 '인정'은 현대 일본어와는 의미가 조금 다르다. 이것은 구양수가 다른 문장에서도 자주 사용하고 있는 말로 '사람이 본래 갖추고 있는 성정性情이라고도 말했던 것과 비슷한 의미이다. 내용상 도학에서의 '천리'의 선행 개념이라고도 말할 수 있을 것이다. 상법常法은 인정에 근거하고 있기 때문에 보편성을 지닌다. 성인의 정치는 보편성에 입각하고 있으며, 그러한 이유로 훌륭한 것이다. 태종의 조치는 그 자신과 비슷한 인망人望을 전제로 하여 비로소 가능하게 되는 튀는 행동에 지나지 않는다. 결국 그것은 아름다운 이야기로써 전하지만 정치에는 일절 도움이 되지 않는다. 보편적인 규칙에 따라서 통치를 해나가는 것이야말로 옛날의 황금시대에 가까이 가는 첩경인 것이다. 이것은 일부의 연구자에 의해 '황제기관설皇帝機關說'이라고도 불리기도 하는 구양수의 군주관을 여실히 보여준다.

그러나 처음에 이러한 일화가 미담이 되었던 것은 태종이라는 군주가 가지고 있던 인덕과 사형수들을 감화시켜 버린 성성聖性을 찬양했기 때문이었다. 당이라는 시대는 그러한 빛나는 군주를 받들어 섬긴 왕조로서 표상되고, 그 때문에 모범이라고 추앙을 받았던 것이다. 그런데 구양수의 논리는 그러한 군주관을 배제하고 있다. 그것은 퍼포먼스에 의한 통치에서 관료기구에 의한 통치로 전환한 것이다. 황진이 말하는 '송宋이 일어난 지 80년'이란 왕권 본연의 모습에 관한 사유방식이 근본적으로 변화한 시기였다.

당의 태종에 관하여 또 하나의 예를 들어보자. 사마광『자치통감資治通鑑』의 정관 2년의 조문에 보이는 음악론音樂論이 그것이다. 다음은 태종의 발언에 대한 사마광의 논찬論贊이다.

> 처음에 예악禮樂에는 근본도 있었으며, 문식文飾도 있었다. 절도節度에 맞게 화합하려고 하는 마음은 근본이며, 예용禮容과 음성音聲은 문식이다. 이 양자는 한쪽만을 폐할 수는 없다…… 그것을 태종은 깊게 성찰

하는 바도 없이 "음악音樂과 치란治亂은 직접적인 관계가 없다"고 말하였던 것이다. 이 얼마나 대강대강 말을 내뱉고 과단성 있게 성인을 비방한 것인가.

여기에서 문제가 되고 있는 것은 예악의 실제 형태는 아무래도 좋으며, 요점은 그 정신이라는 언뜻 보기에는 정론正論이라고도 생각할 수 있는 태종의 견해이다.

그러나 사마광은 이러한 사고방식에 동조하지 않는다. 그 이유는 마땅히 그래야 할 예악의 형태를 무시하고, 군주 스스로의 기호에 맞추려고 하는 개변改變을 용납하기 어려웠기 때문이다. 여기에서도 논점은 명군의 특이성을 어떻게 평가하는가에 달려 있다. 태종은 확실히 희대의 걸물임에는 틀림이 없다. 그러나 그 카리스마적 성향이 구심력이 되어 왕조의 통치를 지탱한다고 하는 구도는 구양수나 사마광이 온당하다고 할 리가 없었다. 그들은 그것과는 아주 다른 군주상을 추구하였던 것이다. 그들의 그러한 논의를 지탱해주고 있는 것은 송은 당과 동등하다는 입장이라고 하는 자신감일 것이다. 손복은 아래와 같이 그것을 단정적으로 말한다. 즉,

> 송이 천하를 다스린 지 80년, 사대四代에 걸친 성천자聖天子의 업적은 훌륭한 것이었으며, 당唐을 뛰어넘어 한漢보다도 훨씬 더 낫습니다(『孫明復小集』「與范天章書」2).

라고 말하고 있는 것이다. 이렇게 해서 왕안석은

> 폐하께서는 요순이야말로 마땅히 보고 배워야 할 대상이며, 한의 문제文帝나 당의 태종太宗 등을 경쟁자로 삼으시면 안 됩니다(『宋史』王安石傳).

라고 말하고 있으며, 정호는

> 한당漢唐시대 군주의 태도는 계승할 가치가 없습니다(『河南程氏文
> 集』 권1, 「論王覇箚子」).

라고 말하고 있다. 또한 정이도

> 한당漢唐을 배운 바에서 얻을 수 있는 것은 아주 적은 것입니다(同,
> 권5, 「上仁宗皇帝書」).

라고 말하고 있는 바와 같이 황제를 향하여 요순 및 삼대를 모범으로
삼으라고 요구해 가고 있는 것이다.

주희와 진량陳亮 사이에서 격론이 벌어졌던 의義와 이利의 구별을
둘러싼 유명한 논쟁도 이러한 문맥에서 다시 살펴볼 수 있을 것이다.
주희가 진한秦漢 이후를 암흑시대라고 파악한 것은 명군이 존재하지
않았을 뿐만 아니라, 도통의 담당자도 나오지 않았기 때문이다. 정치적
으로도 문화적으로도 모범이라고는 부를 수 없던 시대였다.

이것에 대하여 진량은 당 태종에 관해서도 그 나름의 평가를 내리고,
삼대에는 미치지 못하는 바를 전제로 한 상태에서 이 시대의 의의를
인정하는 입장을 취하고 있다. 그것은 당을 모범으로 삼지 않는 것은
두 번째 문제이고, 아예 무시하는 사상적 풍조가 만연하고 있는 것에
대한 원래 상태로의 귀환이라고도 해야 할 태도였다. 진량의 당에 대한
평가는 그러한 점에서 북송 전반의 그것과는 입각점을 달리한다고 보
아야 할 것이다. 주희에게 현저하게 드러났던 바와 같이 사람들은 한이
나 당을 멸시하기 시작하였다. 그것은 이利만이 횡행하고 도道를 잃어
버린 시대였다. 하지만 지금은 상황이 다르다. 주돈이라는 이름으로부

터 시작된 도통 부흥의 계보는 그들이 경력慶曆 이전과는 다른 사유방식의 조건 아래에 있다는 것을 자각하고 있음을 보여준다.

결국 주돈이가 도학의 개조라고 하는 것은 주희의 취미로 꾸며낸 이야기에 지나지 않는다. 그렇다고 해도 주돈이가 활약하였던 시기에 그때까지와는 단절된 사유양식이 힘을 얻게 되었다는 것은 주지의 사실이다. 주돈이도 바로 그러한 일원 중의 한 사람이었다. 따라서 도학의 흐름에 속하는 자들이 주돈이의 저작 속에서 자기 주장의 논거를 찾아낼 수 있었던 것은 조금도 이상한 일이 아니다. 그렇게 해서 주돈이는 하나의 빛나는 보석으로서 도학의 선구자로 열거해도 적당한 인물이 되었던 것이다.

6. 도통道統의 후계後繼

맹자부터 주돈이에 이르는 1,400년간은 정치적·사회적으로도 또 사상적·학술적으로도 좀처럼 평가하기 어려운 시대라고 알려져 왔다. 그들의 사고방식에 초점을 맞추어보면, 전자[政]가 좋지 않았던 것은 후자[敎]가 정확하지 못하였기 때문이었다. 물론 동중서처럼 '교敎'의 입장에서 황제에게 중요한 헌책獻策을 올린 유자도 존재하였다. 하지만 그조차도 도통의 담당자로서의 자질을 갖추지 못하고, 치통治統은 도통道統의 버팀목을 잃어버렸다. 그것이 부활한 것은 '우리들의 송대宋代'가 되고 나서부터이며, 아직도 치통 측으로부터의 충분한 이해를 얻지 못하고는 있지만, 공자·맹자가 반복하여 당국자에게 도를 주장했던 것과 똑같은 상황이 되었다. 주희 및 그 문류門流의 눈에는 시대상이 이렇게 파악되었을 것이다. 이것은 고대(황금시대)·중세(암흑시대)·근

대(부흥의 시대)라고 하는 역사의식이며, 바로 그들 나름의 '르네상스'
였다. 그 이후 양명학을 포함하여 이러한 역사의식은 수백 년에 걸쳐서
계승되어 간다. 그러면 이 시기에 도통은 어떻게 해서 전수되었다고
인식되었던 것일까.

여기에서 다시 이야기를 문묘 쪽으로 돌려보자. 조정이 공식적으로
인정하는 도통은 이곳에서의 종사자 선택에 가장 여실히 표현되기 때
문이다.

남송 말기의 40년간에 염락관민濂洛關閩을 시작으로 하여 도학의
형성에 기여했던 학자들에 대한 종사가 점점 증가해가는 양상은 이미
앞에서 살펴보았다. 다만 그것은 모두 주희 이전이든지 그와 동시대의
사람들이었으며, 주희의 후계자가 누구인지는 아직 확정되어 있지 않
았다. 이 장의 서두에서 소개한 바 있는 젊은 시절 오징의 포부도 이유
가 없던 것은 아니었다. 그리고 그 희망은 그의 85년에 이르는 전생애
에 걸친, 오직 도학을 향한 공헌에 대하여 높은 평가를 얻게 됨으로써
실제로 보답받았다. 명明의 선덕宣德 10년(1435) 오징은 문묘 종사의
열에 추가되었다. 주희 이후의 인물로서는 허형에 이어서 두 번째였다.

허형의 종사는 원元 황경皇慶 2년(1313)으로 오징보다도 100년 이상
이 빠른 것이다. 실은 원조가 남송 말기의 상황을 추인하여 송대의 도
학자들 9명을 종사하게 되었던 것도 이 해부터였다. 원은 중화왕조中華
王朝로서의 정통론상에서는 금을 계승하는 것이었고, 문묘의 제도도
금의 제도를 답습하였다. 원은 남송과는 별개로 정통성을 지닌 중화왕
조의 후계자로서 자인하고 있었기 때문에, 순우淳祐 원년(1241) 이후의
남송의 개제와는 전혀 관계를 갖고 있지 않았다.

원의 궁정宮廷에 주자학 소개자의 역할을 담당했던 이는 다름 아닌
허형이며, 그의 종사가 도학자 일동의 종사와 동시에 행하여졌던 것은

바로 황경 2년의 시점으로 사상적·학술적으로 원이 남송의 후계자가 되었음을 의미하고 있다. 이를 전후로 해서 과거제도의 부활이 이루어지고 있다는 점, 또한 그 과거시험에 즈음하여 경서의 주가 주자학 계통의 것을 십삼경주소十三經注疏와 병용하도록 정부가 통지를 내렸다는 점은 이 당시의 사정을 얘기해주고 있다.

주희 직전直傳의 문인들을 제쳐놓고 먼저 원의 궁정에 대한 포교에 공헌하였던 허형, 뒤이어 원조에도 출사하면서 생애의 대부분을 재야의 학자로서 저작과 강학에 힘썼던 오징이 종사자로서 선택된 것은 원의 후반부터 명의 전반에 걸친 사상적 흐름의 반영이었다. 그것은 주자학의 보급과 수호에 즈음하여 이 두 사람의 공헌도가 월등히 뛰어나서 높은 평가를 받고 있었다는 것을 보여주고 있는 사례이다.

그 후 정통正統 2년(1437)에 호안국胡安國·채침蔡沈[64]·진덕수眞德秀 등 세 명이, 홍치弘治 8년(1495)에는 양시楊時가 종사에 추가되었다. 『춘추』의 주석자인 호안국과 정호의 말에 의하면 "나의 도道는 그에 의해 남쪽으로 전해질[南傳] 것이다"라고 평가를 받는 양시는 이정과 주희를 연결하는 계보상에 위치하는 인물이며, 더불어 왕안석에 대한 반대논리를 펼쳤던 인물로서 알려지게 되고 이와 같은 종사도 그러한 평가에 기인한 것이었다.

진덕수는 남송 후반에 이루어지게 되는 주자학의 체제교학화體制敎學化에 위료옹魏了翁과 나란히 하여 공헌하였던 인물이며, 제왕학의 교과서인 『대학연의大學衍義』의 저자로서 높은 평가를 받았기 때문이기도 하였다. 채침은 주희 문하로서는 처음으로 종사자에 선택된 것이지만, 호안국과 채침은 각각 『춘추』전傳, 『상서尚書』전傳이 모두 함께 『오경대전五經大全』에 채록되어 과거시험의 공정公正 교과서가 되었기 때문이다.

게다가 가정 9년(1530)의 개제에서는 육구연이 종사된다. 이것은 육학의 계승을 자인하게 되었던 양명학의 융흥과 결코 무관하지가 않다. 그렇다고 해서 주자학 계통이 결코 등한시되었다는 것은 아니며, 조금 앞질러 가서 말해보면 만력萬曆 37년(1609)에는 나종언羅從彦과 이동李侗이 종사되고, '이정→양시→나종언→이동→주희'라고 하는 계보가 문묘종사에서도 연결되었다.

양시의 문하에서 나종언이 걸출했었다고는 결코 말할 수 없다는 점과 이동의 경우는 그가 재야에 파묻혔던 인물에 지나지 않았다는 점을 생각해 보면, 그들이 주희의 선도자라는 평가 때문에 종사되었다는 것은 자명하다. 덧붙여서 말하면 나종언과 이동의 종사를 건의한 사람은 복건福建의 학자 웅상문熊尙文이었다(『神宗實錄』 권459). 여기에서도 지역주의적인 행동이 간파된다. 이미 이것보다 앞에서 가정개제嘉靖改制에 의해 구양수歐陽脩·호원胡瑗·채원정蔡元定이 추가되고, 송대의 유자들은 모두 합쳐서 열아홉 명이 종사되기에 이르렀다.

명明이 명 자체의 유자들을 종사하기 시작한 것은 융경隆慶 5년(1571)의 설선薛瑄부터이다. 만력 12년(1584)에는 진헌장陳獻章·호거인胡居仁·왕수인이 추가되었다. 융경隆慶 원년(1567)에 이미 그들을 종사하자고 하는 건의가 제출되었지만, 진헌장과 왕수인의 종사에 관해서는 반대론이 뿌리 깊게 자리잡고 있어서 설선의 종사만 선행되었던 것이다.

『설문청공행실록薛文淸公行實錄』 권2에 의하면 설선에 대한 종사의 건의안은 그의 몰沒후 25년이 지난 홍치弘治 2년(1489)에 나오고 있다(장구공張九功, 「裨補名教疏」). 거기에서는 본래 종사해서는 안 될 인물로서 순자荀子·마융馬融·왕필王弼·양웅揚雄이 지명되고 있는 반면에 한편으로는 '진정한 유자[眞儒]'로서 설선을 추천하고 있다. 그 후

번번이 추천되면서도 좀처럼 종사가 인정되지 않은 이유는, 그에게 저작이 많지 않았다는 점이 장애요소가 되었던 것 같다. 가정 32년(1553)의 상주에서 상유지尚維持라는 인물은 "온몸으로 힘써 행함[身體力行]"은 언어문자와 같은 "하찮은 재주[末技]"에는 없으며, 만일 그렇지 않으면 양웅이나 왕안석과 같은 인물조차 종사하지 않을 수 없게 된다고 논하고 있다(「表章眞儒以勵世風疏」). 바야흐로 종사자의 기준은 확실히 역전되었다.

진헌장과 같이 저작著作을 좋아하지 않던 인물까지 종사되기에 이르렀고, 이러한 추세는 극에 달하게 된다. 경정향耿定向은 만력 12년의 「의종사소議從祀疏」(『耿天臺先生文集』권2)에서 나흠순羅欽順·호거인 등 다른 후보자는 후일로 돌리고 우선은 진헌장과 왕수인 두 사람을 종사하자고 건의하고 있다. 그러나 이것에는 조정을 좌지우지하던 장거정張居正 등에 의한 강경한 반대론이 자리잡고 있었다. 그 논거는 그들이 육학의 경향을 띠는 사상가라는 점에 있고, 대신 호거인을 강력하게 추천한다. 결국 쌍방의 주장을 종합해서 세 사람을 동시에 종사하는 것으로 결정이 난다. 설선도 포함하면 설선·호거인이 주자학 쪽에, 진헌장·왕수인이 육학의 쪽에 속한다고 하는 것이 당시 사람들의 공통된 인식이었다.

이렇게 순우 원년의 혁명적인 개제가 이루어진 뒤, 만력 12년에 이르는 350년 정도의 사이에 미세하게 조정되어진 종사의 추가는 몇 번이나 행하여졌다. 이러한 추가에 즈음하여 종사로부터의 삭제는 동중서와 교체된 양웅의 사례가 있을 뿐이다. 다만 이 시기에 맞추어 이러한 미세하게 조정된 총계를 상회하는 대규모의 개변이 한 번은 있었다. 그것이 이미 위에서 조금 언급한 바 있는 가정 9년의 개제였다.

이 개제는 제1장에서 살펴본 교사제도 등과 일련의 예제개혁의 일환

을 이루고 있다. 개제는 여러 갈래로 이루어졌지만 여기에서의 논지와
관계되는 것은 두 가지이다. 그것은 제사 대상인 유자들의 칭호와 종사
자의 변경이었다.

먼저 전자에 관하여 필요한 최소한의 것들을 서술해 보자. 당대에
'문선왕'의 칭호를 얻은 이래 공자는 '왕'으로서 받들어져 왔다. 가정개
제 이전 시점에서의 봉호는 '대성지성문선왕大成至聖文宣王'이다. 물
론 중국에서의 '왕'은 '제帝'보다 한 단계 격이 낮은 칭호로 이것을 가지
고 곧바로 공자가 왕자王者로 간주되었다고는 말할 수 없다.

그러나 동중서 등에 의한 춘추공양학春秋公羊學에서 공자가 '소왕素
王'으로서 앞으로 도래해야 할 한漢 왕조를 위해 『춘추』를 서술했다고
하는 견해가 이러한 봉호와 전혀 관계가 없었다고는 생각되지 않는다.
공자는 확실히 위정자라고 간주되었던 것이다. 그런데 송대부터 공자
는 '왕'으로서가 아니라 '사師'로서 받들어져야 하며, 따라서 봉호는 유
해무익하다는 논법이 등장하게 된다. '지성선사공자至聖先師孔子'로의
명칭 변경은 이러한 흐름의 기회를 탄 결과였다. 아울러 공公·후侯·백
伯이라고 하는 봉호를 얻게 되어 배향·종사된 각각의 사람들도 '선현先
賢' 또는 '선유先儒'라는 칭호로 변경되었다.

그리고 종사자의 대상에도 대폭적인 변경이 있었다. 공자의 문인들
중 신당申黨과 신정申棖은 같은 인물로 간주되어 한 사람의 분량이 삭
제되었다. 공백료公伯寮·진염秦冉·안하顏何·순황荀況·대성戴聖·유
향劉向·가규賈逵·마융馬融·하휴何休·왕숙王肅·왕필王弼·두예杜預·
오징吳澄이 종사의 열에서 제외되고, 임방林放·거원蘧瑗·노식盧植·정
중鄭衆·정현鄭玄·복건服虔·범영范寧은 각자 고향의 문묘에서만 종사
되기에 이르렀다.

한편 새롭게 종사자에 추가된 사람은 후창后蒼·왕통王通·구양수·호

원 등이다. 공백료·진염·안하·임방·거원의 다섯 명은 공자의 문인이라 고 알려진 사람들이며, 대성·유향·가규·마융·하휴·왕숙·왕필·두예· 노식·정중·정현·복건·범영의 열세 명은 정관貞觀의 종사자 스물두 명 의 안에 포함되어 있던 인물들이다. 이들은 모두 종사할 만한 가치가 있는 인격의 소유자가 아니라는 이유때문에 제명되었다. 순황荀況[荀 子]에 관해서는 위에서 살펴본바 그대로이다. 후창은 한대의 예학자이 며, 왕통·구양수·호원의 세 명이 종사되기에 이르렀던 이유는 이미 앞 에서 서술했던 바로부터 분명해질 것이다.

이 시기의 제명자 명부에 오징의 이름이 들어 있다는 것은 다소 의외 일 것이다. 그는 정관의 종사자가 아닐 뿐만 아니라, 이보다 100년 전에 추가되어 그 기간이 얼마 안 되었기 때문이다. 단 그가 하휴 등과 함께 추방된 것은 동일한 이유 때문이었다. 즉 그의 삶의 태도에 문제가 있 었다는 것이다. 오징의 경우에 그것은 송을 향한 충절이었다. 송의 말 년에 과거의 시험에 응했음에도 불구하고, 만년에 추천을 받아 원에 출사하였다는 것이 그 당시 비판의 대상이 되었다. 허형은 처음부터 이적夷狄의 치하에서 태어났기 때문에 문제가 없다고 판단되었던 것 같다. 결국 오징의 불운은 남송 치하의 강서江西에서 태어난 것이었다.

다만 이러한 사실이 가정 연간에서야 밝혀졌던 것은 아니다. 오징이 종사되었던 시점에서 이미 많은 사람들이 알고 있었다. 종사의 결정에 즈음하여서는 아무런 문제도 되지 않았던 원조元朝와의 관계가 가정개 제에서 전면에 등장하게 되었던 것은, 양웅을 추방한 것과 동일한 논리 가 송원宋元의 교체에 관해서도 적용 가능하다고 당국자가 판단하기에 이르렀기 때문이다.

정통正統 14년(1449) 토목土木의 변變65) 이후, 군사적으로 열세에 놓 였던 명의 조정 내부에 화이華夷의 구별에 대한 집착이 강해지고, 원에 대한 평가가 엄격해졌다는 것도 관련이 있다는 것이다. 오징의 처세법은 뒤에 태어날 후진들의 모범으로 삼기에는 가치가 없으며, 오히려 반면교사로 삼아야 한다는 견해가 개제를 추진하였던 인사들 사이에서 공통된 인식으로 받아들였을 것이다. 스스로 주희의 후계자로서 도통의 담당자로 자인하였던 오징은 자기수양[修己]의 부족으로 인하여 문묘에서 쫓겨나게 되는 처지에 놓였던 것이다. 즉 당사자 본인으로서의 삶의 태도가 문제인 것이다.

정관의 종사자들이 대량으로 추방된 것도 똑같은 이유에서다. 학식 있고, 경의 전승에 공헌했다는 공적은 본인에게 인격적인 문제가 있다고 판단되면 곧 상쇄相殺되어 버린다. 일단 치켜세워진 후 그 영예가 박탈되었던 오징의 경우는 '도道'를 전달하는 자의 자격에 관하여 매우 알맞은 예를 제공해주고 있다. 청조 중기의 건륭乾隆 연간이 되어 오징이 다시 종사되었던 것은 경학자를 높이 받드는 풍조로의 회귀―이 이전에 정현 등 몇 명이 부활하였다―와 청이라는 나라가 비한족 정권이었다는 사실에 기인한 것이라고 볼 수 있다.

주희가 독서인讀書人이 갖추어야 할 학문의 주안점으로 삼았던 '수기치인修己治人'은 문묘 종사자의 자격요건이기도 하였다. 도의 담당자는 군주의 지위를 얻은 자에게만 한정될 수는 없다. 오히려 공자 이후는 '왕王'이 아니라, '사師'라고 하는 것이 도통 계승자의 성격이 되었다. 스스로에게 엄격하고 자율적으로 살아가는 자가 높은 곳에 위치하므로써 천하태평의 세상이 실현되는 것이다. 자기수양과 타자에 대한 교화의 관계를 어떻게 설정할까 하는 바로 그것이 문제가 되었다. 만력 12년에 종사된 호거인과 진헌장, 이 두 사람 모두의 스승이었던 오여필吳與弼의 삶의 태도에서 명대의 사람들이 안고 있었던 그러한 문제점을 살펴볼 수 있을 것이다.

4. 교敎

1. 성인聖人의 가르침

오징吳澄의 고향인 강서성江西省 숭인현崇仁縣에 명대明代가 되어 특이한 유자가 태어나는데, 그가 바로 오여필吳與弼이다. 그의 아버지 오부吳溥는 건문建文 2년(1400)의 진사進士로서 정난靖難의 역役[66]에 의한 정변을 무사히 극복하고, 영락永樂 연간에 국자사업國子司業—태학의 교수—으로서 활약하였다. 그는 청빈함으로 이름을 날리던 인물이었는데, 그 아들은 이보다 한 술 더 뜨는 괴짜로서 과거시험의 길을 포기하고 고향에서 청경우독晴耕雨讀의 생활을 하였다. 어느 날 농사일을 하고 있던 중에 오여필은 실수하여 낫으로 자신의 손을 베게 된다. 뚝뚝 떨어지는 선혈과 엄습해 오는 심한 통증에 생물로서의 인간의 본능은 상처의 빠른 치료를 요구하였다. 하지만 그는 다음과 같이 쉽게 말하면서 아무 일도 없었던 듯이 일을 계속하였다고 한다. "바깥의 사물[外物]에 져서야 되겠는가."

오여필은 명대 전반을 대표하는 유자의 한 사람이라고 평가되는 인물로서 그에 관하여 말할 때에 반드시 언급되는 것이 바로 위의 일화이다. 황종희黃宗羲의 『명유학안明儒學案』에서는 그와 그의 유파를 다루고 있는 「숭인학안崇仁學案」을 권일卷一로 놓고 명대유학사를 서술하기 시작하는데, 물론 위의 일화를 게재하고 있다.

오여필의 일화는 단지 그 한 개인의 특이한 성격만을 전해주고 있는 것은 아니다. 그 시대에 진지한 독서인들에게 공유되고 있었던 심정을 상징적으로 표현한 이야기로서 전해지고 받아들여졌던 것이다. 주인공이 오여필이라는 이름 높은 유자였다는 점은 일화의 유포에 크게 이바지하였을 것이다. 하지만 이야기의 본질이 고유명사의 의미에 있는 것은 아니다. 오여필만큼 명성을 날리지 못했던 많은 학자들도 가지각색의 장면에서 이와 비슷한 것을 말하였다. 자기의 욕망을 통제하는 것에 대한 가치, 자신의 감정에 빠지게 하지 않으려고 하는 수행, 그것은 자기 스스로를 성인에 이르게 하기 위함이었다. "성인은 배워서 도달할 수가 있다"라는 표어 아래에서 셀 수 없이 많은, 성인을 향한 지원자가 배출되고 밤낮으로 이를 위해 노력하였다.

주자학이 독서인들의 마음을 붙잡을 수 있었던 이유의 하나로서 그들에게 살아 있는 목표를 제시했다는 점을 들 수 있다. 그들 독서인은 그 이름처럼 '독서하는 사람들'이었다. 여기에서 말하는 독서란 현대적인 의미에서의 문학작품을 감상하는 것도 아니며, 정보를 습득하기 위하여 논문을 다독하는 것도 아니다. 그 본래의 취지는 성인이나 현인들이 글로 써서 남긴 텍스트 등을 통하여 마땅히 그러해야 할 세상의 올바른 모습에 관하여 배우는 작업이었다.

북송의 중반 이후에는 과거제도가 독서행위와 밀접하게 관련되어 있었다. 범중엄·왕안석 등의 개혁에 의해 당대唐代에 중시되었던 시문詩文이 아니라 유교의 경서 해석이 출제의 중심이 되자, 과거 수험생에게는 경서 및 그것의 정확한 주석서를 암기할 때까지 잘 읽고 이해하는 것이 필수가 되었다. 물론 경서에 관한 학습은 당대唐代의 수험생에게도 필수였다. 『오경정의五經正義』를 편찬한 주된 이유도 과거시험 출제의 표준 텍스트를 제정하는 것이었다.

그러나 이른바 과거시험 문제 전체에서 경학 과목이 차지하는 비중의 상대적인 가벼움, 과거 합격자들 중에서 시문계통의 '진사進士' 출신자들이 '명경明經' 출신자보다 우대되었다는 점, 예부가 주관하는 과거에 합격하더라도 '신언서판身言書判'[67]을 보는 이부吏部의 시험에 합격하지 않으면 실제로 임관되지 않았다는 점 등등이 경서의 학습 그 자체의 중요성을 송대만큼 수험생에게 인식시키지는 못하였다. 그러한 것으로부터 송대의 개혁자들은 이러한 현상을 불만스럽게 여기고 시문이 아니라 경학에 의한, 게다가 대충 얼버무리는 암기 방식의 첩경帖經[68]이 아니라 의미와 내용의 해석을 논술하는 경의經義[69]에 의한 시험을 부과하여 이러한 시험에 합격한 인물에게 영광스러운 '진사' 학위를 수여하게끔 하였던 것이다.

본래 명경은 명법明法 등과 더불어, 단지 '경經에 밝은' 전문가에 지나지 않았으며, 시문에 뛰어난—뛰어나다고 하는 것은, 즉 전인격적으로 우수한 문화인이라는 것—진사와는 다른 의미였다. 당연히 후자 쪽이 격이 높았다. 그것이 일련의 개혁을 통하여 경서의 내용을 충분히 몸에 익혔다고 간주되는 인물이야말로 '진사'라고 불리게 되었던 것이다. 진사의 자격요건을 판단하는 기준에서 보면 확실히 변하였다. 하지만 인격적으로 우수하다—전문기술에 탁월한 것이 아니라—라고 하는 내실은 조금도 바뀌지 않았다. 시험을 주관하는 쪽의 생각이 변하여 시문이 아니라 경의야말로 그 인물의 인격을 묻기에 적합한 것이라고 여기게 되었다는 것뿐이다.

이렇게 하여 경의에 통달해 있는 인재야말로 다른 사람들을 지도할 수 있는 인격자로서 인정되었다. 그들은 경서에 대해서는 통달해 있었지만 이것은 단지 사물에 대한 단순한 지식과 박학만을 의미하는 것은 아니다. 경서에 통달한 상태에서 그것을 자기의 언어로 말할 수 있는, 즉 경서에 제시된 성현들의 가르침이 자기 몸과 일체화되어 있는 인재로서 관료 등용의 후보자격을 얻었던 것이다. 하지만 '자신의 언어'라고 해도, 첫째, 자기 마음대로가 아닌 공정하고 올바른 해석에 따라야 했고, 둘째, 자기 나름의 표현방법이 아니라 정확한 문장작법에 따르는 것이 필요하였다.

그러한 인물이 인격적인 완성자로서 간주되었던 것은 경서에 사람이 성인이 되어야만 하는 도리가 제시되어 있다고 하는 전제가 있었기 때문이다. 거기에는 여러 가지 개별적이고 구체적인 사례와 교훈이 포함되지만 그것을 총괄하는 것으로서 도학자들에게 중시되었던 것이 위에서 살펴본 팔조목八條目이다. 그것은 훌륭한 인격자가 된 인물이 가家·국國·천하天下의 순서로 펼쳐지는 정치사회의 장에서 활약한다. 도학에서는 팔조목이 이렇게 이해되고, 모든 뜻을 품은 자— 독서인—에게 공통의 보편적인 가르침이 되었다. 세상을 위하고 사람을 위해서 활약하는 데는 스스로 수신을 하지 않으면 안 된다. 주희는 그것을 '수기치인'이라고 표현한다.

오여필이 상처를 입고 계속해서 벼를 베면서 항상 마음에 두고 생각한 것도 일신의 수양을 완성시키는 일이었다. 다만 언제라도 "논어를 읽되 그 의미를 모른다"라는 상황은 존재하기 마련이다. 과거 합격이 실리적인 성과를 일으키는 이상, 표면적으로는 인격수양이라고 하더라도 실제로 면학은 공리적인 동기에 의해 행하여졌다.

그러한 이유에서 독서인의 자제에게 주변으로부터 유형무형의 압력이 가해졌다. 스스로 취사선택하는 것이 아니라, 무심코 등을 떠밀려 과거시험에 참가하는 자가 훨씬 많았다. 그 때문에 오여필과 같이 자각적으로 과거시험으로부터 벗어난 인물도 나오게 되었다. 오여필은 주자학의 가르침[敎]을 신봉하고 그 방법에 따라서 성인이 되는 것을 목표로 하였다. 그러기 위해서는 스스로의 마음을 항상 평정하게 다스리고 감정에 치우쳐서는 안 되었던 것이다. 인욕을 없애고 천리를 회복하는 일에 만전을 다하는 것이야말로 성인에 이르는 지름길이었다.

오여필보다 한 세대 젊은 구준丘濬은 해남도海南島라는 당시로서는 변경의 땅 끝자락 출신으로 과거시험에 합격하고 진사가 되었던 인물이다. 관계에 들어와 상경하자마자 언행불일치의 무리들에게 일침을 가하고 그들을 깜짝 놀라게 한다. 경서에 정해져 있는 예식 등을 아무도 지키지 않고, 사람들을 성인의 길로 이끄는 시스템이 형성되어 있지 않은 현실 상황에 대해서 그는 바로 여기에 사회의 병폐가 있다고 하여 주목하게 된다. '수기치인'의 도식을 실제로 뿌리내리게 하는 데에는 예교禮敎의 융흥隆興을 소홀히 할 수 없다고 하는 인식이다. 그의 대표작인 『대학연의보大學衍義補』는 황제에게 바치는 건의서라는 형식으로 사회질서의 재건을 목표로 한 글이었다.

구준이 이것을 저술하고 있을 무렵, 한 청년이 같은 북경 하늘 아래에 살고 있었다. 부친은 장원狀元 즉 과거시험의 수석 합격자였다. 그도 당연한 일로 과거시험을 공부하고 있었는데, 주자학의 근본 명제라고 해야 할 격물궁리格物窮理를 어떻게 해도 원만하게 깨달을 수가 없었다. 한번은 시험삼아 정원에 심어져 있는 대나무의 리를 궁구하려고 줄곧 응시한 지 며칠, 그렇게 해도 리를 깨달을 수 없었다. 결국 이러한 방법으로는 언제까지 서 있어도 성인이 될 수 없었다.

애당초 주자학의 이러한 방법 자체는 성인이 되기 위한 유효한 방법이었을 테지만, 그러한 미혹은 과거 합격 이후 좌천左遷—실제로는 유형流刑에 가깝다—되었을 때에 풀리게 된다. 리는 바깥 세계의 사물에 있는 것이 아니라 전적으로 자기 자신의 마음[心] 속에 있는 것이다. 그러한 자기 자신의 본래의 마음에 순순히 따르는 것이야말로 가장 중요한 일이다. 그 지명地名을 취하여 '용장龍場의 대오大悟'라고 불리는 정덕正德 3년(1508)의 이 사건으로 인하여 양명학이 탄생한다. 후에 더 나아가 치양지致良知의 설을 제창하기에 이른다.

낫으로 베인 상처를 개의치 않고 작업을 계속했던 오여필, 도회지 인사들의 풍속에 실망과 초조함을 느꼈던 구준, 스스로의 내면에 있는 양지良知를 올바르게 발휘하는 것으로 주자학을 뛰어넘으려 했던 왕수인, 이들 세 사람에게 공통되는 것은 어떻게 하면 사람이 성인이 될 수 있는가라고 하는 과제였다. 하지만 대저 사람이 성인이 될 수 있는가. "성인은 배워서 이를 수 있다"라는 희망에 부푼, 그러나 일면에서는 대단히 무책임한 말투가 위세를 부리던 이 시기에 어째서 그들은 자기 자신을 또한 타인을 성인으로 만들려고 했던 것일까.

제3장에서 인용한 바 있는 「원도」는 여기에서도 우리들을 인도해 주는 실마리이다. 이 문장에 나타난 성인상聖人像이 양면성을 가지고 있다는 점, 바꾸어 말하면 이 텍스트가 과도기의 산물이라는 것은 이미 선학이 지적한 바 그대로이다. 즉 한편에서는 제작자制作者로서의 성인상이 존재하고 있다.

> 아득히 먼 옛날에 인간에게는 많은 장해障害가 있었다. 성인된 자가 나타나서 생활수단을 가르치고, 사람들의 군주가 되고, 사장師匠이 되고, 맹수·독사를 몰아내고 쫓아내어 사람들을 세상의 중심에 거주하게 하였다.

이것은 유교가 묘사하고 있는 전통적인 성인상이다. 여기에서 언급되고 있는 성인의 '가르침[敎]'이란 사람들의 생활기반의 정비이며, 눈에 보이는 구체적인 형식을 동반한 것이었다. 이것에 대하여 한유는 문장의 뒷부분에서 또 하나의 '가르침'을 제시한다.

> 이른바 선왕의 가르침이란 무엇이었을까. 널리 애정을 구석구석까지 두루 미치게 하는 것을 인仁이라 하고, 행위가 규범에 들어맞는 것을 의義라 하고, 그것에 의거해서 나아가야 하는 것을 도道라 하고, 자기 안에 충족되어 있으면서 밖으로부터 부족한 것을 메울 필요가 없는 것을 덕德이라 한다.

여기에서는 자기 일신에 인의도덕을 갖추어야 선왕에 의해 설명된 '가르침'을 체현하는 인물이라 얘기하고 있다. 한유는 이러한 인물을 성인이라 부르는 것은 아니다. 한유에게 성인이란 어디까지나 제작자로서의 선왕일 것이다. 하지만 한유의 이런 표현이 직·간접적으로 송학의 성인상을 도출해 내었다는 것은 부정할 수 없는 사실이다. 한유 본인의 의도가 어디에 있든지 간에 북송 중반 이후 「원도」의 이 부분은 독서인 스스로가 성인이 될 수 있는 방도를 제시한 텍스트로서 해석되고 평가받게 되었다.

주희가 수기치인의 당사자들에게 요구했던 것도 이러한 '선왕의 가르침[先王之敎]'를 체현하는 일이었다. 제3장에서 서술한 바와 같이 도통의 담당자가 공자를 경계로 하여 변질되는 것도 이 문맥으로부터 설명되었다. 그리고 이러한 성인상의 변화에는 경학상의 변화, 아니 그보다는 경학이란 무엇을 위해 공부하는가라고 하는 사고방식의 변화가 대응하고 있었다. 물론 그것은 문묘 종사자의 자격문제와도 연동하고 있었던 것이다.

당대唐代에는 경서라는 것이 성인의 치세를 기록한 텍스트로서 정치를 수행하는 데 참조될 수 있는 서적이었다. 그 때문에 참조할 때에는 그 지식에 깊이 통달한 전문가가 필요하게 되었다. 경經의 내용에 따라 각자 삶의 태도에 대한 지침이 될 수는 있더라도 그것이 경의 본질은 아니었다. 우리들이 유교의 고전으로서 고등학교의 한문이나 윤리 과목에서 배웠던 『논어』와 『맹자』는 원래의 의미에서 '경經'이라고는 간주되지 않았던 것이다. 정관貞觀 연간에는 경經이란 역易·서書·시詩·예禮[禮記]·춘추春秋라고 하는 '오경'이었다. 확실히 『논어』는 당대에서도 중시되고는 있었다. 분류상 경이라고 인정받기도 하였다. 하지만 『오경정의五經正義』에서의 경이란 공자가 정리한 전적이었으며, 공자 자신의 언행을 의미하는 것은 아니었다.

다만 여기에서 오경에 필적하는 책으로서 『효경孝經』을 예로 들지 않으면 안 된다. 『효경』은 공자가 증자에게 이야기한 내용을 증자 문하의 사람이 기록하고 정리한 책이라고 알려져 있다. 이러한 전승이 『대학』의 유래와 유사하다는 점은 주의를 끌기에 충분하다. 이 두 가지 서적 외에 『예기』나 『대대례기大戴禮記』 제편諸篇에는 매우 비슷한 구조를 가진 문장이 많으며, 『대학』 자체도 원래 『예기』의 한 편이었을 뿐만 아니라, 『효경』이 그것들과 서로 가까운 관계를 가지고 있다는 것은 분명하다. 또한 분량도 매우 비슷하다.

『대학』이 도학에 의해 『예기』로부터 분리되어 독립된 경서가 되었던 것과 마찬가지로 『효경』도 어느 시기부터 다른 『예기』 제편과는 별도의 취급을 받고 독립된 서적이 되었던 것이라고 생각된다. 『효경』과 『대학』의 차이점은 전자가 『예기』의 성립 이전에 특별히 취급받아서 『예기』에는 수록되지 않았던 데 반해, 후자는 제편을 필요한 수만큼 끌어모으고 일단 『예기』에 수록한 후에 송대에 이르러서 특별히 취급받았다는 것이다.

이렇게 『효경』은 성질상 『논어』나 『대학』에 가깝고—애당초 등장인

물이 공통—오경과는 그 성질을 달리하고 있다. 당대 이전의 문헌에서
도『논어』와 병칭되어 등장하는 예가 많으며, 천하 국가의 대사大事를
기록한 서적이라고 하기보다는 각 개인의 수양을 위한 교과서로서의
취급을 받았다. 그러나『효경』이 정말로 경經이라고 인정받고 있었다
는 것에 관해서는 이 텍스트가 가진 또 하나의 측면, 즉 천하국가의
근본을 설명하고 있다고 하는 점에 대한 이해를 빼놓을 수가 없다.

그것을 여실히 보여주는 것이 당 현종에 의한『효경』의 주석, 소위
어주御注의 작성일 것이다. 거기에는 '효孝'를 개개인의 윤리 차원에
멈추게 하는 것이 아니라 천하 국가가 성립하는 기본원리, 하늘과 사람
의 교감을 가능케 하는 이념으로서 파악하는 사유 방식이 드러나 있음
을 알 수 있다. 송대에서는 사마광이 이러한 입장의 후계자였다.

그 점에서『효경』은 마침 오경과 공통되는 측면도 있었다. 오히려
현종의 단계에서는 오경 이상으로 근본적인 경전으로의 비약적인 발전
이 이루어졌다. 현재 섬서성 박물관의 한 구석에 놓여져 있는 당대의
석경石經에서 먼저 우리들의 주의를 끄는 것이 현종이 건립한『효경』
의 석비石碑라는 것은 그 좋은 예증이다.

현종에 의해 특별히 취급된 텍스트는 뒤에 두 가지가 더 있었다. 바
로『주례』와『예기』의 월령편月令篇이다. 다만 이것들은 원래의 텍스
트 그대로의 형태로는 존중되지 않았다. 이것에 근거한 새로운 전적典
籍의 작성·작업이 이루어졌다고 하는 의미에서의 특별 취급이다. 그것
이 바로『당육전唐六典』과『당월령唐月令』이다.

『주례』는 '예禮'라는 명칭에서 예상되는 내용과는 정반대로 철두철
미하게 행정에 관련된 법전이다. 거기에는 300개 이상의 관직의 명칭·
직무가 천天·지地·춘春·하夏·추秋·동冬의 여섯 부문으로 나뉘어져 열
거되어 있다. 전하는 설에 의하면 이렇게 정연한 관제官制는 주공周公

이 제정한 주周의 제도로서 한 무제 때에 발견되어 궁중의 도서실에 수록되었다고 한다.

그 존재를 세상에 널리 알렸던 이는 유흠 및 왕망이었다. 그 당시에 『주관周官』이라고 불리고 있었다. 왕망 정부의 일련의 개혁은 이 신출新出의 서적에 의한 것이라고 한다. 그런데 후한 이후 일관되게 왕망은 왕권의 찬탈자로서 비난받아왔기 때문에, 자체의 평가에 이것이 영향을 끼치게 되었다. 또한『주례』를 '육국六國──戰國時代의──에 의한 음모陰謀의 서적'이라고 매도하는 자도 있었다.

『주례』에는 그 '발견' 당시부터 최후에 있는 동관冬官 부분의 텍스트가 없고, 그 대신에 「고공기考工記」라는 편이 채워져 있었다. 한대의 경학에서는 동관 부분이 전승 과정에서 산실되어 버렸다고 간주되었다. 이러한 동관의 문제는『주례』의 기원에 관한 의심스러운 문제와 함께 시종일관 경학상의 쟁점이 되었다. 송대 이후의 경위는 나중에 상세히 살펴볼 것이다.

『주례』를 경학의 중심으로 놓고 주공이 남긴 옛 제도를 부흥시키는 일에 뜻을 두었던 이가 후한 말의 정현이다. 제1장에서 보았던 대로 그의 교사론은『주례』를 근거로 하여 설명한 것이었다. 하지만 현실의 관제가『주례』의 구상에 따르게 되었던 것은 북주北周 때부터이다. 그 때까지의 관제 원리에 대신하여 육관제六官制가 채용採用되고 그것이 당의 육부제六部制로 연결되어 간다. 즉 천관天官이 이부吏部, 지관地官이 호부戶部, 춘관春官이 예부禮部, 하관夏官이 병부兵部, 추관秋官이 형부刑部, 동관冬官이 공부工部에 해당한다. 그 조직은 '령令'으로써 규정되고 있었는데, 현종은 또한 그것을 격상시켜 경서에 상당하는 행정 법전으로서 재상인 이임보李林甫 등에게『대당육전大唐六典』을 편찬하게 하였다. 책의 제목과 같이 육부의 명칭·직무가『주례』의 서식을 모방하여 열기되어 있다. 결국『대당육전』은 당시의 세상 풍속에 맞게『주례』를 편집하여 구성되었다.

그리고 또 하나가『예기』월령편이다. 앞에서 서술한 석경石經의 오경 텍스트는『오경정의』에 의한 것이며,『예기』라고 하여 예외는 아니다. 주자학이 체제교학이 되는 명대에는『예기』에서 별도로 분리되는 대학·중용 두 편이 또한 본래 편의 순서로 이 안에 수록되어 있다. 그런데 월령편의 취급만은『오경정의』의 그것과 달리하고 있다. 하나는『예기』전편全篇의 서두에 놓여져 있다는 것, 또 하나는 그 텍스트 자체가 원형으로부터 이탈해 있다는 것이다.

이 텍스트, 통칭『당월령』을 이임보 등에게 만들게 하여 본래『예기』의 제5편이었던 것을 제1편에 놓게 한 것도 역시 현종이었다.『당월령』쇠퇴의 경위는 바로 제3장에서 살펴보았던 송대에서의 당唐 권위의 추락과 겹쳐진다.『구당서舊唐書』에서는 언급하지 않은 이『당월령』을 독립된 서적으로서 다시『예기』로부터 분리했던 이는『신당서』예문지藝文志의 편자 즉 구양수이다. 애당초『당월령』이라는 책의 제목 자체는 원래의「월령」편이 부활한 후에 이것과 구별하기 위해 명명되었던 것으로, 원래의 명칭은 아니다.『대당육전』이 처음부터『주례』와는 별도의 텍스트로서 '주周의 예禮'에 대하여 '위대한 당唐의 육전六典'으로서 만들어졌다는 것에 대해『당월령』은『대당월령大唐月令』이 아니라, 어디까지나『예기』의 한 편으로서 주의 월령을 수정해서 편집되었던 것이다.

후세 현종의 이러한 행위와 조치는 경서를 개찬改竄하였다고 비판을 받게 되고, 일반 서적에서도 월령편이 원래의 형태로 되돌려졌을 뿐만 아니라, 개성開成[70) 때의 석경을 번각翻刻[71)했다고 일컬어지는 서적조차도 월령에 관해서는『오경정의』의 텍스트를 유용하고 있는 것이 많다. 확실히 청조 고증학적인 입장에서 보면, 현종이 행하였던 일은 비난을 받을 만하다.

하지만 곰곰이 생각해보면 주희가 「대학」편의 텍스트를 개변한 것도 이것과 동일한 종류의 행위이다. 물론 고증학자들은 대학고본大學古本을 존중하여, 주희의 행위도 개찬이라고 하였다. 단지 주희의 경우에 그 개변은 경서의 원형으로 되돌린다고 하는 이유로 정당화되었던 것에 비하여, 현종은 월령편이 본래『오경정의』의 그대로라는 점을 인정한 상태에서 억지로 이것에 대신하는 텍스트를 작성시켰던 것으로 여기에 양자의 결정적인 차이점이 존재한다.

이상의 세 가지 사항, 즉『효경』의 어주,『대당육전』의 편찬, 월령편의 개정은 일련의 작업이라고 간주해 볼 수 있다. 이것들은 현종이 구상한 왕권이 마땅히 갖추어야 할 모습을 상징적·집약적으로 보여주는 사례이다. 그 직후 현종 자신의 불미스런 일로 초래된 안사의 난을 계기로 하여 당조의 세력은 쇠퇴해지고, 현종이 제도로서 완비시켰던 왕권의 위신은 손상되었다. 그러나 앞의 장에서 살펴보았던 북송 전반에 걸쳐서 이루어진 당을 향한 동경과 거기에서 회복하고자 의도했던 왕권의 모습은 바로 현종의 구상으로의 회귀였다. 물론『개원령開元令』과『개원례開元禮』가 그 이후 혼란의 와중에서 편찬 작업이 계속 이루어지지 않았기 때문에 북송 정부에서 그것이 규범이 되기도 하였던 사정도 있다.

위의 세 가지 사항에『오경정의』의 편찬을 덧붙여보면 북송 전반의 인사들의 마음을 사로잡았던 바람직한 왕권의 모습과 되돌아가야 할 장소가 당 태종에 의해 창설되고 현종 때에 정점에 달하게 되는 대당제국大唐帝國이었다는 것은 쉽게 납득할 수가 있다. 반대로 새로운 사상적 흐름이 이러한 전통을 부정하고 그것을 뛰어넘으면서 형성되어 갔다는 것도 생각해 볼 수 있다.

그리고 또한『주례』에서 사회질서 유지의 기능을 기대하던 사고방식이『의례』중시형의 사고방식으로 옮겨 간 양상을 이와 불가분의 과제로서 이야기할 필요가 있을 것이다. 이것은 결국 '예禮의 주체를 누구에게서 찾을 것인가의 문제였다. 그것은 이 세상의 질서를 한 몸에 체현하고 그 책임을 떠맡는 황제의 상으로부터 사람들—그 범위가 또한 문제가 되지만—과 함께 다만 최고 책임자로서 사회질서를 유지하는 황제상으로의 변화이다.

제1장에서 서술한 바와 같이 스스로 궁리하고 마음을 바르게 하며, 천견을 맞이하여 공구수성하는 왕자의 상은 이러한 변화와 밀접하게 관련되어 있다. 또한 제2장에서 살펴본 성설의 변천은 치자가 어떻게 피치자를 이끌어가야 할 것인가라는 문제이기도 하였으며, 제3장에서 논의하였던 도의 담당자에 관련한 사항은 질서의 담당자라는 문제이기도 하였다.

이렇게 해서 이 책에서 문제삼아 왔던 여러 가지의 화제가 상호간에 관련되는 형태로 다시금 떠오르고 나타나게 된다. 그것들은 송원명청宋元明淸 사이에서도 번갈아가며 전면에 나오거나 아니면 뒤로 물러나거나 하면서 그 시기의 유교사상의 특징을 규정해주었다. 그 윤무輪舞72)를 묘사하는 것이 이 장의 주제이다.

2. 예학禮學의 의의意義

이야기를 다시 오여필에게 돌려보자. 황종희는『명유학안』에서 그를 이렇게 평가하고 있다.

강재康齋[吳與弼의 號]는 도道를 소피小陂에서 설하였는데, 다만 오로지 송대 사람의 학설만을 답습한 것뿐이었다. 마음에 관해서 설명할 때면 지각知覺과 리理를 두 개로 나누어 말하고, 수양 방법을 설명할 때면 고요할[靜] 때의 존양存養과 움직일[動] 때의 성찰을 말하고 있다. 따라서 경敬과 의義 양쪽 모두를 유지하고, 명明과 성誠이 함께 진보하여 처음으로 학문의 효과가 만전을 다하게 된다고 한다.

오여필의 사상은 학설 그 자체로서는 송대의 구조에서 한 발자국 더 나아간 것도 아니었다. 아니 그보다도 그 자신은 주희의 충실한 후계자임을 인정하였고, 위에서 소개하였던 낫으로 손을 벤 유명한 일화가 보여주는 바와 같이 주자학이 상정하는 바의 성인이 되는 것을 목표로 하여 하루하루 노력하고 구도자로서의 생애를 보냈다. 그러나 황종희가 오여필을 높게 평가하는 것은 이러한 그의 문하로부터 오히려 새로운 흐름이 생겨났기 때문이다.

오여필의 문인들 가운데 호거인胡居仁·누량婁諒·진헌장陳獻章 세 사람이 당시에도 잘 알려져 있던 것 같다. 하지만 이들은 그 학풍도 각양각색으로 상호간에 비판을 주고받은 기록들이 지금도 남아 있다. 호거인과 진헌장이 왕수인과 함께 만력 12년(1548)에 문묘에 종사되었다는 것은 제3장에서 이미 서술하였다. 오여필은 그때 종사되지 못하였기 때문에 명대 후반에서는 이 두 사람에 대한 평가가 스승인 오여필보다도 더 높았다고 해야 될 것이다.

황종희는 진헌장에 대해서 극히 높은 평가를 내리고 있다. 그것은 왕수인을 이끌어 내었다고 하는 것에 기인한다. 거꾸로 말하면, 아니 그보다 황종희 자신의 사고를 논리적으로 정리하면, 먼저 자기 자신이 그 적통嫡統으로 자임한 양명학에 대한 신봉이 있고, 그 개조인 왕수인을 명대 제일의 사상가라고 하는 평가가 있으며, 그 사상이 "양명에 이르러 크게 전개하였다(『明儒學案』, 「白沙學案」상)"라고 하여 진헌장을 치켜세우고 있고, 더 나아가서는 "별파別派라고 해야만 한다(同, 「崇仁學案」 1)"고까지 말하였다. 바로 황종희는 이러한 제자를 양성한 오여필에 대하여 주목하게 되었던 것이다. 그리고 지금에 이르기까지 명대 유학사의 연구에서는 오여필로부터 진헌장, 그런 다음에 왕수인으로 이어지는 계보를 명학明學 성립의 흐름으로서 중심에 놓고 보는 관점이 상식으로 되어 있다.

그러나 황종희도 말하는 바와 같이 오여필과 진헌장은 그 학설상 상당한 차이가 있다. 오여필의 충실한 후계자라고 해야 할 쪽은 오히려 호거인으로, 『명유학안』에서도 호거인을 오여필의 제일가는 제자로 간주하여 「숭인학안二」의 서두에 게재하고 있다. 오여필·호거인이 주희의 충실한 하인으로 만족하려고 했던 것에 반하여 진헌장은 그러한 구속을 대단히 싫어하였다. 그것이 양명학에 통하는 정신이라고 황종희는 보고 있다. 그 때문에 진헌장은 오여필의 문하이면서도 도문학과 존덕성이라는 이항대립 상에서는 후자에 속한다고 하여, 육학의 계보에 속하는 위치부여가 이루어진 것이다.

진헌장과 왕수인의 관계에 이르러서는 좀더 미묘해진다. 지금이니까 진헌장을 왕수인의 선구라고 하는 평가가 정착되어 있지만, 명대에서는 반드시 그러한 것만은 아니었다. 황종희의 스승이며 『명유학안』의 서두에 「사설師說」로서 인용되고 있는 유종주劉宗周[73]의 견해조차도 황종희의 그것과는 다르다는 것이다. 유종주는 진헌장이 왕수인의 선구라고 하는 등의 암시적인 말조차도 하지 않고 있다. 오히려 진헌장의 학풍을 매우 혹독할 정도로 비판한다. 주돈이나 소옹과 같은 인물인 체하고는 있지만, 그 정도의 수준까지는 도저히 이를 수 없는 천박한 자에 지나지 않는 사람이라고 평가하고 있는 것이다. 유종주가 세상에 살아 있을 때 진헌장은 이미 문묘에 종사되어 있었고, 도통에 속하는 사상가로서 널리 알려져 있었다. 그럼에도 불구하고 진헌장에 대한 비판적 언사를 과감하게 던진 것에서 유종주의 확신의 정도를 짐작해 볼 수 있다. 바로 황종희는 굳이 스승인 유종주를 거역하면서까지도 진헌장을 양명학의 선구자로서 위치 부여하려고 했던 것이다.

그러나 황종희 자신도 언급하고 있는 바와 같이 왕수인이 진헌장을 그다지 높이 평가하지 않는다고 하는 엄연한 사실만큼은 덮어두려고 하지 않았다. 양명학은 진헌장의 사상적 영향 하에서 탄생되었던 것은 결코 아니며, 요컨대 진헌장 자신의 모토이기도 하였던 '자득自得'의 정신에 의해 왕수인이 스스로 창출해 낸 것이라고 밖에는 표현할 수 없다. 물론 진헌장 문하의 담약수湛若水와 왕수인 사이에서는 교류가 밀접하였고, 담약수를 통하여 진헌장의 사상이 왕수인에게 작용하였다는 것은 이미 언급되었던 것이기도 하지만 틀림없는 사실일 것이다.

어찌되었든 황종희가 묘사하고 있는 명대 유학의 전개는 오여필로부터 시작되고 진헌장에서 왕수인에게로라는 줄거리로 성립되어져 있다. 하지만 오여필과 왕수인을 연결하는 또 하나의 인물이 위에서 언급한 적이 있는 누량이었다.

왕수인의 연보에 의하면, 열일곱 살이던 홍치弘治 원년(1488)의 가을에 아내가 될 신부를 맞이하러 강서로 길을 떠났다. 다음 해 신부와 함께 절강으로 돌아오는 길에 광신부廣信府[74]에 들려 누량과 회견하게 된다. 이때 왕수인은 "누량에게서 송유宋儒의 격물의 학문을 전해듣고, 성인은 반드시 배워서 이를 수 있다는 생각을 깊게 하게 되었다"라고 연보는 전하고 있다. 이 회견에 관해서는 황종희도 언급하고 있다.

이 회견이 마침 여행의 도중에 이루어진 것이었다는 점에서 주희와 이동의 만남을 상기시킨다. 주희에게 이동과의 만남이 그후의 사상 형성을 결정짓게 하는 지극히 중요한 요소였다는—그렇다고 주희 자신은 후년에 회고하고 있다—는 것에 대하여, 왕수인과 누량의 만남은 후에 왕수인이 주자학을 뛰어넘어 가기 위한 출발선에 서게 되었다는 점에서 별도의 의미로 결정적이었을지도 모르겠다.

왕수인은 "성인은 배워서 이를 수 있다"고 하는 주정周程 이래 도학에서의 성인관을 보여주는 이 사고 방식에 새삼스럽게 확신을 품게 되었다. 또한 그것은 "그렇다면 왜 주자학의 방법으로는 좀처럼 성인이 될 수 없을까"라고 하여 그 자신이 마음속에서 품고 있는 의문의 출발점이 되기도 하였다. 물론 누량 쪽에서는 왕수인이 마음속에서 떠맡고 있는 의문을 전혀 염두에 두고 있지 않았을 것이다. 하지만 누량은 스승인 오여필과 마찬가지로 매일 매일의 노력을 통하여 성인이 되려고 하였던 것이다. 비록 성인에 이르는 길이 끝없는 도정이라는 것을 알고는 있었지만, 묵묵히 그 길을 걸었던 것이다.

누량이 오여필의 일문—門 속에서 다소 이색적인 것은 경학에 관련된 저작이 있다는, 더 정확하게는 있었다고 언급되는 점이다. 주희가 제시한 삶의 방법을 실천하는 일에 전 생애를 걸었던 오여필에게는 경학에 대한 관심과 주의가 전혀 눈에 띄지 않는다. 그『일록日錄』을 보더라도 경서를 읽은 후의 감상문 같은 것은 거의 없으며, 하물며 자신이 스스로 새로운 주해를 덧붙이고자 하는 시도조차도 하지 않았던 것 같다.

호거인·진헌장이라고 하는 서로 대립하는 두 사람의 문인도 이러한 점에서는 스승과 공통점이 있으며, 경학상의 저작은 한 권도 남기지 않았다. 그러한 인물들조차도 문묘에 종사되었다고 하는 사실은 종사자의 자격이 변질되었음을 이야기해 준다. 과거 시험의 길을 스스로 포기해버린 그들 사제에게 과연 사서오경의 훈고는 아무 쓸모 없는 일이었을까.

그런데 단 누량만은 경학의 저작에 관한 기술이 남아 있다. 그것은 그가 진사進士였다는 신분과 결코 무관하지는 않았을지도 모른다. 『명유학안』의 「숭인학안崇仁學案二」에 실려 있는 어떤 기술에 의하면, 성도成都에서 훈도訓導의 직을 사임하고 고향인 광신부廣信府로 돌아온 뒤에 그는 "저서에 의거하여 후학을 육성하는 일을 자신의 임무로 삼았다"고 한다. 오여필의 것과 비슷한 종류라고 생각되는 『일록日錄』이라는 서적, 정주의 입장에서 다른 학자들을 비판한 『제유부회諸儒附會』, 삼전三傳을 사용하지 않고 경의 의도를 명확히 밝히려고 한 『춘추본의春秋本意』 등과 더불어 『삼례정와三禮訂訛』라고 하는 저작이 그에게는 있었다. 그러나 황종희의 시대에 이미 "선생의 저작은 산실되어 볼 수가 없는" 상황이었다.

> 『삼례정와』 40권은 『주례』를 모두 천자의 예라 하여 국례國禮라고 간주하고, 『의례儀禮』를 모두 공경·대부·사·서인의 예라 하여 가례家禮라고 간주하고 있다. 그리고 『예기』를 위의 두 가지 경의 전이라고 간주하고 각각 관련되는 편의 아래에 붙였는데, 예를 들면 『의례』의 「사관례士冠禮」에 『예기』의 「관의冠義」를 붙이는 것과 같은 형식을 취하여 개별의 편에 붙이기 어려운 것은 경 전체의 뒷부분에 붙이고, 어느 쪽인가 하나의 경에 특정하여 붙이기 어려운 것은 정리하여 두 개의 경 전체의 뒷부분에 붙이고, 「계사전」이 『역』 전체의 뒷부분에 붙어 있는 그러한 방법을 채택하였다.

황종희는 이상과 같이 이 책을 설명하고 있다. 단 위의 인용에도 있는 바와 같이 그 자신은 이 서적을 직접 보지 못했을 것이다. 스스로 예학에도 조예가 깊다고 생각하는 황종희가 이 서적을 어떻게 평가하었는지에 관해서는 그 자신이 어떠한 의견도 제시하지 않고 있기 때문에 전혀 짐작해 볼 수가 없다. 그러나 이 책이 결코 특이한 것은 아니었으며, 당시에는 유행하고 있던 일종의 예학서禮學書의 형식을 취하고 있었다는 점을 황종희는 당연히 눈치채고 있었을 것이다.

그것은 주희의 『의례경전통해儀禮經傳通解』로 시작되어 청대淸代 강영江永의 『예서강목禮書綱目』에까지도 이르게 되는 삼례 전체를 하나로 통합시키려고 하는 편찬 방식이다.

원래부터 『주례』와 『의례』는 얼음과 숯의 관계처럼 서로 반대되어 조화될 수 없다고까지 말하지는 않더라도, 내용적으로는 상호간에 거의 관계가 없는 서적이었다. 이 두 서적을 통합하고 예학이라는 언설 편제의 공간에서 이야기하려는 시도는 후한의 경학에서부터 시작되고 있다. 정현이 이룩한 성과는 그 최고봉이며, 『주례』를 중심축에 놓고 삼례뿐만 아니라 모든 경서를 통일하는 해석을 확립한 것은—그 해석이 곳곳에서 어그러져 있다고 하더라도—특기해야만 할 일이다. 하지만 극히 상식적으로는 이러한 정현의 성과에 의존하면서도 『주례』는 조정의 통치 기구나 정책 규범의 전거로서, 『의례』는 사대부의 예의범절 특히 상례喪禮의 방법을 둘러싼 규범으로서 각각의 내용에 적합한 분업 체제 하에서 이용되었다.

구체적인 형식에 관하여 설명하는 이 두 가지의 경서에 대해서 당초에는 『의례』의 해설서로서 또한 예禮의 '경經'에 대한 예禮의 '기記'로서 편집되었던 『예기』가 오경정의에서는 경서로서의 지위를 차지하게 되자, 사람들은 오히려 『예기』로부터 자신들의 행동 지침을 선택하여 받아들이는 방향으로 나아가게 되었다. 한유가 「원도」에서 대학편의 소위 팔조목—의 후반 육조목—을 인용한 것이라든지, 이고李翱가 「복성서復性書」에서 중용편을 존중한 것 등의, 후세에 송학의 연원이라고 하는, 사적이 보이는 것도 이러한 문맥에 속하고 있다.

『주례』가 현종에 의해 활용되었다는 점은 위에서도 서술한 바가 있지만, 그것 또한 국가 제도의 규범으로 삼은 것이었다. 더불어 북송에서도 『주례』를 모범으로 받들게 된다. 범중엄范仲淹의 개혁안에『주례』로부터 그 발상을 얻고 있는 것이 보이기도 하며, 이구에게는『주례치태평론周禮致太平論』이라는 제목의 저작도 있다.

석개는 「이대전二大典」(『徂徠石先生文集』 권7)에서 『주례』와 『춘추』를 만세의 대전大典으로서 삼고 있으며, 장재의 『경학리굴經學理窟』에서도 『주례』가 번번이 인용되고 있다. 그중에서도 왕안석의 『주관신의周官新義』는 송대의 새로운 학풍을 상징하는 주해로서 기념비적인 작품이라 할 수 있다. 그들은 모두 『주례』에서 주공이 제정한 이상적인 통치의 바람직한 모습을 발견하고 그곳으로의 회귀를 설명하였다. 남송에서는 이른바 공리학파功利學派인 진부량陳傳良·엽적葉適75) 등이 이 서적에 근거하여 정치 질서의 구상을 세우기도 했다.

한편 『의례』는 그 예식대로의 관혼상제가 현실적으로 곤란해짐에 따라서 위진남북조 시기에 성행하였던 것과 같은 형식으로는 더 이상 이용되지 않게 되었다. 그런데 이른바 당송변혁唐宋變革을 거치고 새로운 사대부의 가문이 등장하자, 그들 자신의 위신을 위해서도 고례古禮에 따른 의식에 대한 수요가 생겨나게 되었다. 이것 또한 주공이 제정한 규범은 시대를 초월하여 항상 올바르다고 하는 논리가 만들어 낼 수 있는 일종의 기술이다.

그렇다고 하더라도 서면 그대로의 예식은 실천 불가능했다. 거기에서 예의 내용을 자기 것으로 수용하여 본질적이라고 판단되는 부분은 남겨 두면서, 당시 유행하던 풍風의 개변을 덧붙인 새로운 매뉴얼이 작성되기에 이르렀다. 사마광의 『서의書儀』는 북송을 대표하는 것이며, 주희의 『가례家禮』는 단순히 남송에 머물지 않고 그 이후의 청말에 이르기까지 모범적 역할을 다했다.

이렇게 실천적인 측면에서 『주례』는 국제國制, 『의례』는 가례家禮로 삼아 변함없는 분업 상태로 활용되는 상황이었고, 이것에 『예기』를 더한 삼례의 학은 과거 시험에서 '삼례과三禮科'가 폐지됨에 따라 대부분 뒤돌아보지 않게 되었다. 이러한 상황에 위기감을 느끼고, 정현 이래라고도 말할 수 있는 삼례의 학을 부흥시키려고 도모하였던 이는 다름 아닌 바로 주희였다.

주희의 경학이라고 하면 먼저 사서학四書學이 머릿속에 떠오른다. 사서라는 이 개념 자체는 주희에 의해 정착되었던 것이기도 하며, 그가 자신의 대표작이라고 간주하였던 것이 사서의 주해라는 것은 말할 필요도 없다. 하지만 오경에 관해서도 그는 결코 경시하고 있었던 것은 아니다. 오경 위에 사서를 놓아두게 되는 것이 한당漢唐의 경학과 송학宋學의 차이라고 하는 이해는 확실히 틀린 것은 아니지만, 오경을 대신하여 사서를 제창했던 것이 아니라 오경에 더하여 그 전단계로서 사서의 학습을 요구하는 것이 주자학의 당초 의도였다. 단 과거제도에서 오랫동안 오경은 한 과목만을 고르는 선택제였던 적도 있어, 오경 전체에 통달한 독서인이 그만큼 많지 않았다는 것 또한 사실이다.

주희 자신은 『주역본의周易本義』와 『시집전詩集傳』을 저술하고, 또한 만년에 『상서』에 관해서는 채침에게 그것의 주해를 맡기기도 하였다. 그것이 바로 『서집전書集傳』이다. 『춘추』에 대한 주희의 태도는 복잡하지만, 남송의 도학자들 사이에서는 서서히 호안국의 춘추전이 널리 퍼져가고 있었다. 이것들은 모두 명의 『오경대전五經大全』의 근본이 되고, 명대의 과거 시험에서는 공정한 해석의 모범이 되었다. 단 여기에는 예禮만이 빠져있다.

『오경대전』은 원대에 진호陳澔가 편찬한 『예기집설禮記集說』을 채택하고 있지만, 이 서적은 남송 위식衛湜이 지은 같은 이름의 책의 다이제스트판이라고도 해야 할 작품으로 그다지 완성 상태는 좋지 않다. 그렇기 때문에 명대에 『예기』를 선택하는 수험생은 『춘추』와 더불어 상대적으로 많지 않았던 것 같다. 물론 경서의 분량 자체가 『역』과는 상당한 차이가—그렇다고 하는 것은 암기량에서도 차이가 있다—있는 것이 보다 본질적인 이유였다. 수험생이 학업을 수단으로서 파악하고 쉬운 것으로 기울어지는 것은 고금동서의 철칙이다.

이렇게 명대에 예학이 번창하지 않았던—그렇다고 하는—하나의 이유는 주자학에서 잘 정리된 주석서가 작성되지 않은 사실로부터 그 이유를 찾을 수 있다. 청조 고증학의 경학관을 대표한다고 여겨지는 『사고전서총목四庫全書總目』의 제요提要—이하에서는 『제요』라고 약칭한다—에서는 호광胡廣이 편찬한 『예기대전禮記大全』을 다음과 같이 비판하고 있다.

> 예禮의 리理는 절문節文에 의해 나타나고, 공언空言에 의해 얘기되어야만 하는 것은 아니다. …… 그런데도 진호陳澔의 『집설集說』은 구체적인 수치를 생략하고 경문의 의미를 추량하여 고증의 작업에 사정이 어두워 틀린 것 투성이 뿐이다. …… 호광胡廣 등은 이러한 서적에 의거하여 대전大全을 만들었기 때문에 근본적인 부분이 무엇보다도 이상하게 되었다.

그러나 주희에게 예에 관한 주해가 없었던 것은 아니다. 실은 그가 만년에 심혈을 기울인 사서집주四書集注의 끊임없는 개정 작업과 함께 예학에 온 정신을 쏟아 부었다. 『역易』과 『시詩』의 주해를 끝내 놓은 다음, 이를테면 충분한 준비를 갖추고 때를 기다려서 임했던 작업이라고도 보지 않을 수가 없다. 그의 생전에는 결국 미완성으로 끝나게 되고 사후에 황간黃榦 등의 손을 거쳐 일단 완성되는 그 서적을『의례경전통해儀禮經傳通解』라고 부른다.

이 서적의 구상은 상당히 일찍부터 이루어졌다.『가례』라는 실천 매뉴얼과 나란히 하여 또는 그 정당성을 보장하는 작업으로서 주희의 마음속에는『의례』의 주해에 대한 의욕이 강하게 자리잡고 있었다. 단지『역易』을 왕필류의 현학적인 해석으로부터 분리하거나,『시詩』를 정현류의 도덕적인 해석으로부터 해방하거나 하는 것과는 그 의미가 다르며, 구체적인 예식의 해석은 어쩔 수 없이 정현의 저 유명한 훈고에 의지하지 않을 수 없었다.『의례경전통해』가 주희의 그밖의 경서 주석과는 달리 거의 정현 이래의 구주舊注에 의거하고 있는 것은 역으로 말하면, 이 작업이 주희에게 얼마나 힘든 작업이었던가를 증명해 주고 있는 것이다.

주희가 예서 편찬에 본격적으로 몰두해야 한다고 생각한 그러한 의욕을 표명한 문장이 상주문의 초고로서 지금 우리들에게 남아있다. 그것이 바로 소희紹熙 5년(1194) 정변에 의해 결국 상주하지 않던「걸수삼례차자乞修三禮箚子」(『朱文公文集』권14)이다.

먼저 제1단에서는 예악禮樂의 중요성을 지적하고 있다. 진秦의 분서焚書가 최대의 공격목표로 삼았던 것이 예악이며, 그 이후 삼례라는 텍스트를 통하여 불완전한 형태로 전승하게 된다. 계속해서 왕안석에 의한『의례』파기를 들어 문제삼고 있다. 과거제도의 개혁에 의해 삼례과 등이 폐지되었던 일로『의례』를 배우는 자들이 매우 부족하였다. 거기에서 그것이 얼마나 중대한 잘못이었는지를 서술하고 있다. 제3단에서는 주희 자신이 이미 이전부터『의례』를 경문으로 삼아『예기』등을 이것에 배열하는 형식의 서적 편찬을 구상하고 있는 것이 피력되어

224 송학의 형성과 전개

있다. 그러나 일손 및 경제상의 문제로 작업이 정체 상태에 빠진 모양이 언급되고 있다. 그리고 마지막에는 이 상주문의 주지主旨인 예서 편찬 사업에 조정으로부터의 원조를 요청하는 문장이 서술되어 있다. 이것은 상주문으로서 결코 긴 문장은 아니지만, 주희의 예학에 대한 자세가 단적으로 표현된 주목할 만한 자료라고 평가해 볼 수가 있을 것이다.

주희의 실각으로 인하여 이러한 계획은 실현 불가능하게 되고, 그렇게 하여 그의 개인적 사업으로서『의례경전통해』는 편집되었다.

이 책의 전체 구성은 가례家禮·향례鄕禮·학례學禮·방국례邦國禮·왕조례王朝禮·상례喪禮·제례祭禮 등 일곱 개의 부분으로 이루어져 있다. 상례와 제례에 관해서는 엄밀하게 말하면 책의 명칭도『의례경전통해속儀禮經傳通解續』이라고 불리듯이 주희의 전체 구상을 답습하면서도 주희의 사후에 완성되기에 이르고, 왕조례까지로 이 서적의 제1부가 완결된다고 생각할 수 있다. 거기에서는 중간에 학례를 끼워 넣으면서 가家·향鄕·방국邦國[國]·왕조王朝[天下]라고 하는 동심원적인 장의 확대를 순서로 하는 배열이 이루어져 있다. 그것은『대학』팔조목의 후반부 세 개, 주희가 신민新民 즉 치인治人의 장으로 삼았던 가家·국國·천하天下와 대응하는 것이었다.

『의례경전통해』는 제목대로 주로『의례』를 경으로 삼고 거기에 전傳—注解—으로서『예기』및 그 밖의 것을 사용하여 이것들에 대한 해석의 문장을 배열하고 있다. 주희 자신의 해석은 학례의 부部에『대학』과『중용』의 장구가 들어 있는 것을 예외로 해도 그만큼 많은 분량은 아니다. 소위 가위와 풀의 작업이다. 그러면 주희는 왜 이러한 책이 필요하다고 생각했을까. 아마도 그것은 주해의 내용으로서가 아니라 구성·배열에 이 서적의 가치가 있다는 것이 될 것이다.

예를 들면 권1은 가례로서 먼저 관례를 채택하고 있다. 그 경문은
『의례』의 「사관례士冠禮」이다. 그렇다고 하더라도 본래 그대로를 옮겨
실은 것은 아니며, 주희는 '가위'를 이용하고 있다. 그 뒤에 전으로서
『예기』「관의冠義」전문全文 외에, 『예기』의 다른 편이나 『공자가어孔
子家語』·『춘추좌씨전春秋左氏傳』·『국어國語』 등과 관련되는 문장이
인용되어 있다. 이렇게 해서 이것들을 통독한 자들이 관례 식의 순서나
그 의의 및 그러한 예에 관련한 춘추시대 현인들의 견해를 한 눈에 내
다 볼 수 있는 구조가 되었다.

정현의 삼례주三禮注는 경문 상호간에 서로의 것을 증거로 인용하
면서도 경 그 자체의 배열에 따른 이야기를 전개했기 때문에 한꺼번에
그 전모를 파악하기는 어렵다. 아니 그보다는 모든 경문에 관해서 학습
이 완결되기까지 각 부분의 위치 부여는 공중에 매달려 있게 된 채로
충분한 이해를 유보하지 않을 수 없는 결함을 가지고 있었다.

이것에 대하여 주희가 생각해낸 방안은 그 권만을 읽기만 하면, 우선
그 의식에 관해 필요한 식견을 얻을 수 있는 구조를 구축하는 것이었
다. 게다가 그것이 필연성을 가진 배열에 의해 구성되고, 관례로 시작
되어 왕조례에 이르는 순서에 입각하고 있다. 또한 상례와 제례는 그
복잡성 때문에 억지로 왕조례의 뒤에 별도로 장을 만들어 둠으로써 느
닷없이 깊은 덤불 속으로 들어가도 길을 잃어버림이 없도록 하는 듯한
배려가 이루어져 있다. 주희는 또한 독서의 방법에 구애되어 사서에
관해서도 『대학』→『논어』→『맹자』→『중용』이라고 하는 학습 순서
를 정하게 되는데, 그것은 과연 주희다운 배려라고 말할 수 있지 않을
까.

누량의 『삼례정와三禮訂訛』가 『의례경전통해』에 그 단서를 제공하
게 되는 예서의 계보에 속하고 있다는 것은 이것으로 분명해질 것이다.

물론 누량 이전에 주희의 틀을 답습했던 학자는 몇 명 존재하였다. 『의례경전통해』가 주희 자신에 의해 완결되지 않고 문인들의 손을 거쳐 현행의 형태로 되었다고 하는 것이 오히려 그 개변판의 출현을 심리적으로 용이하게 해주었을지도 모른다. 이제 주희의 유지를 이어받아 더욱 완성도가 높은 예서의 편찬이 시도되기에 이른다.

여기에서는 그 가운데에서 『삼례고주三禮考注』라는 책을 소개한다. 그것은 『의례』와 『주례』의 관계를 생각하거나, 또한 이러한 경학의 성격을 청조 고증학의 그것과 비교할 때도 아주 적당한 소재를 제공해주고 있기 때문이다.

이 책은 일반적으로 오징의 이름으로 전해지고 있다. 다만 여기에는 명대부터 이미 제기되었다. 애당초 오징의 전기에는 그에게 이러한 저작이 있다고는 서술되어 있지 않다. 『삼례고주』가 명대에 간행되었을 때, 양사기楊士奇와 나윤羅倫이 지은 서문은 안벽晏璧이라는 인물에 의한 위작의 가능성을 지적하였다. 그 이후 주이존朱彝尊[76]·장이기張爾岐[77] 등도 위작설을 채택하였다. 『제요提要』는 이것들의 경위를 소개한 뒤에 "이 서적이 가짜라는 것은 의심할 것조차도 없다"라고 끝맺고 있다. 이 서적은 저자가 오징이든 안벽이든 원명의 예학을 검토하는 데에는 아주 적당한 자료이다. 어쨌든 일단은 그 저자에 관해서는 미상으로 해두자.

『의례경전통해』에서 『주례』는 왕조례 속에 군데군데 보이기는 하지만 정리된 형태로는 인용되어 있지 않으며, 본서 전체의 구성 속에서도 명확하게 위치가 부여되었던 것은 아니다. 『의례』를 경이라고 하는 이 예서禮書에 어울리게 『주례』는 『예기』와 마찬가지로, 혹은 그 이하의 참고자료로 지나지 않았던 것이다. 이와 달리 『삼례고주』는 그 제목이 가리키는 바대로 『주례』도 『의례』와 동격으로 취급하고 있다.

전체의 구성은 주례周禮·의례정경儀禮正經·의례일경儀禮逸經·의례 전儀禮傳·곡례曲禮로 되어 있으며, 오히려 경서의 원형을 보존하는 형태가 채택되었다. 예를 들면 「사관례士冠禮」는 의례정경의 서두에, 「관의冠義」는 의례전 서두에 있으며, 양자가 대응하고 있다는 것은 쉽 게 간파할 수 있다. 또한 양자를 구별하여 한쪽을 경, 다른 한쪽을 전이 라고도 하고 있다. 의례일경이란 본래 『의례』에 있던 것이 후세에 누 락되어 버렸을 것이라고 판단된 제편諸篇을 『대대례기大戴禮記』 등에 서 뽑아 열거한 것이었다.

『삼례고주』가 오징의 이름을 가탁한 위서라고 하더라도 그의 이름 이 사칭될 소지는 있었다. 틀림없이 오징 자신의 저작이라고 생각되는, 『예기찬언禮記纂言』이라고 하는 서적의 편찬이 그런 경우이다. 여기에 서도 『예기』 각 편의 순서를 바꾸어 넣거나, 편 안의 문장 배열을 바꾸 어 넣거나 하여 경의 '개찬改竄'이 행해지고 있는데, 『제요』에서의 그것 에 대한 평가는 그다지 좋지가 않다. 또한 이러한 작업은 『예기』 안에 서만 완결되는 것은 아니며, 역시 『의례경전통해』를 계승해야 한다는 의미에서 『주례』에 관해서도 이루어졌다.

『삼례고주』가 가짜라면 오징 자신의 사고 방식은 현재에 그 목차의 구상밖에 남지 않지만, 어쨌든 그것은 『주례』의 동관冬官을 다른 부분 을 이용하여 복원한다고 하는 일이다. 이 동관[78]의 보망補亡은 오징의 창안은 아니며, 동관미망설에 근거한 그 이전부터 존재하던 경학상의 하나의 시도였다.

3. 동관冬官의 보망補亡

동관미망설冬官未亡說이란 남송에서 비롯되어 명대에 이르러서도
많은 지지를 얻었던 학설로,『제요』에서는 매우 혹독한 비판을 받았던
경학설이다. 원래『주례』의 육관六官[79]에서 동관의 부분이 결여되어
있었다는 것은 이미 앞에서도 서술하였다.

그 결여에 대한 설명으로서 "진秦의 분서에 의해 일단 뿔뿔이 흩어
져 버린『주례』를 현행의 형태로 정리·편집할 때에 그 작업을 떠맡은
자의 능력 부족으로 인하여 정확히 복원되지 않았고, 그래서 마치 동관
이 빠져 있는 듯이 보일 뿐이며, 현존하는 직관職官[80] 안에 본래의 동
관이 섞여들어 있다"고 하는 것이 동관미망설의 입장이다.

사료에 따라서는 남송 초엽의 단계에서 이러한 설을 주창한 인물이
있었던 것처럼 기록하고 있지만, 사고전서의 편찬관은 유정춘兪庭椿의
『주례복고편周禮復古編』을 그 원흉으로 파악하고 있다. 유정춘은 남송
중엽 강서江西 임천臨川 사람인데 육구연의 문인으로 알려져 있다. 그
의 '복고復古' 작업에서 최대의 장해가 동관의 결여였다는 것은 말할
필요도 없다.

『주례』에 관련된 전승에 의하면, 유흠이 궁정의 도서 정리를 하며
『주례』를 발견한 시점에서는 이미 동관 부분이 결여되어 있었다고 한
다. 그 이후 정현 등 역대의 경학자들도 「고공기考工記」에 의해 동관
결여를 보충하는 형태로 만족하지 않을 수 없었다. 그러나 그러한 상태
에서는 복고라고는 말하기 어렵다. 유정춘의 머릿속에서 문득 떠오른
것은『주례』의 현행 문장 가운데에 본래 동관에 소속시켜야 할 관속官
屬[81]이 섞여 있는 것은 아닐까라는 생각이었다.

그런 결과로 다음과 같이 논하게 되었던 것인지, 아니면 다음의 사실

에 생각이 미쳤기 때문에 그렇게 생각하게 되었던 것인지 어느 쪽이 올바른가는 쉽게 판단할 수 없지만, 유정춘이 그 논거로 삼았던 것은 『주례』 소재小宰[82] 등에 보이는 육관은 각각 60개의 관속으로 구성된다고 하는 기술이었다. 그런데 현존하는 오관의 경문에 따르면 전부 합친 것 300개보다도 42개가 더 많은 관속을 거느리고 있다. 유정춘은 오관에 '선羨—나머지 또는 우수리'이 생기게 된 것은 본래 동관에 소속되어 있던 직관을 잘못하여 이들 오관에 귀속시켰기 때문이라고 간주하고 있다. 이러한 우수리를 가지고 잃어버렸다고 알려진 동관을 보충한다는 것, 즉 보망補亡의 작업이 『주례복고편周禮復古編』의 주제였다.

유정춘은 천지춘하추天地春夏秋의 오관에서 그 관속의 내부로부터 동관에 소속되어 있었을 것이라고 판단되는 것들을 뽑아낸다. 그 결과 천관에서 11개, 지관에서 23개, 춘관에서 6개, 하관에서 9개 등 총 49개의 관속을 본래는 동관에 소속되어 있었던 것이라고 인정하고 있다. 다만 추관으로부터는 옮겨야 할 관속을 찾아내지 못하였다. 지관에서 뽑아낸 것이 가장 많은 이유는 여기에 동관의 본래 직무에 가깝다고 간주할 수 있는 관속이 집중되어 있기 때문이었다. 또한 단순히 동관을 보망하는 일뿐만 아니라, 그 밖의 오관 상호간에서도 관속이 이동하고 있다. 그 수를 정리해 보면 다음 표와 같다. 왼쪽의 수치가 원래 경문의 것이며, 위의 수치가 그에 의한 '복고復古'의 결과이다.

	천관 61	지관 53	춘관 65	하관 60	추관 58	동관 49
천관 63	52	0	0	0	0	11
지관 78	0	53	2	0	0	23
춘관 70	9	0	55	0	0	6
하관 69	0	0	0	60	0	9
추관 66	0	0	8	0	58	0

언뜻 보아도 명확하게 알 수 있듯이 우수리를 없애고 평균화시켜야 할 예정이던 그의 작업에서도 춘관이 변함없이 우수리를 떠맡고 있는 것을 보면 동관의 보망은 완전하지가 않다. 동관에는 이적시켰던 이 49개의 직관 외에 장관과 차관인 대사공大司空·소사공小司空이 보충되어 합계 51개의 관속이 만들어진다. 그 직무의 문장文章으로서 유정춘이 복고를 위해 차용했던 것은 지관인 대사도大司徒·소사도小司徒 직무의 일부분이었다.

애당초 소재小宰의 문장 속에 육관 각각의 직무를 간결하게 기술한 부분이 있으며, 거기에는 "지관의 관속은 60개로 나라의 교육을 담당한다"고 되어 있다. 그런데 대사도의 경문은 "대사도의 직무는 나라의 토지지도土地地圖와 그 백성의 수數에 관한 일을 담당하며, 그리고 왕을 보좌하여 나라 전체를 안정시킨다"고 시작된다. 그 뒷부분에서도 토회지법土會之法[83]·토의지법土宜之法[84]·토균지법土均之法[85]·토규지법土圭之法[86]이나 나라 전체의 편성 등, 토지 행정에 관한 직무의 기재가 대부분을 차지하고 있다.

소사도는 "소사도의 직무는 나라의 교법教法을 세우는 일을 담당한다"라고 시작되고 있지만, 역시 문장 중에 졸오卒伍[87]·정목井牧[88]의 편성이라고 하는 직무를 포함하고 있다.

유정춘은 이들 토관으로서의 직무는 모두 본래는 동관의 것이며, 각각 대사공·소사공으로부터 섞여들어 온 것이라고 주장한다. "대사도는 나라의 교육을 담당하는 관직이다. 교육이 있고서야 안정되는 것이며, 토지의 제도나 인민 전체의 생계에 관한 일로 안정시킬 수는 없다"라는 것이 그의 의견이었다.

『제요』에서 "직무가 각각 다르다는 것을 생각하지 않고, 단지 관명만을 가지고 주장을 내세웠다"고 비판함에도 불구하고, 사고전서가

『주례복고편』을 일부러 저록하고 있는 것은 담당자 자신의 설명에 의하면, 유정춘에 의해 동관미망을 주장하는 일파가 발생했다고 하는 사태를 중시하고, 후세에 교훈으로 삼기 위함이었다고 한다. 따라서 『주례복고편』의 제요에 그 이름이 올려져 있는 『삼례고주三禮考注』를 포함하여 동관미망을 주장하는 저작은 그 원본이 없고 거의 목록만 남아 있는 상태로 전해지고 있다.

『제요』가 목록만 남아 있는 것으로 최초로 소개하고 있는 것은 원元나라 구규丘葵의 『주례보망周禮補亡』이다. 구규는 복건福建의 보전莆田 혹은 동안同安 사람으로, 송이 멸망하여 거업擧業[科擧試驗]에 대한 희망이 끊어져버린 뒤에는 오직 저작 활동에만 전념했다고 한다. 결국 오징과 동시대의 인물이었다.

『제요』는 주이존朱彛尊의 『경의고經義考』에는 『주례전서周禮全書』라고 제목이 붙어 있다고 소개하면서도, 이 서적에 관해서는 동관의 보망 이외에는 취할 게 없기 때문에 『주례보망』이란 제목을 붙이는 것이 적당할 것이라고 혹평하고 있다.

확실히 구규 주장의 특징은 동관미망을 제창하고 있다는 것이다. 하지만 그 자체를 목표로 삼고 있었던 것은 아니었다. 그것은 뒤에서 다시 서술한다. 『제요』 집필자의 눈에는 동관미망파冬官未亡派의 행위가 경학을 파괴하는 망령된 설[妄說]을 만연시키고 있다는 일로밖에 비치지 않았던 것이다.

『주례보망』은 사고전서에 텍스트로서는 수록되어 있지 않았지만, 다행히도 명대의 간본刊本이 지금까지도 전해지고 있다. 여기에서 나타나는 구규의 주장은 유정춘의 설을 한층 더 전개시킨 것이었다. 「동관冬官」에서 그는 다음과 같이 말하고 있다.

후세 사람들은 지관의 사도司徒를 토지에 관한 행정을 담당하는 관직이라고 굳게 믿어 버렸다. 그래서 고공기에 의해 동관을 보충하였는데, 동관이란 갖가지의 기술직을 중심으로 한다고 말하고 있다. 하지만 기술직만이 사공의 속관屬官으로 지관의 사도가 토지 행정 담당이라고 한다면 천관 총재冢宰[89]는 역시 천문의 직무를 맡아보는 것이 되는 걸까. 『상서』 주관편周官篇에서는 "사공은 나라의 토지를 담당한다"고 되어 있으며, 토지 행정의 직관으로 사도에 배속되어 있는 사람은 본래 모두 동관이었을 것이라고 하는 것은 의심할 여지가 없다. 그런 까닭으로 오관의 우수리에 의해 동관이 결여되어 있는 바를 보충하기만 한다면 동관이 없어지지 않았다는 것을 알 수가 있을 것이다.

여기에서 그 증거로 인용되고 있는 『상서』 주관周官편에는 "사도는 나라의 교육을 담당하며,…… 사공은 나라의 토지를 담당한다"고 되어 있었다. 본래 지관은 교관教官이고, 동관이 토관土官인 것이다. 또한 「지관地官」에서는 이렇게 말하고 있다.

후세 사람들은 천부泉府[90]라고 하는 직관이 사도에 속해 있다는 사실로부터 사도가 재무 행정을 담당한다고 굳게 믿어 버렸다. 게다가 지관은 마땅히 토지 행정을 담당해야 할 것이라고 하고, 사공의 직무를 사도쪽으로 가져와 버리게 됨에 사공의 문장을 잃어버렸다고 간주하여 사도의 본래의 직무를 알지 못하도록 해버렸다. 이렇게 하여 "나라의 교육을 담당한다"고 하는 구절을 공문空文으로서 처리해 버렸다.

여기에 '후인後人'이라고 언급되어 있는 부분에는 당연히 왕안석이 포함될 것이다. 왕안석이 『주례』에 근거하여 개혁을 단행하였기 때문에 도학의 측에서는 『주례』에 대한 평판이 그다지 좋지 않았다. 육국에서 음모를 위해 지은 서적[陰謀之書]이라든지 아니면 유흠이 위작한 것이라든지 하는 설이 이전보다도 더욱 그 세력을 얻게 된다. 그 대표적인 인물이 제1장에서도 살펴본 바와 같이 호굉이었다. 이것에 대하여 경서로서의 『주례』의 권위를 지키려고 하는 논자들은 왕안석은 천부泉府에 가탁하여 신법 정책을 정당화했던 것에 불과하며, 『주례』의 본래 의도와는 관계가 없다고 하는 논법을 취하게 된다. 구규의 주장도 그러한 흐름에 속하는 것이었다. 지관은 왕안석이 생각하였던 바와 같은 재정 담당관이 아니라, 교화를 담당하는 관이었다고 하는 것이다.

구규도 또한 대사도·소사도 문장文章의 과반수를 본래는 대사공·소사공의 것이라고 주장한다. 그 복원의 방법은 유정춘과 거의 비슷하다. 단지 유정춘이 오로지 대사공의 복원에 주의를 집중한 것에 비하여, 구규는 대사도의 문장으로부터 대사공의 문장을 제거한 후의 조치에도 주의를 기울였다.

그에 의하면 『주례』의 현행 경문에서 말하는 대사도 직무의 서두 부분, 즉 "나라의 토지지도土地地圖와 그 백성의 수─토지제도土地制度와 인민 전체의 생계에 관한 일"라고 하는 부분은 대사공 쪽으로 옮기지 않으면 안 된다. 그것에 의해 결여되어 버렸던 대사도의 서두 부분을 그는 다음과 같이 보충한다. 즉 "대사도의 직은 열 두 개의 가르침에 대한 실행을 담당하고, 왕을 보좌하여 나라 전체를 안정시킨다[大司徒之職, 掌施十有二敎, 以佐王安擾邦國]"라고 하여 교육을 담당하는 관으로서의 특성을 전면에 내세운 개정이었다.

명대에 이르러서도 동관미망설의 위세는 조금도 쇠퇴하지 않는다. 『제요』에서는 하교신何喬新의 『주례집주周禮集註』, 서분舒芬의 『주례정본周禮定本』, 진심陳深의 『주례훈준周禮訓雋』, 심보沈寶의 『주례발명周禮發明』, 금요金瑤의 『주례술주周禮述註』, 서즉등徐卽登의 『주례설周禮說』, 학경郝敬의 『주례완해周禮完解』 등이 모두 동관미망설의 저작으로서 나열되어 있으며, 어느 것이나 모두 목록만 남아 있다.

한편 목록만 남아 있는 것으로서 『제요』에 실려 있는 것뿐만 아니라, 그 텍스트 자체가 사고전서에 수록되어 있는 저작, 즉 이른바 저록된 것 가운데에서 명대 사람의 『주례』에 대한 주석서는 겨우 세 가지, 또한 그중의 두 가지는 역시 동관미망설에 가까운 입장에 서 있었다.

왕응전王應電의 『주례전周禮傳』은 『도설圖說』·『익전翼傳』과 합쳐서 천일각장본天一閣藏本으로부터 저록되었다. 『제요』는 『익전』에 「동관보의冬官補義」라는 제목의 편명이 있다는 점을 언급하고, 췌마억측揣摩臆測[91]임을 피할 수 없다고 평가한다.

다만 『전傳』 10권은 천지춘하추 오관의 주석으로 끝내고 있으며, 동관을 보망하지 않고 '고경古經'의 체재를 유지하고 있다는 것이나, 고증은 비록 거칠고 간략하여 보잘것없지만 경의 의미에 관해서 명확히 밝힌 점은 많았다고 하는 이유에서 저록된 것이다.

가상천柯尚遷의 『주례전경석원周禮全經釋原』에 관하여 『제요』에서는 다음과 같이 말하고 있다.

> 가상천은 유정춘의 동관미망설에 근거하고는 있지만, 수인遂人[92] 이하의 지관의 직관을 동관에 귀속시켰다는 것뿐이다. 유정춘이 육관을 뿔뿔이 흩어지도록 해체시킨 것에 비하면 조금은 더 나아진 것이다.

실제로 가상천의 보망법은 지관으로부터 60명분의 직관을 동관으로 이동시켰다는 것뿐으로, 다른 천춘하추天春夏秋의 사관四官에는 전혀 손을 대지 않고 있다. 사고전서의 편찬관으로서는 이러한 수법이 유정춘과 같이 번잡한 이동을 수반하는 개경改經보다는 좀더 호감이 갔을 것이다. 그러나 이렇게 보면 위의 두 개의 저록도 동관보망을 지향했다

고 하는 점, 그것은 바로 명대에서 유정춘의 주장이 폭넓게 받아들여지
고 있다는 점을 보여주고 있다.

『삼례고주』에 관해서는 위에서 이미 서술한 바와 같이 원의 오징 저
작이라고 해야 할 것인지, 그렇지 않으면 명의 안벽晏璧 저작이라고
해야 할지 속단하기는 어려운 일이다. 하지만 어떻든 간에 이 서적도
원명 시기의 동관미망설의 흐름에 속한다는 점은 확실하다. 또한 거기
에서는 지관이 교관敎官이라고 하는 점이 한층 더 명확하게 주장되고
있다. 대사도 서두의 복원은 다음과 같이 이루어져 있다.

> 大司徒之職, 掌建邦之五典, 以佐王擾邦國, 訓萬民. 一曰父子有親, 二
> 曰君臣有義, 三曰夫婦有別, 四曰長幼有序, 五曰朋友有信.
> 　대사도의 직은 나라의 다섯 가지의 규범[五典]을 세우는 일을 담당하
> 며, 그리하여 왕을 보좌하고 나라 전체을 안정시켜, 만민萬民을 훈계한
> 다……(이하는 생략).

오전五典에 관한 증보增補 부분이 『맹자』에서 유래한다고 하는 것
은 말할 필요도 없다. 오전이란 순舜이 설契을 사도에 임명했을 때에
고告한 사도의 직무라고 알려져 있다.[93] 오징—또는 안벽—은 지관의
직무를 교관으로서 순화純化시키는 것에 주의를 기울였다. 그 결과 동
관 복원에 관해서도 유정춘·구규와는 질적으로 커다란 차이를 보이게
되었다.

구규의 복원 방법은 대체로 유정춘과 비슷하여 천관이나 춘관으로
부터도 상당수의 관속을 동관으로 이동시켰다. 그런데 『삼례고주』에서
는 천관·춘관으로부터는 전혀 이동시키지 않고 있다. 하관·추관으로부
터도 약간의 관을 움직이는 것뿐, 나머지는 모두 지관으로부터의 이동

으로 보망하고 있는 것이다. 그 수는 정확히 50개였다. 지관의 대부분이 동관으로 옮겨지게 된 것이다. 하지만 이것에 의해 역으로 지관의 관속이 부족하게 되는 사태를 초래한다. 그것을 저자는 이렇게 표현하고 있다.

연구자는 모두 동관이 없어졌다고 하여 이것을 고공기考工記에 의해 보충하고 있다. 그런데 실은 동관이 없어진 것이 아니고, 지관의 문장이야말로 없어져버린 것이다(권4).

대사도의 직무에 관한 문장도 유정춘·구규의 것에 더하여 대사공으로 이동하였다.

사공司空의 문장은 없어진 것이 아니고, 사도司徒의 문장이야말로 없어져버린 것이다(同).

여기에 이르러 문제의 중심은 이미 동관보망이 아니라 동관보망 때문에 생겨난 지관의 결여를 어떻게 보충할 것인가로 옮겨졌다.『삼례고주』권4에는 원래의 지관에 속해 있는 관속 중에 동관 등으로 이동하지 않고 지관에 남았던 관속이 열거되고 있는데, 그 수는 대사도 이하 14개에 불과하다. 그 외에 하관으로부터 네 개의 관官을 지관에 편입시키고 있지만, 그럼에도 불구하고 총 18개이다. 동관의 보망이 이루어졌어도 이것으로는 지관의 계통이 그 체재를 갖추지 못한다. 그러한 이유로 저자가 채택한 방책은 어떻게든지 춘관으로부터 대사악大司樂 이하의 악관樂官의 관속 총 22개를 지관으로 이동시키는 일이었다. 저자는 그것을 예악의 관은 교화를 담당하는 것이기 때문에 교관敎官으로 귀속시켰어야 할 것이라는 논리로써 정당화한다(권5).

이것이 견강부회牽强附會의 논의라고 하는 것은 누구라도 인정하는 바일 것이다. 예악이 지관의 직무라면, 춘관은 무엇을 직무로 삼아야 할까. 이러한 이동에 의해 다음은 춘관이 후반의 악관을 모두 빼버리게 되고, 하관으로부터 약간의 관속을 이동시켜 그 수를 보충하는 조작을 하지 않으면 안 되기에 이르렀다. 그런데도 예악을 담당할 터인 춘관은 단지 예禮만을 담당하는 형태로 되어 버렸다.

동관미망의 설은 어떻게 하면 동관의 관속을 다른 오관五官으로부터 이동시킬 것인가라는 생각으로부터 시작되었다. 동관은 방토邦土를 담당하는 관이라고 하는 이유로 인해 토지 행정에 관한 직무를 떠맡았던 관이 먼저 이동의 대상이 되었다. 지관에는 그러한 관속이 다수 포함되어 있었다. 애당초 대사도·소사도의 직무에 관한 기술 자체는 방토의 관으로서도 통하는 것이었다. 그런 까닭으로 지관의 본래의 직무는 교화이며, 토지 행정에 관한 관속이나 직무의 기술은 후세의 유자들이 지관이라고 하는 그 명칭으로부터 혼입시켜 버린 실수라고 하는 해석이 생겨난다.

관심사는 이제 동관의 보망이나 사공의 직무에 관한 복원으로부터 지관을 교화의 관으로서 재편성하는 일로 이행하게 된다. 왕안석이 지관을 재정관財政官으로서 중시하였던 점에 대한 비판도 관심사가 변화하게 되는 동기의 하나였다.

문제는 동관에 있던 것이 아니라 지관에 있었다. 『주례』의 주안점을 교화라는 점으로 찾아내려고 하는 해석이 『삼례고주』의 동관미망설을 지탱하고 있었던 것이다.

4. 교화敎化의 직관職官

『삼례고주』와 비슷한 형태의 사유방식은 방효유方孝孺의 저작 속에서도 찾아 볼 수가 있다. 방효유는 명초를 대표하는 유자로 알려진 인물이다. 그런데 그에게는 『주례고차목록周禮考次目錄』이라는 저작이 있으며, 본문은 현존하고 있지는 않지만 「주례고차목록서周禮考次目錄序」가 지금 그의 문집에 남아 있다(『遜志齋集』 권12). 그 서문을 보면 이것도 또한 동관미망설의 입장에 서 있었다는 것을 알 수가 있다. 그러면 방효유의 다른 문장과 합쳐서 그의 『주례』관을 분석하고 교화에 대한 그의 사고방식을 고찰해 보자.

「주례고차목록서」는 먼저 『주례』의 경문이 진의 분서에 앞서 뒤죽박죽 됨으로써 혼잡해졌다고 말하고 있다. 그 이유는 『주례』가 도의道義에 의한 통치를 설명하고 있어 전국시대의 제후들로부터 미움을 받았기 때문이었다고 한다.

다음으로 『상서』 「주관」편에서 말하는 바의 육경六卿의 직무를 내세워 현행의 『주례』에 있는 천관·지관의 관속이 그 내용으로는 적절하지 못하다고 논하고 있다.

사도는 오전五典에 의해 교육을 시행하기 때문에 그 직무는 지극히 중요하며 그 밖의 직무에 구애받지 않는다. 그런데 현행의 경문에서는 향사鄕士 이하 교육에 가까운 직무를 가진 직관은 열둘밖에 없다. 그 외는 모두 춘관·추관의 직무이든지, 숫자로서는 가장 많은 동관의 것들이다. 이것은 현행 경문의 배열을 정한 인물이 지관이 교육을 담당한다고 하는 것을 분별하지 못하고, 토관의 직무를 이것에 부여했기 때문이다. 토지는 동관의 직무이며, 교육과는 전혀 관계가 없다.

그 다음에 구체적으로 육관 상호간에 어떤 관속을 어디로 옮겨야 할 것인지를 서술해 간다. 지관에 관해서는 이렇게 말하고 있다.

> 지관으로부터는 교육 관련의 일[教事]과 관계없는 관속 80개를 제거하여 남겨진 것은 단지 4개뿐이다. 이것에 하관의 제자諸子·훈방씨訓方氏·광인匡人·탐인撢人, 추관秋官의 장교掌交를 되돌려서 추가한다.

한편 동관에 관해서는 "지관으로부터 55, 하관으로부터 8, 추관으로부터 13을 취하여 동관으로 옮긴다"라고 서술하고 있다. 여기에서도 지관의 과반수가 동관으로 이동하여 "동관이 없어진 것이 아니라 지관이 없어진 것이다"라고 언급하고 있다. 다만 그 숫자는 다음에 열거된 관속과 들어맞지 않는다.

애당초 지관의 관속을 총계 84로 하는 계산 방법의 근거가 분명하지 않다. 앞 단락에서는 "향사鄕師 이하 교육을 담당하는 자는 12"라고 서술하고 있었다.

지관은 교관이며 동관은 토관이었다. 그렇다고 한다면 현행 지관의 관속의 대부분은 동관이라고 간주하지 않으면 안 된다. 그 결과 지관의 관속은 하관·추관으로부터 보충하더라도 도저히 60은 되지 못한다. 방효유는 자신의 보망補亡의 방법이 숫자를 채우지 못한 것에 관하여 이렇게 변명하고 있다.

> 육경六卿의 관속을 이렇게 해서 복원하였지만, 어느 것도 60이 될 수 없었던 것은 없어져 버린 것이 많았기 때문이다. 그것에 반드시 일률적으로 60이라고 할 필요는 없다. 경卿의 직무의 대소大小나 일의 번간繁簡에 따라서 숫자는 달라지는 것이고, 모두가 정확히 60이 된다는 것은 아니다. 60이라고 말한 것은 한유漢儒들이며 그것은 주공周公의 제도가 아니다.

유정춘이 동관보망을 굳게 믿어버린 것은 육관이 각각 60개의 관속을 가지고 있을 것이라고 생각했기 때문이었다. 동관미망설은 바로 숫자의 조합으로부터 시작되었던 것이다.

그런데 방효유는 숫자의 조합에 의한 정확한 해결책의 제시를 포기한다. 육관의 각각이 60개의 관속을 가진다고 하는 설은 한대에서 시작된 것으로 본래의『주례』의 모습과는 차이가 있다고 말하고 있는 것이다. 그 직무의 번간繁簡에 따라서 60개보다 많은 관속을 가지는 것도 있으면, 60개보다 적은 관속밖에 가지지 못한 것도 있는 것이다. 방효유는 숫자의 조합에 의한 복원이 아니라 직무의 내실에 따른 복원을 의도하고 있었던 것이다.

그러나 그의 논법에 의한다고 한다면 관속이 60개보다 적은 것은 그 중요성이 낮은 관직이라는 것이 된다. 지관이 바로 이것에 해당된다고 하는 것일까. 방효유는 앞의 단락에서 "사도司徒는 오전五典에 의해 교육을 시행하기 때문에 그 직무는 지극히 중요하다"라고 말했던 것은 아니었을까. 이러한 모순을 어떻게 해석해야만 좋을까.

그의 생각에 의하면 전국시대의 제후는 교관의 존재를 유난히 깊게 증오하여 그 관속의 명칭조차 말살해 버렸다고 한다. 즉 지관에 관한 것이기 때문에 "60이 될 수 없었던 것은, 사라져 버린 것이 많았기 때문이다"라는 표현이 타당할까.

『주례고차목록』의 본문이 유실되어 없어져버린 이상, 그 옳고 그름에 대해 판단을 내릴 방법은 없다. 어찌되었든 결국 방효유는 교관을 중시했었음에도 불구하고, 가장 중요한 교관에 대해서 충분한 복원도 하지 못한 채 끝나버렸던 것이다.

방효유의『손지재집遜志齋集』에는 그 외에『주례』에 관한 문장이 두 편 포함되어 있다.「주관周官」과「주례변의周禮辨疑」가 그것이다.

그 공통의 주제는 『주례』가 단지 이利만을 설명한 서적은 아니라고 하
는 것이었다. 왕안석에 의한 『주례』의 이용은 『주례』 본래의 의도로부
터 이탈하였다고 하고, 『주례』의 근본은 이를 설명한 부분에 있는 것이
아니라 제산制産과 상교詳敎에 있는 것이라고 주장한다. 그는 「주관」
의 서두에서 다음과 같이 말하고 있다.

> 나는 처음으로 『시경』 대아大雅의 빈풍豳風을 읽었을 때, 공업功業·
> 덕행德行을 쌓는 것의 두터움에 의해 주周가 융성했던 이유를 납득하게
> 되었다. 그러나 주가 장기간에 걸쳐서 그 명맥을 유지할 수 있었던 이유
> 는 아직 잘 모르겠다. 『주례』를 읽는 도중 대사도의 부분에 이르러 향대
> 부鄕大夫·주장州長·당정党正의 부분을 이해하는 데에 도달하였고, 백성
> 의 일을 배려하는 정밀함에 매우 감동하여 "모든 것은 여기에 있었던 것
> 이구나"라고 외치었다(『遜志齋集』 권4).

방효유가 『주례』의 근간이라고 간주한 것은 지관 대사도의 관속으
로 설명된 교민敎民의 방법이었다. 그런데 그것은 지관 전체의 주지主
旨는 되지 못하였으며, 오히려 재정 관계의 관속만이 눈에 띄게 되었다.
그 이유는 한대의 유자가 '지관'이라는 명칭에 마음을 빼앗겨버렸기 때
문이며, 교관으로서의 지관은 가까스로 '향대부鄕大夫·주장州長·당정
지법党正之法'에서만 미루어 알 수 있는 것에 지나지 않게 되어 버렸다.

하지만 역으로 말하면 간신히 남겨진 이 단편斷片들로부터 『주례』
에서의 교민의 의도가 얼마나 장대한 것이었는지도 추측해 볼 수가 있
다. 방효유는 그 자신의 보망 방법에 의해 지관으로부터 대부분의 관속
을 이동시키고, 가까스로 남았던 지관 본래의 관속과 그 직무 속에서
『주례』 전체의 근간을 찾아냈던 것이다. 그것은 그의 정치사상과 어떻
게 관계되어 있었던 것일까.

「종의宗儀」(『遜志齋集』 권2)는 "군자의 도는 몸[身]에 의거하여 그것을 집[家]에서 행하고 천하에 널리 퍼뜨린다"고 하는 문장으로 시작되고 있다. 이 문장은 그 유명한 『대학』 팔조목의 후반 부분, 즉 수신·제가·치국·평천하에 근거하고 있다.

그리고 몸과 천하를 연결하는 요소로서 제가齊家가 중요하다는 것을 서술하고, 이하에 존조尊祖·중보重譜·목족睦族·광목廣睦·봉종奉終·무학務學·근행謹行·수덕修德·체인體仁 등의 9항목에 걸쳐서 그 논의를 전개하고 있다. 그중 무학의 단락에서 서두의 내용을 반복한 뒤에 "선교善教가 없어지고 나서 천하에 선사善士가 사라지고, 선사가 사라지고 나서 천하에 선속善俗이 없어졌다"고 하여 교육에 의한 인재 양성의 중요성을 주장한다.

게다가 대학 교육의 4항목으로서 도술道術·정사政事·치경治經·문예文藝를 내세우고, 그중 정사에서는 제산制産·평부平賦·흥교興教·청송聽訟·어재御災·휼고恤孤·어리御吏·금폭禁暴의 여덟 개를 그 요체로서 내세우고 있다.

만일 지관에 대해 현행의 경문이 올바르다고 한다면, 교화를 담당하는 관속은 『주례』 전체에서 지극히 낮은 비율밖에 점하지 못한다. 동관미망설이 성행하기 이전에는 확실히 그렇게 『주례』를 파악하고 있었다. 특히 왕안석에게 현저하게 드러났던 바와 같이 지관은 재정을 담당한다고 간주되고, 그러한 평가에 의해 다른 관속과 병립하게 되었다. 그런데 동관을 보망하는 작업이 시도되어 동관은 토관이며, 지관은 교관이라고 하는 것이 재확인되는 데에 이르러 교관으로서의 지관의 직무를 중시하려고 하는 견해가 등장한다. 방효유의 주장은 그 전형이라고 평가되어야 할 것이었다. 동관미망설은 문헌의 복원이라는 고증학적인 작업이 아니라, 정사政事에 있어서 무엇을 중시하는가라는 정치

사상적인 문제로 발전하였던 것이다.

『주례』는 행정 조직의 체계를 제시한 경서로서 유가 정치사상중 하나의 핵심이었다. 그 대표가 왕안석이지만, 그가 결코 고립되어 있었던 것이 아니라는 것은 『주례』가 역대 왕조에 의해 관제官制의 규범으로서 중시되어 왔다고 하는 사실에 잘 드러나 있다. 지관을 교관으로서 확립시키려고 하는 동관미망설의 하나의 귀결도 『주례』를 규범이라고 하는 관제 구상의 한 종류로서 이해할 수 있다.

다만 현실의 명청明清 육부제六部制에서 지관에 상당하는 관청은 호부戶部이며 '교부敎部'는 아니었다. 그 이유는 명청 육부제의 직접적인 규범이 『주례』 그 자체라고 하는 것보다는 『당육전唐六典』이었다는 점, 당대唐代에는 지관을 교관으로서 보망하려고 하는 사고 방식이 아직 경학상에서는 보이지 않는다는 점에 있었다. 호부의 직무는 바로 "나라의 땅을 담당하는[掌邦土]" 것이며, 동관에 상당하는 공부工部는 고공기考工記와 마찬가지로 백공百工[94]을 담당하는 "나라의 모든 관직과 기술을 담당하는[掌邦事]" 관청이었다. 오징 혹은 안벽이나 방효유의 구상은 현실화되지 못하고 끝나버리게 되었다. 그러나 곰곰이 생각해볼 때, 왜 이 시기에 『주례』의 내부에서 교관을 확립시키려고 하는 발상이 등장하였던 것일까.

왕안석의 신학은 『주례』를 중핵으로 놓고 통치 제도를 중시하는 정치사상을 갖추고 있다. 즉 치민治民을 위해서는 확고한 조직이 필요하다고 하는 사고 방식이다. 이것에 대항하여 등장했던 정이의 도학道學·리학理學은 수기치인修己治人이라는 사고 방식에 입각하여 위정자 자신의 인격 도야와 민중에 대한 풍속 교화를 중시하였다. 그 근거가 되었던 것이 『예기』 대학편의 삼강령과 팔조목이다. 통치 제도를 중시하는 주례형周禮型과 수양 교화를 중시하는 대학형大學型은 송대에 현저하게 드러난 두 가지 정치사상의 유형이라고 말할 수가 있다.

양자는 상호간에 서로 배제하는 일이 결코 없으며, 현실적으로는 수레의 양쪽 바퀴와 같은 관계로 청말淸末에까지 이르렀다. 다만 주자학에서는 이념으로서의 수기치인이 압도적인 무게를 가지고 있었기 때문에 대학형大學型으로 그 무게 중심이 기울어지게 되었다. 오징 혹은 안벽이라고 하든, 아니면 방효유라고 하든지 간에 모두 이러한 조류에 속하는 사상가들이었다.

그들은 『대학』을 정치사상의 중핵으로 위치시키면서도 『주례』를 그곳으로 거두어들여 자기 것으로 삼으려고 생각하였다. 그 접착제의 역할을 다한 것이 교관으로서의 지관이라는 발상이었던 것이다. 방효유가 지관에 묘사된 민중 교화의 구상에 마음이 움직이게 되었던 것도 그 때문이었다고 생각해볼 수 있다.

단지 현실적으로는 지관에서 교관이 점하는 비중은 아주 적었다. 그것을 그들은 현행 경문의 잘못으로 처리하였다. 본래의 지관은 현행 경문에 볼 수 있는 바와 같은 그러한 모습이 아니었다고 그들은 주장한다. 그 논거로서 이용되었던 것이 동관미망설이었다고 하는 것이다.

유정춘·구규가 동관의 보망을 주목적으로 삼아 그것을 위한 근거로서 지관이 교관이라고 설명했던 것과는 달리, 그들은 지관을 교관이라고 하기 위해 동관의 보망을 행하였다. 지관으로부터 동관으로의 이동은 동관을 복원하기 위한 것이라기보다는 오히려 지관을 순화하기 위한 것이었다. 『주례』를 둘러싼 경학상의 쟁점은 당사자들의 정치사상과 밀접한 관계를 맺으면서 결코 분리될 수 없었던 것이다.

그러나 『주례』에 근거한 질서의 구상은 그들을 끝으로 하여 일단 종식하게 된다. 그 대신에 부상하게 되는 것이 또 하나의 예경禮經인 『의례』였다.

5. 가례家禮와 향례鄕禮

위에서 소개하였던 바 있는 주희의 상주문 「걸수삼례차자乞修三禮箚子」에는 다음과 같은 한 구절이 있다. 여기에서 말하는 『주관周官』이란 『상서尙書』 주관편周官篇의 그것이 아니라, 『주례』를 그 본래의 명칭으로 불렀던 것이다.

『주관』이라고 하는 서적은 물론 예禮의 강령이기는 하다. 하지만 구체적인 행동과 예기禮器의 척도·수량에 관해서 말하면, 『의례』야말로 근본적인 경전이고 『예기』의 교특생郊特牲·관의冠義 등의 제편諸篇은 바로 그 해설서이다.

주희는 『주례』와 『의례』의 관계를 이렇게 파악한 상태에서 『의례경전통해』를 편찬하였던 것이다. 구준丘濬은 자신의 주저인 『대학연의보大學衍義補』에서 이 상주문을 인용하고 난 연후에 다음과 같이 논하고 있다.

『대명집례大明集禮』를 편찬하여 ─명 태조때─ 한 권으로 정리는 하였지만 정확하게 정리한 것은 아니며, 악樂에 관해서는 완전한 서적이 아직 없습니다. 옛날부터 "예악禮樂은 백 년이 되어서 흥한다"라고 말합니다. 바야흐로 본조本朝는 육대六代에 걸친 영명한 천자의 통치를 받은 지 백 년 가까이 되었습니다. 이른바 성인이 천자의 자리에 앉아 예를 제정하고 악을 만든다고 하는 바로 그 시기가 아니겠습니까(권37, 「總論禮樂之道·下」).

구준의 의견에 의하면 지금이야말로 정확하게 제례작악制禮作樂에 적합한 시기라고 하는 것이 된다. 물론 명조에는 태조가 제정한『대명집례』가 있었다. 이 서적은 한편으로는 조정에서 행하여진 제사·의전이 규정되어 있기도 하고, 다른 한편에서는 황제 이하 서민에 이르기까지 관혼상제의 모든 의식에서의 식의 순서도 실려 있다. 그 구조가『의례』제편諸篇에 근거하고 있는 것은 물론이지만, 개개의 상세한 조목에 관해서는 시대의 요청에 걸맞은 변경이 시행되었다. 개별적이고 구체적으로, 예를 들면 관례 때에 준비하는 제기祭器는 무엇인가, 참가하는 자는 누구누구인가, 어떠한 순서로 어떠한 동작을 할 것인가 등등은 명의 조정이 독자적으로 제정하였던 것이다. 게다가 구준은 그 개정을 요구하고 있는 것이다.

조정이 정한 예식과는 별개로, 오히려『대명집례』에도 상당한 영향을 끼쳤다고 하는 편이 정확하겠지만, 올바른 예식을 보여주는 매뉴얼로서 이미 주희의『가례家禮』가 있었다.

구준의 이 책에 대한 태도도 이것과 동일한 것이었다고 말할 수 있다.『가례의절家禮儀節』서문에서 그 자신이 했던 술회를 신용한다고 한다면, 시골 사람인 구준이 도시의 인사人士를 보고 놀라게 된 것은 당연히 따라야 할―그렇다고 그는 굳게 믿고 있었다―예식을 아무도 지키지 않고 있다는 것이었다. 그 이유가 한면으로는 그나마 귀중한 책이지만『가례』라는 서적이 구체적 행동의 상세함을 기술하지 않고 매뉴얼로서는 불완전하다는 점과 또한 그 내용의 일부분이 주희의 노력에도 불구하고 여전히 당시에는 부적합하다는 점에 있다고 생각하였다. 그 때문에 구준이『가례의절』을 편찬하게 된 것이었다.

그가 정통성을 가진 예식의 실천을 중시하는 것은, 그것에야말로 유교의 존망이 걸려 있다고 인식하고 있기 때문이었다.『가례의절』의 서序에서는 이렇게 말하고 있다.

유교의 부진이 극에 달하게 된 것은 이단이 어지럽혔기 때문이다. 이 단이 유행하고 있는 것은 유자儒者가 예의 요점을 잃어버렸기 때문이다. 세간에서 유학을 하는 자는 독서밖에 몰라 예를 실천할 수가 없다. 이렇 게 해서 우리 쪽의 예의 요점은 이단에게 도둑맞게 되었고, 또한 우리 쪽이 스스로 예의 요점을 포기하여 그들이 그 기회를 틈타 자주 이용하는 장소로 되어 버렸는데도 전혀 눈치채지 못하고 있다.…… 세간의 유자들 은 장황하게 문장을 지어 이단을 공격하기만 한다. 아아! 우리 쪽의 예는 그들에게 도둑맞아 버렸으면서도, 그 이유에 관해서는 반성하는 일조차 없고, 오직 변론으로 승부를 하려고 생각하고 있다는 것은 그 가장 중요 한 바가 잘못되어 있는 것이다.

그의 견해에 의하면 이 시대에 관혼상제의 소위 사례는 불교·도교라 고 하는 이단에게 빼앗겨 버렸다. 게다가 더욱 비극적인 일로 이단을 비판하는 유자들은 시종일관 사상과 이론적인 측면에서만 비판하고, 예의 실천을 회복하는 것이야말로 가장 중요하다고 하는 점을 깨닫지 못하고 있다. 구준이 예서의 개정을 건의하고『가례』의 실천을 추진한 것은 예의 요점[禮之柄]을 되찾기 위해서였다. 그러기 위해서는 독서뿐 만 아니라 예의 실천[執禮]이 가장 중요하다. '집례執禮'란 구준의 예학 에서 가장 중요한 키워드이다. 그것은 고전에 대한 정교하고 치밀한 고증을 바탕으로 하여 타당성을 따지는 학술은 아니다. 바로 실용성이 요구되는 학문인 것이다.

『가례의절』은 사고전서에서 경부예류經部禮類 안의 잡례서지속雜 禮書之屬으로 구분되어 있다. 이 구분에 속하는 서적은 당 이전에는 없고, 송에서는 사마광의『서의書儀』, 주희의『가례』—다만『제요』에 서는 왕무횡王懋竑의 주장에 따라 주희의 진작眞作이 아니라고 하는 입장이지만—의 두 가지가 기록되어 있다. 구준의『가례의절』은 목록만 남아 있는 것으로 취급되어 텍스트 자체는 수록되어 있지 않다.

그리고 명대의 작품으로서 이하의 아홉 가지가 마찬가지로 잡례서지속雜禮書之屬에 목록만 남아 있는 것으로서 소개되어 있다.

> 여남呂枏 『예문禮問』, 양신楊愼 『가례의절家禮儀節』, 송훈宋纁 『사례초고四禮初稿』, 임열林烈 『향사례의절鄕射禮儀節』, 여곤呂坤 『사례의四禮疑』, 여곤呂坤 『사례익四禮翼』, 마종빙馬從聘 『사례집四禮輯』, 한승조韓承祚 『명사례집설明四禮集說』, 여유기呂維祺 『사례약언四禮約言』.

양신의 『가례의절』은 물론이거니와 사례四禮라는 말이 붙어 있는 서적은 모두 관혼상제의 예식서禮式書이다. 여남의 『예문』도 『제요』의 표현을 빌리자면 "관혼상제의 예에 관하여 잡론한 것"이다. 따라서 임열의 『향사례의절』과 뒤에서 서술할 향鄕 레벨의 의례를 다루고 있는 것 이외에는, 모두 『서의』나 『가례』의 계보에 속하는 서적이라는 것이 된다.

『의례』라는 서적이 관혼상제의 예식을 기록하고 있다는 것을 종합해서 생각해 보면, 이상의 '잡례서'라고 알려진 서적은 『의례』의 실천용 버전이라고도 말할 수 있을 것이다. 사고전서에서는 동일한 예류禮類의 의례지속儀禮之屬에 명대의 저작을 한 권도 저록하지 않고 있으며, 목록만 남아 있다고 하더라도 겨우 세 가지만을 게재하고 있을 뿐이다.

『주례』로는 위에서 서술한 바 있는 동관미망설의 사조思潮가 있고, 『예기』는 과거 시험을 위해 평이한 주석서가 무수하게 작성되었다는 것과 비교해 보면 『의례』 그 자체에 딱 들어맞는 학술은 명대에서는 저조하였던 것처럼 보인다.

그러나 잡례서라고 불리는 일군의 서적이 실은『의례』에 관계되는 것이었다고 하여 이해해 본다면, 명대에서도 결코『의례』학이 경시되었던 것이 아니었음을 알 수가 있을 것이다. 오히려 문제로 삼아야 할 것은 이것들을 잡례서로서『의례』의 주해注解로부터 구별하려고 하는 그러한 사고방식이다.

결국은 이러한 것이다. 명대에서『의례』의 학은 그 실천에 무게를 두고 있는데, 이것은 사고전서의 편찬관이 속하여 있던 소위 청조 고증학에서의 경학의 모습과는 상당히 달랐던 것이다. 명대에『의례』의 학學이 저조했다는 인상이 현대에서도 일반적으로 널리 퍼져 있다고 한다면, 그것은 고증학풍의 견해가 지금에서도 강하기 때문인 것은 아닐까. 명대에는 명대의, 당시의 문제의식에 들어맞는『의례』의 학이 존재하였다. 그것을 당시의 문맥에 따라 파헤쳐 가는 것으로부터 명대의 사상 문화에 대한 재검토가 이루어지지 않으면 안 될 것이다.

사고전서가 명대에 있어서의 잡례서의 속屬으로서 유일하게 선택하여 저록하고 있는 것은 황좌黃佐[95]의『태천향례泰泉鄉禮』이다. 이 서적에 관해서 만큼은 "명대 사람의 저술 가운데에서는 유용有用한 것이다"라고 높게 평가하고 있다.

서적의 제목에 보이는 향례란『의례경전통해』에도 있었던 바와 같이 가家와 국國 간의 레벨에 있어서의 예禮이다.『대학』팔조목의 동심원적 구조 안에 원래의 팔조목에는 포함되지 않았던 '향'이 상정되어 있는 것이다. 황좌의 이 서적은 가 레벨의 예식만을 오로지 상정하는 것이었던 '잡례서'가 향 레벨의 전개에 이르렀다는 것을 보여주는 것으로서 주목할 만한 가치가 있다.

그렇다고는 하더라도『태천향례』는 갑자기 향 레벨의 예식에서 시작된 것은 아니다. 본론에 들어가기 전에 그 준비 단계로서「정본삼사

正本三事」와 「사례四禮」의 규정을 갖추고 있다. 「정본삼사」란 『소학小學』에서 말하는 입교立敎·명륜明倫·경신敬身으로 요컨대 수신修身에 관한 기술이다. 「사례」란 물론 관혼상제, 즉 제가齊家를 위한 예식을 말한다. 결국 이 서적은 향 레벨에서의 예 질서를 구축하는 전단계로서 수신·제가라고 하는 팔조목 중의 항목을 설치해 놓고 있는 것이다. 『대학』이 질서 구상의 기본 경전인 이상은 당연한 일이면서도 역시 간과해서는 안 될 일일 것이다.

향례鄕禮란 향약鄕約이라고 하는 호칭에 의해 명대 후반에 성행한다. 황좌와 시대를 공유하였던 왕수인이 향약에 열의를 가지고 몰두하였다는 사실은 종래부터 자주 지적되어 왔다. 그중에는 그것을 가지고 주자학과 양명학의 성격의 차이, 사회 질서의 담당자를 어떻게 해서 확보할 것인가의 전략의 차이로써 해석하는 방향도 존재하였다. 즉 주자학이 지방관의 시점에 서 있는 것에 대해 양명학은 서민을 주체적인 담당자로서 품어 안으려고 했다는 것이다. 하지만 황좌가 양명학에는 평생 비판적인 태도를 취하고 적어도 그 자신의 의도로서는 순수한 주자학자였다는 것, 그 한 가지만을 보더라도 향약에 대한 태도가 양명학의 특색이라고 볼 수는 없다. 그것은 학파적인 것이라기보다는 시대성에 의한 바가 큰 것이다. 결국 이 무렵에 교화의 장으로서 가家에 더하여 향鄕이 주목을 받게 되었던 것이다.

주자학의 구조에 따르든지 아니면 신흥의 양명학에 영합하든지 간에 명대 독서인들이 공통 과제로서 삼았던 것은 수신修身—수기修己—이 어떻게 치인治人에 결합될 것인가 하는 것이었다. 거기에는 실천에 대한 강한 열의가 있었다. 물론 그것은 그들 나름으로 사회 질서의 동요를 감지한 이른바 위기의식의 산물이었을지도 모르겠다.

하지만 그렇다고 하더라도 명대의 사상 문화는 애당초 '송학'이 껴안

고 있던 문제, 즉 수신을 완성한 인물이 지도자가 되어 형성·유지해
갈 질서를 어떻게 해서 가능하게 할 것인가라는 방향으로 진행해 간다.
정돈된 질서, 즉 그들의 용어로 '예교禮敎'가 한층 더 전면으로 떠오르
게 된다. 그것이 거경궁리居敬窮理에 의한 것이든지, 아니면 현성양지
現成良知 그대로이든지 간에 궁극적인 목표는 동일하였다. 단지 그 방
도가 달랐을 뿐이다.

목표를 공통으로 하는 자들 사이에서 논쟁이 일어날 때에는 이 방도
의 차이가 문제가 될 것이다. 도문학이든 존덕성이든지 간에, 주희와
육구연(후에는 왕수인)의 이름을 걸고 논쟁이 이루어지는 대립과 마찬
가지로 주희와 육구연이라는 당사자가 생각했던 것—그 논쟁의 내용과
문제에 대해 그리 단순하게 결론지을 수 없는 것은 제2장에서 서술한
바 그대로지만—역시 방도를 둘러싼 문제였다. 학문의 목적을 달리하
는 입장에서 보더라도, 결국은 둘 다 똑같은 한패거리이다.

주자학·양명학 양자의 제3자적 입장에 서 있는 자들에게 양자는 '송
학이라는 이름을 가진 하나의 집단으로서 파악되었다. 그리고 이러한
제3자적 입장에 서 있는 사람들에 의해 '송학'에 대한 표상도 변용된
옷으로 새롭게 갈아입히게 된다. 이제 이 책 서두의 질문에 대답해야
할 때가 온 것 같다.

6. 한학漢學과 송학宋學

1958년의 연두에 공산당의 통치를 꺼려하여 대륙에서 빠져나와 홍콩·
대만에서 활동한 네 명의 학자가 연명連名한 「중국 문화를 세계의 인사
들에게 삼가 알리기 위한 선언(爲中國文化敬告世界人士宣言)」이라는

문장이 두 개의 잡지—『民主評論』과 『再生』—에 동시에 발표되었다.

그 네 명이란 모종삼牟宗三·서복관徐復觀·장군매張君勱·당군의唐君毅인데, 모두 철학·사상사의 연구자들로서 알려져 있다. 제명題名이 가리키는 바와 같이 이 「선언」은 대륙에서 공산당 정권이 그 기반을 다져가고 있던 즈음에 그것에 반대하는 입장에서 중국문화의 장래를 걱정하고 그 좋은 전통을 세계문화 속의 한 요소로서 계승해야 할 것이라는 의의를 호소하는 내용으로서 대단히 장대한 문장이다.

그 제6절은 「중국 심성의 학의 의의中國心性之學的意義」라고 제목이 붙어 있다. '심성의 학'이란 「선언」에 의하면 중국 고래古來의 '의리義理의 학'의 또 하나의 측면—다른 하나는 도덕 윤리의 실천—이며, 중국 학술사상의 핵심이다. 게다가 천인합덕天人合德의 사상이 성립하는 진정한 이유이기도 하였다. 그것은 공자·맹자에게서 발단하는 것이기는 하였지만 번성하게 된 것은 송명 이후이고, 그 때문에 송명 사상은 중국 사상사에서 두 번째로 최고점에 도달했다고 평할 수 있을 것이다.

「선언」을 종합하고 정리한 이는 당군의로 알려져 있지만, 그를 포함하여 연명에 참가한 네 사람은 모두 이른바 신유가新儒家라고 불리는 사람들이다. 송명의 '신유학新儒學'과 구별하기 위해 '현대신유가現代新儒家'라고 하든지 '당대신유가當代新儒家'라고 하여 불리기도 한다. 즉 그들은 중국 사상사의 연구자들이라는 점—장군매는 반드시 그 전문가라고는 할 수 없지만—과 함께 스스로 자신들의 유가를 신봉하는 사상가들이기도 하였다.

그들 '홍콩과 대만港臺'의 신유가들뿐만이 아니다. 1949년 이후에 대륙에 머물렀던 신유가들도 송명의 사상 속에서 스스로의 규범을 찾아내었다. 그중에서도 풍우란馮友蘭은 '신이학新理學', 하린賀麟은 '신심학新心學'이라고 자신들의 철학을 그렇게 부르고 있다. 송명 사상을 중국 문화를 대표하는 유산이라고 간주하고 서양사상과의 조화를 도모하면서 그 계승·발전을 목표로 하는 지향은 미국이나 싱가포르를 기반으로 해서 활동하는 소위 제3세대의 신유가들인 두유명杜維明·유술선劉述先·성중영成中英 등에게도 들어맞는다.

주관적으로는 그들은 공자·맹자 이래의 유가의 정도正道를 계승하고 있다—물론 무비판적이 아니라 서양 사상의 식견에 의해 일정한 상대화를 행하고는 있지만—고 자인하고 있다. 그러나 그 "공맹에서 송명에 이르는 심성의 학"(上揭 「선언」) 또는 "공맹정주육왕孔孟程朱陸王의 철학"(하린의 표현)이라고 하는 발상 자체가 그 송명 사상 즉 '송학'의 사고 방법인 것이다.

'해방解放' 후 마르크스주의를 국시로 삼아왔던 대륙에서도 근년에 들어 신유가에 대한 평가가 나날이 높아지고 있고, 지금은 홍콩·대만의 신유가류 저작마저 서점에 산더미처럼 쌓이게 되었다. 단지 당군의의 선집에 수록되었던 「선언」 가운데 공산당 정권을 비판한 부분만이 생략되어 있거나 하는 것은 덤으로 말해 둔다. 마르크스주의, 호적胡適등과 같은 자유주의 사상, 거기에 신유가를 추가해서 현대 중국 사상의 삼대 조류라고 간주하는 것이 근년의 통설로 되어 있는 듯싶다.

이하에서 문제로 삼고 싶은 것은 신유가가 마음속에 품고 있던 송명 사상의 이미지에 대한 위험한 발상에 관한 것이다. 그것은 주희나 왕수인이 가지고 있던 공자·맹자의 이미지가 역사적으로 형성되고 그들 자신에 의해 확대 재생산된 허상이었다는 것과 동일한 의미로, 그들의 주희·왕수인상도 후세에 만들어진 허상에 불과하다고 생각되기 때문이다. 물론 그것은 사상사의 차원이기 때문에 문제가 되는 것이며, 사상 그 자체인 '철학'의 계승을 표방하는 그들에게는 본질적인 것이 아널지도 모르겠다. 자기 자신이 옳다고 믿는 것을 계승하면 그 자체만으로도 괜찮은 것이기 때문이다.

그러나 필자와 같은 사람에게는 그들이 송명 사상을 '심성의 학'이라고 단정하게 된 역사적인 원인과 그 과정이 중국 사상·문화의 장래를 생각할 때도 중요하다고 생각한다. 문제는 '그들'만의 문제가 아니다. 에도江戸 한학漢學 이래의 일본의 '송학' 이미지 역시 그와 겹치고 있다.

이야기는 「선언」으로부터 200년 정도로 거슬러 올라간다. 청조 고증학의 전성기에 그 중심인물의 한 사람으로서 활약한 강번江藩에게 『한학사승기漢學師承記』라고 하는 저작이 있다. 그것은 '한학' 즉 고증학의 발전 과정을, 그야말로 '형성과 전개'라는 열전列傳의 형식을 취해서 정리한 작품이다.

그 서두 부분에서 저자는 혜사기惠士奇[96]라고 하는 저명한 고증학자의 다음과 같은 발언을 인용하고 있다. 즉 "경서를 해석하는 데에는 복건服虔·정현鄭玄을 존중하지만, 일상의 생활 규범으로서는 정이·주희에 따른다"라고 되어 있다. '한학'자인 이상 경학에 있어서 한유漢儒의 설을 존중하는 것은 당연한 일이다. 무비판적인 계승은 아니라 하더라도 의론議論의 출발점은 한대 유자의 주석이다. 그런데 그것은 경학을 공부할 경우에 그런것이지, 생활 규범은 송유宋儒의 주장을 요지로 삼는다고 하는 것이다. 이것은 어떻게 이해해야 할 성질의 사항일까.

어쩌면 이것은 혜사기 한 사람만의 특수한 사례는 아닐 것이다. 실제로 관혼상제를 비롯하여 생활의 규칙은 청대에 있어서도 정주程朱의 영향 아래에 있었다. 확실히 고증학자들의 내부에서는 주희 『가례』의 결함을 비판하고 한대의 예학으로 되돌아가서 고례古禮의 준수를 제창한 학자들도 존재하였다. 그러나 그것은 개별적個別的 행위의 적부適

좀 차원에 그치고 마는 것이었다.

양적으로는 미량이지만 질적으로는 이것과 동일한 개정이 구준의
『가례의절』 등에서도 이미 이루어지고 있다. 더욱 큰 구조, 즉 가례를
수신과 치국의 사이에 자리 매김하는 것이며 그 때문에 의의가 있다는
것, 가례만이 아니라 향례鄕禮 ―또는 향약―도 여기에 그 위치를 고정
시키는 것 등은 한대 예학의 주장에는 없는 '송학'의 특질이었을 것임
에도 불구하고, '한학'자들도 지극히 당연한 일로써 받아들이고 있는
것이다.

앞에서 서술한 바와 같이 그들은 『주례』의 경문을 이동시키는 행위
를 비판하거나, 『의례』의 실용화 매뉴얼을 '잡례雜禮'로 분류하거나 했
던 것뿐으로, 그것과 일상생활의 규범과는 별개의 사상事象으로서 생
각하였다. 결국 경학과 수양의 분리라고 말해도 좋을 것이다.

원래대로 하면 고증학의 시조라고 해야 될 고염무顧炎武는 "이학이
란 경학이다"라고 주장하여 ―그의 입장에선― 무의미한 성설의 공론
空論을 배척하였다. 성性이 무선무악인지 어떤지, 혹은 그러한 논쟁 자
체를 무익하다고 간주하여 착실하게 경서를 독해하고 성인의 의도를
탐구할 것을 제창한 것이었다. 그는 사실인정事實認定의 차원에서는
확실히 주희를 여러 번 비판하여 주자학에서 상식으로 되어있던 통념
을 허물어뜨리는 작업을 행하고는 있지만, 그 학문 방법 자체는 주희의
계승자라고 하는 측면도 있었다. 그를 시작으로 하여 고증학자가 존덕
성보다는 도문학에 더 무게중심을 두었던 것도 그 때문이다. 그리고
이 시점에서 그들이 비판의 대상으로 삼는, 성설을 헛되이 논하는 일당
을 존덕성파尊德性派라고 간주하기에 이르렀다.

한당 훈고의 학을 재평가하고 그것에 의해 경학상에서 송대 이후의
해석을 재검토하려고 하는 사람들은 자신들의 연구에 대해 동경의 마

음을 담아 '한학'이라고 불렀다. 그것은 동시에 비판의 대상이 되어야 할 '송학의 성립이기도 하였다. 그것이 왜 '명학明學'이 아니고 '송학'이라고 명명되었는가는 이미 분명해졌을 것이다. 명대에서 주자학과 양명학의 대립을 표현하기 위해 사용되었던 '도문학 대對 존덕성'의 도식이 이번에는 '한학'자들에 의해 이용 된 것이다. 대립항에는 성설性說을 헛되이 논하는 집단, 즉 '송학'을 대치시켰다.

경학상의 새로운 학설 제시는 '송학의 기본 전제를 무너뜨리는 힘을 가지고 있었다. 『고문상서古文尚書』가 위진남북조 시대의 작품이라 하고, 알려진 바대로 '십육자심법十六字心法'이 순舜의 말이라고 하는 것은 있을 수 없다고까지 하였다. 또한 『대학』의 텍스트로서는 구본舊本이 옳다고 하는 것이 증명되었을 뿐만 아니라, 그 성립 시기도 재검토되어 공자·증자의 사상을 전해주는 문헌이 아니라고 간주되기에 이르렀다. 이제 '송학의 도통론을 지탱하는 문헌학적인 근거는 철저히 파헤쳐지고 붕괴되어버린 것 같이 보였다.

그러나 '송학'은 살아남았다. 물론 조정이 과거 시험을 통하여 이것에 편들었다고 하는 작용도 있었을 것이다. 진사進士를 목표로 하는 한 그 내력來歷을 불문하고 주희의 장구에 따라서 『대학』을 읽는 것이 필요하였다. 하지만 그것 뿐만은 아니다. 삼강령·팔조목으로서 정리된 질서 구상, 그것을 지탱하는 인간 본성에 대한 신뢰, 환언하면 '송학'이 주장한 '도道'의 가치 평가는 결코 잃어버리지 않았던 것이다. 학술상에서의 커다란 변화가 있었으면서도 필자가 송宋으로부터 청淸에 이르기까지 '근세'라고 하여 한 묶음으로 정리한 이유는 바로 여기에 있다.

'도'의 구체적인 표현이 '예교禮敎'였다. 말의 용례로서는 이미 보았던 바와 같이 명대에서도 자주 눈에 띄는 것이지만, 그 사용 빈도의 수는 청대에 들어와 급증하게 된다. 경학을 논할 때에는 『예기』의 한

편이라도 정현의 주에 따라 읽는 자도 자기 자신이 살고 있는 시대를 어떻게 할 것인가를 논할 때에는 주희의 구상에 따라 『대학』을 읽었던 것이다. 바로 그렇게 잘 가려서 읽는 것이 '한학'의 정신이었다.

다만 그것이 '송학'의 이미지에 왜곡을 가져오기도 하였던 것이다. '한학'자가 말하는 '송학'이란 송으로부터 명까지의 사상 전체는 물론이고, 그보다 범위를 더 좁혀 도학·이학·심학이라 불리는 유학 내부의 몇몇 유파의 사상 총체를 가리키는 말도 아니었다. 송명의 사유 체계라도 그들의 마음에 드는 것은 있었다. 그러한 유산遺産은—송명으로써는 드물게—공자의 가르침을 올바르게 전했다는 것으로서 '한학'진영에 수용 되었던 것이다. 따라서 '송학'이란 '한학'에 있어 결코 용인할 수 없는 잘못된 사고思考뿐인 집합체가 된다. 그 중핵을 이루는 것이 심성의 학이라는 점은 말할 필요도 없다.

청대에서도 '한학' 측으로부터 비판을 받아 '송학' 쪽에 일부러 몸을 두는 자가 다수 존재하였다. 그런데 그들은 '한학'으로부터의 비판을 사실 인식의 차원에서 논박하는 것이 아니라, 이것에 가치 판단의 차원으로 호응해 버렸다. "너희들의 이미지는 잘못되어 있다"라고 대답하는 것이 아니라, "너희들의 사고방식이 이상하다"라고 했던 것이다. "심성의 학을 중시해서 무엇이 나쁜가?"라고 하여 한학이 만들어낸 송학의 허상을 그 송학의 계승자로서 자임하는 자들 스스로가 받아들이게 되었다. 논쟁은 송학의 상像에 대한 시비是非가 아니라 심성의 학에 대한 시비로 이행해버렸다. 이렇게 해서 오늘에까지 이르는 '송학'의 이미지가 자타 모두 인정하는 형태로 정착되어 버린 것이다.

되풀이하는 것이 되겠지만 자신의 사상思想으로서 받아들이는 경우, 그러한 이해는 당연히 옳다. 주희부터가 우선 그렇게 해서 공맹의 학의 이미지를 만들어갔던 것이기 때문이다. 다만 역사 인식의 문제로서 본

경우 이러한 차이—어긋난 정도—는 확실하게 파악되어야 할 것이다. 이른바 송학상은 의식적으로 원래의 송학의 일부를 과장·변형시켜 표현하고 묘사된 것에 불과한 것이다. 그것은 송명 유교에 들어맞았던 것임에는 틀림이 없지만 그 전체는 아니다. 특히 그들이 왜 그것을 주창했는가 라고 하는 가장 본질적이라고 생각되는 문제와 관계가 별로 없다. 심성의 학문으로서 그 성격이 규정된 '송학'은 송명에서 번영하였던 유학의 전체상을 표상하는 것은 결코 아닌 것이다.

　송명의 유교가 '가르침[教]'으로서 제시하려고 했던 것은 무엇이었을까. 그것은 이 책을 다 읽은 독자가 각자의 이미지에 따라 판단해 주면 좋을 것이지만, 단지 이 책의 서두에서 감히 비판의 대상으로서 내세운 이미지에 관하여 필자 나름의 수정안을 제시하는 책무는 피하기가 어렵다. 송학이란 무엇인가. 현 시점에서의 필자의 답안은 다음과 같다.

　북송 건국 후 대략 80년 후 한대 이래의 해석 방법에 이의를 제기하고 새로운 틀에서 경서를 이해하려고 하는 학풍이 일어나게 된다. 다음 세대에는 그것을 계승하여 왕안석의 신학이나 정호·정이의 도학이 탄생하였다. 도학은 남송의 주희에 의해 주자학으로서 집대성된다. 주자학이 사상계에서 우위를 차지하게 되자 그 지식 편중의 측면에 대한 반성이 이루어지고 육구연의 학풍이 이것에 대립함에 심성을 중시하는 것으로서 평가를 받게 되었다. 그러한 상황아래 왕수인이 각자의 마음의 움직임 그 자체로써 리理를 추구하는 양명학을 일으켰다. 그렇다고 해도 그것은 주자학이 관학으로서 고정화되고 정기를 상실했다는 것을 의미하는 것은 아니다. 주자학이든 양명학이든지 간에 양자는 모두 사회 질서를 어떻게 해서 유지·안정시켜 갈 것인가를 절실한 과제로서 떠맡았으며, 그것은 실천과 실용을 중시하는 기풍과 통하는 것이었다. 이러한 측면은 실학이라고 늘 불리고 있는 학풍과 중첩되고 있다. 실학

은 예수회를 통한 서양 문명과의 만남에 의해 명말 청초에 한층 더 발
전을 이루게 된다. 황종희·고염무 등은 그러한 시대적 상황의 와중에서
등장하고 이윽고 태동하게 될 고증학의 선구자가 된다. 고증학자는 스
스로의 학풍을 한학漢學이라 부르고 비판의 대상으로서 심성론을 송학
宋學이라고 불렀다.

저자 참고문헌

본서에서는 서술의 흐름을 중단하지 않으려고 굳이 본문 중에 주를 달지 않았다. 그렇지만 필자도 또한 선인의 연구 성과에 의거하여 '송학宋學'을 다루고 있다는 것은 말할 것까지도 없다.

본서의 집필에 맞추어 필자가 참조하였던 선행 연구 가운데에 주요한 것을 이하에 소개한다. 이것들은 어디까지나 필자가 본서 집필에 참고가 되었던 제 연구의 극히 일부분에 지나지 않으며, 다른 많은 논저를 채택할 수는 있었는데도 빠뜨린 것이 많았다는 생각이 든다. 그러한 점은 널리 양해를 구하고 싶다.

먼저 본서 전체에 관련되는 일본어로 쓰인 다음의 논저가 있다.

諸橋轍次, 『儒學の目的と宋儒の活動─慶曆より慶元に至る─』(初版 1929年. 諸橋轍次著作集一, 大修館書店, 1975年)

島田虔次, 『中國における近代思惟の挫折』(筑摩書房, 1949年, 후에 新版이 있음)

楠本正繼, 『宋明時代儒學思想の研究』(廣池學園出版部, 1962年)

山井湧, 『明淸思想史の研究』(東京大學出版會, 1981年)

湯淺幸孫, 『中國倫理思想の研究』(同朋舍, 1981年)

溝口雄三, 『中國前近代思想の屈折と展開』(東京大學出版會, 1980年)

溝口雄三・伊東貴之・村田雄二郎, 『中國という視座』(平凡社, 1995年)

중국어로 쓰인 것은 솔직히 말해서 충분히 소화해 낼 수는 없지만, 본서의 집필에 즈음하여 수시로 참조했던 것은 이하의 논저이다.

錢穆, 『朱子新學案』(台北: 三民書局, 1971年. 成都: 巴蜀書社, 1986年)

侯外廬外編, 『宋明理學史』(北京: 人民出版社, 1984年・1987年)

張立文, 『宋明理學研究』(北京: 中國人民大學出版社, 1985年)

陳來, 『宋明理學』(瀋陽: 遼寧教育出版社, 1991年)

劉子建, 『兩宋史研究彙編』(台北: 聯経出版, 1987年)

陳榮捷, 『朱學論集』(台北: 台湾學生書局, 1982年)
陳榮捷, 『朱子新探索』(台北: 台湾學生書局, 1988年)

진영첩陳榮捷의 책에 수록된 제 논문은 원래 그 자신이 영어로 발표한 것을 다른 사람이 번역한 것이다.
또한 자기 선전을 하는 것 같이 들리겠지만, 본서의 서술 내용을 보다 잘 이해하기 위해서는 필자의 전작前作을 참고로 해주었으면 좋겠다.

小島毅, 『中國近世における礼の言說』(東京大學出版會, 1996年)

1. 천天

이 장은 아래에 열거하는 필자의 졸고에 근거하고 있다.

小島毅, 「宋代天譴論の政治理念」(東京大學東洋文化研究所紀要107, 1988年)
小島毅, 「郊祀制度の変遷」(東京大學東洋文化研究所紀要108, 1989年)

위 두 편의 논문의 내용은 원래 석사 논문(「北宋における天と地」, 1986年12月, 東京大學에 제출)의 제1장 및 제2장으로서 구상한 것이었다.

본서에서는 언급하지 않았지만, 마찬가지로 북송北宋 후반에는 음율音律의 제정 방법을 둘러싼 논쟁도 있으며 이 역시 천天 관념의 변질에 관련되어 있었다고 이해해 볼 수가 있다. 그러한 경위는 다음의 논문에서 서술하였다.

小島毅, 「宋代の樂律論」(東京大學東洋文化研究所紀要109, 1989年)

천인상관天人相關 사상은 중국 사상사를 관통하고 있는 커다란 테마이며, 특히 고대에 관해서는 그 연구 성과도 많다. 여기에서는 다음의 논문만을 언급해 두기로 한다.

池田知久, 「中國古代の天人相關論―董仲舒の場合―」(溝口雄三外編, 『アジアから考える〈7〉世界像の形成』, 東京大學出版會, 1994年)

동중서董仲舒에 의해 이론화되었던 천견론天譴論은 정치의 장場에 있어서 재상宰相의 책임을 묻는다고 하는 형태로 기능하게 된다.

影山輝國, 「漢代における災異と政治―宰相の災異責任を中心に―」(史學雜誌90-8, 1981年)

가게야마影山는 위의 논문에서 "재이사상災異思想은 …… 한漢 체제의 붕괴와 함께 그 '정치적' 생명을 잃어버렸던 것이다"라고 결론을 짓고 있지만, 그렇게 단정할 수 없다는 것은 이미 필자의 졸고에서 서술하였다.

한대漢代 천견론天譴論을 고찰하는 데에는 『한서漢書』 「오행지五行志」의 독해를 빠뜨릴 수 없다.

富谷至·吉川忠夫, 『漢書五行志』(平凡社東洋文庫, 1986年)

왕안석의 천견론, 아니 그보다는 천인상관 사상에 대한 비판자로서의 언행과 행동은 그의 사상을 적극적으로 평가하려고 하는 연구에 있어서 자주 언급되는 부분이다. 이미 30년 전의 논문이지만 우연히 같은 해에 다음의 두 편의 논문이 간행되어 발표되었다.

內山俊彦, 「王安石思想初探」(日本中國學會報19, 1967年)
寺地遵, 「天人相關說より見たる司馬光と王安石」(史學雜誌76-10, 1967年)

우치야마內山는 왕안석에 있어서의 천天과 인人을 구별하는 사고방식을 "중국 사상사에서의 합리적 자연 인식의 발달 상태에서 하나의 진보적 좌표座標를 차지하고 있다"고 평하고 있으며, 데라지寺地는 보수파인 사마광과의 대비를 통하여 비슷한 논지를 전개한다. 이러한 평가 방법의 틀을 문제로 삼으려고 하는 것이 위에서 기술한 필자의 졸고 및 본서의 입장이다.

또한 데라지寺地는 구양수의 천견론에 관하여 다음의 논문 속에서 구양수가 "오행설五行說에 의해 왕정王政을 비판하는 자세로부터 오행설에 입각한 의론은 천인天人의 관계를 오인한 의론議論이라고 하는 태도로의 변화"를 보여주었음을 지적하고 있다. 필자가 이러한 견해에 반드시 동의하지 않는다는 것은 본문 중에서 논했던 바대로이다.

寺地遵, 「歐陽脩における天人相關說への懷疑」(廣島大學文學部紀要28-

1, 1968年)

덧붙여 말하면 제3장에서 소개한 '황제기관설皇帝機關說'이란 데라지寺地의 용어이다.

복의濮議의 논쟁의 쟁점이 구양수와 사마광의 군주론君主論의 서로 다른 차이점에서 유래한다는 것에 관해서는 다음의 논문을 참조.

小林義廣, 「'濮議'小考」(東海大學紀要文學部54, 1990年)

고바야시小林에게는 그 외에도 구양수歐陽脩에 관한 다수의 논문이 있다. 그 이름이 '수修'라고 표기된 것도 있지만 본서에서는 고바야시의 연구에 의거해서 '수脩'를 사용하였다.

구양수에 있어서의 리理의 용법, 또한—본서의 제2장·제3장의 내용에 관련된 것이지만—그가 자주 사용하던 인정人情이라고 하는 말에 관해서는 쓰치다 겐지로土田健次郎가 구체적이고 상세한 논의를 전개하고 있다.

土田健次郎, 「歐陽脩試論—理·人情·自然·簡易—」(中國-社會と文化3, 1988年)

미조구치 유조溝口雄三는 정성껏 세밀히 정사正史를 해독하여 황해蝗害에 대한 당唐·송宋의 위정자의 태도의 차이점을 천관天觀의 변화로써 논하고 있다.

溝口雄三, 「異と同の瀨踏みⅣ—日本·中國の概念比較—中國の'天'(上·下)」(文學55-12, 56-2, 1987年·1988年)

미조구치溝口는 "당으로부터 송초에 걸쳐서 천인상관에서 천인합일로, 구체적으로는 천견사응天譴事応에서 천견수덕天譴修德으로, 그리고 병속적併續的으로 천리수덕天理修德으로 천관天觀이 변화한다"고 지적하고 있다.

미조구치는 최근의 몇 년 동안 천관天觀에 그다지 근본적인 전환은 일어나지 않았다고 하는 비판에 응하여 자기주장의 어조를 약간 낮추고 있는 듯이 보인다. 하지만 송대 이전에 이미 유사한 사례가 보인다고 하더라도 그러한 사상가가 그다지 많지 않았다고 하는 점과 일반적인 언설 편제 사이에는 역시 '천관天觀의 전환轉換'이라고 불러도 상관없을 질적인 변화가 일어났던 것은 아닐까. '과학적'인 천문학의 지식은 극히 일부의 전문가에게만 이해되었던 것이기 때문이다.

교사郊祀는 상황이 더 복잡하다. 게다가 당시 사람들에게 있어서는 국가 대사大事 중의 하나였기 때문에 사료에서의 언급도 그만큼 많으며, 그 경위를 간결하게 설명하는 것도 쉽지는 않다. 위에서 열거한 필자의 졸고에서는 관심사항으로 범위를 좁혀서 그 변천을 논술하였지만, 결코 이해하기 쉽지만은 않을 것이다.

金子修一, 「漢唐間における皇帝祭祀の推移─國家と祭祀─」(水林彪外編, 『比較歷史學大系1·王權のコスモロジー』, 弘文堂, 1998年)

이 논문은 가네코金子가 이십 년 동안 착실하게 실증적인 연구를 축적해 온 성과에 의거해 있으며, 초학자初學者들도 이해하기 쉽게 설명하고 있다. 위의 같은 책에 수록되어 있는 다음의 논문은 교사郊祀의 코스멀러지cosmology[宇宙論]를 명확히 밝히고 있다.

妹尾達彦, 「帝國の宇宙論─中華帝國の祭天儀礼─」(水林彪外編, 『比較歷史學大系1·王權のコスモロジー』, 弘文堂, 1998年)

전한前漢에 있어서의 교사郊祀 성립의 양상을 상세하게 기술한 사료는 『한서漢書』 교사지郊祀志인데, 그 역주로서 다음의 책을 참조하였다.

狩野直禎·西脇常記, 『漢書郊祀志』(平凡社東洋文庫, 1987年)

종묘宗廟에서 몇 대 전까지의 조상을 제사지낼 것인가 라는 의론도 교사교사郊祀의 시비是非와 마찬가지로 전한 말의 하나의 큰 논쟁거리였다. 다음의 책에는 그러한 경위가 서술되어 있다.

板野長八, 『中國古代における人間觀の展開』(岩波書店, 1972年)

송대宋代의 교사郊祀에 관해서는 다음 두 분의 연구를 참조하였다.

山內弘一, 「北宋時代の郊祀」(史學雜誌92-1, 1983年)
梅原郁, 「皇帝·祭祀·國都」(中村賢次郎編, 『歷史のなかの都市—續都市の社會史—』, ミネルブァ書房, 1986年)

'리理'는 송명이학宋明理學이라는 호칭에서 볼 수 있는 바와 같이 이 책이 다루고 있는 시대의 사상가들에게 있어 가장 근간에 위치하는 개념이었다. 이 말은 고대로부터 사용되고는 있었지만 더욱 중요한 개념이었던 '기氣'와의 대비로 사용됨으로써 이기론理氣論이 탄생한다.

溝口雄三, 「中國における理氣論の成立」(溝口雄三外編, 『アジアから考える〈7〉世界像の形成』, 東京大學出版會, 1994年)

정이程頤의 리理의 사상에 관한 철학적인 해설서로는 다음의 책이 있다.

市川安司, 『程伊川哲學の研究』(東京大學出版會, 1964年)

그런데 당대唐代에서 제3대 고종高宗의 이름이 치治였기 때문에 고종의 위패가 태묘太廟에 모셔지게 되었던 백 년 정도의 사이에 이 글자를 대신하여 리理라는 자가 사용되던 시기가 있었다. 예를 들면 '효치孝治'는 '효리孝理'라고 표기된 것이다. 기노시타 데쓰야木下鐵矢는 이것이 후세에 크게 영향을 끼치었다는 점에 대해 지적하고 있다.

木下鐵矢, 「'治'より'理'へ—陸贄·王安石·朱熹—」(東洋史研究55-3, 1996年)

또한 여담이지만 송대宋代에 있어서 은殷을 전적으로 상商이라고만 부른 것은 예조藝祖의 아버지인 선조宣祖 조홍은趙弘殷의 휘諱를 피하기 위함이었다. 본서에서는 이것에 따랐다.

군주에게 '정심正心'을 요구해 가는 태도와 '심학心學'의 흥륭興隆을 다루었던 학자는 시어도어 드 배리Wm. Theodore de Bary이다.

Wm. Theodore de Bary, Neo-Confucianism Orthodoxy and the Learning of the Mind-and-heart, Columbia University Press: New York, 1981.

이 책의 겉표지에는 오카다 다케히코岡田武彦의 휘호揮毫에 의한 「도학과 심학[道學与心學]」이라는 중국어 제목이 적혀 있지만, 내용적으로는 결코 통상적인 도학 대 심학의 도식에 따르고 있는 책은 아니다.

'극기복례克己復礼'에 대한 주희의 해석에 관하여 필자의 견해를 다음의 논문에서 제시한 적이 있다.

小島毅, 「朱熹の克己復礼解釋」(宋代史硏究會編, 『宋代の規範と習俗』, 汲古書院, 1995年)

이 논문은 그 후 필자의 졸저인 『中國近世における禮の言說』에 일부의 내용을 고쳐 쓴 다음에 수록하였다.

주희의 왕안석 평가에 관해서는 다음의 논문이 잘 정리해서 소개하고 있다.

石田肇, 「朱熹の熙寧前後觀」(群馬大學敎育學部紀要人文社會科學編30, 1980年)

2. 성性

이 장은 기본적으로 새로 쓴 것이다. 그것은 필자 자신이 가장 다루기 벅차고 또한 대하기 싫은 것이 이 심성론心性論이기 때문이다.

중국 '철학哲學'의 현장에 있어서 엄청난 축적[汗牛充棟]이 이루어져 있고 거기에 새롭게 덧붙일 만큼의 내용을 종래와 비슷한 시각에서는 발견하기 어려웠다는 점, 필자 자신의 성향이 그러한 철학적인 논의에 향하여 있지 않다는 점이 그 이유이다. 본서에서도 심성론의 실제에 깊이 파고드는 것을 피해가면서 심성론을 둘러싼 오늘날의 설명에 잠복해 있는 문제점으로 테마를 조금 옮기어 서술을 진행하였다. 송으로부터 명에 이르기까지 전개되는 심성론의 내용에 대해 알고 싶어하는 독자들에게는 조금 허탕을 쳤다는 느낌을 갖게 할 수도 있을 것이다. 그러한 분들은 이하의 제 연구를 직접 살펴봐 주기를 바란다. 또한 제3절의 내용 중에서 일부는 본서와 병행하여 집필한 다음의 논고와 중첩되고 있다.

小島毅, 「八條目のあいだ」(東洋文化研究, 1999年)

주자학의 심성론이 선禪을 향하여 대항 의식을 갖추고 있다는 것은 말할 필요도 없다. 양자의 관계에 관하여 논한 것으로서는 ―필자에게 있어 ― 조금은 난해하지만 역시 다음의 연구서가 참고가 되었다.

荒木見悟, 『仏敎と儒敎』(平樂寺書店, 1963年)

1993년에 겐분 출판研文出版에서 신판新版이 나왔는데 상당히 읽기 쉽게 되었다.

아래의 요시다吉田의 책은 육구연으로부터 왕수인으로의 사상적 흐름의 와중에 주희를 관련시켜 설명한 책이다.

吉田公平, 『陸象山と王陽明』(研文出版, 1990年)

야마시타 류지山下龍二 등은 이러한 방식의 '육왕심학陸王心學'이라고
파악하는 방법을 비판하고 있다.

山下龍二, 『陽明學の硏究(成立篇)』(現代情報社, 1971年)

북송에 있어서의 맹자 평가에 관해서는 곤도 마사노리近藤正則에게 일
련의 연구가 있으며, 그 중에서 주로 정이에 관련된 것이 한 권으로 정리
되어 있다.

近藤正則, 『程伊川の『孟子』の受容と衍義』(汲古書院, 1996年)

과거제도의 개혁에 관해서는 제도사 방면으로 많은 연구가 이루어져
있지만, 신의新義—왕안석王安石이 『시경詩經』·『서경書經』·『주례周禮』
에 가한 새로운 해석—에 관한 문제를 비교적 상세하게 다루고 있는 책을
소개해 둔다.

近藤一成, 「王安石の科擧改革をめぐって」(東洋史硏究46-3, 1987年)

주희 사상의 변화 과정을 더듬어 조사하는 작업도 많이 이루어져 있다.

友枝龍太郎, 『朱子の思想形成』(春秋社, 1969年)

전기傳記에 관련된 연구는 일본에서도 이루어져 있지만, 분량이란 점에
서는 총 자수 83만 자에 육박하는 다음의 책에 비견될 만한 것은 아마
없을 것이다.

束景南, 『朱子大伝』(福建敎育出版社, 1992年)

남송 초기에 장구성과 호굉이 완수했던 역할이나 주희가 동세대의 지인
知人들과 어떠한 논쟁을 전개하고 있었는가에 관해서는 일본에서도 숱한

연구가 이루어져 있는데, 미국에서의 연구 성과로서는 다음의 책이 있다.

Hoyt Cleveland Tillman, Confucian Discourse and Chu Hsi's Ascendancy, University of Hawaii Press: Honolulu, 1992.

이것은 티엔하오田浩라는 저자의 중국 이름에 의해 『주희의 사유 세계 朱熹的思惟世界』라고 제목이 붙어 대만의 윈천允晨 출판사에서 1996년에 번역되어 출판되었다.

高畑常信, 『宋代湖南學の研究』(秋山書店, 1996年)

위의 책은 현행의 『장남헌문집張南軒文集』의 성립 과정에 관하여 탐구하고 있다.

주희의 정론 확립을 다룬 연구는 많다. 그러나 필자에게 있어 특히 참고가 되었던 논문은 다음의 네 개이다.

福島仁, 「朱子心性論の成立過程」(日本中國學會報33, 1981年)
市來津田彦, 「朱熹の程顥解釋について―定論確立の前後を中心として―」(東北大學教養部紀要39, 1983年)
土田健次郎, 「朱熹の思想における心の分析」(フィロソフィア78, 1991年)
早坂俊廣, 「朱熹の'人心·道心'論(1)―'人心·道心'解釋の展開について―·(2)―'精一·執中'解釋を中心として―」(哲學[廣島大學]43·44, 1991年·1992年)

하야사카早坂는 주희가 주장하는 바의 결정적인 전기轉機를 순희淳熙 15년(1188) 무렵이라고 보고 "자기의 마음이 천리天理인가 인욕人慾인가라고 하는 존재의 문제로부터 자기의 마음이 천리에 따라 지각知覺하는가라는 인식의 문제로의 전환"이 있었다고 한다.

장재 문하와 이정의 관계에 관해서는 아래의 논문을 참조.

菰口治, 「張橫渠と程伊川の礼―宗法を中心にして―」(集刊東洋學26,

1974年)

양명학의 성설性說 및 무선무악설無善無惡說에 관해서도 많은 연구가
있다. 여기에서는 다음의 책 속의 「성선설性善說」과 「무선무악설無善無
惡說」이라는 장을 예로 든 것에 그치겠다.

荒木見悟, 『陽明學の位相』(研文出版, 1992年)

동림당東林党이라고 불리는 집단에 관한 포괄적인 연구로써 참고가 되
었던 것은 다음의 책들이다.

小野和子, 『明季党社考─東林党と復社─』(同明舍, 1996年)
溝口雄三, 「いわゆる東林党人士の思想─前近代期における中國思想の
展開(上)─」(東京大學東洋文化研究所紀要75, 1978年)

동림학파가 이학理學·심학心學에 대하여 성학性學을 제창했다고 하는
연구도 있다.

鶴成久章, 「東林党における‘性學’の成立」(東洋古典學研究1, 1996年)

황종희 『명유학안』의 서술의 문제점에 관해서는 야마노이 유山井湧의
전게서前揭書에 수록되었던 「明儒學案の四庫提要をめぐって」라는 논문
등을 힌트로 하여 이미 다른 논문에서 다루었다.

小島毅, 「もう一つの明儒學案─福建朱子學展開の物語─」(中國哲學研
究5, 1993年)

이 논문의 내용을 대폭적으로 수정해서 『中國近世における禮の言說』에
다시 수록하였다. 전게前揭의 『宋明理學史』도 일장一章을 할애하여 『명
유학안』에 관한 내용의 분석을 행하고 있다. 그 외에 학안學案 형식의 전

개를 정리한 논저로서는 다음의 것이 있다.

　陳祖武, 『中國學案史』(台北: 文津出版社, 1994年)

　본서가 언급하지 않았던 그 후의 성설性說의 전개에 관해서는 다음의
논문이 잘 정리하고 있다.

　馬淵昌也, 「明淸時代における人性論の展開と許誥」(中國哲學硏究1,
1990年)
　垣內景子, 「朱熹の'敬'についての一考察」(日本中國學會報47, 1995年)

　위의 논문은 주자학에서 궁리窮理와 나란히 하여 거경居敬이 제시되어
지고 있다는 것의 의미를 명확히 밝히고 있다.
　주희의 심학心學적인 측면을 어디까지 평가할 것인가에 관해서는 중국
과 대만에서도 그 견해가 나누어져 있다.

　金春峰, 『朱熹哲學硏究』(台北: 東大図書, 1998年)

　이것은 풍우란馮友蘭·모종삼牟宗三·진래陳來 등의 주장을 비판하고
심학적인 측면을 강조하고 있는데 거의 전목錢穆의 입장과 가깝다.
　'심학心學'이 가지고 있는 문제점에 대한 지적은 다음의 논문이 있다.

　佐野公治, 「宋明時代のいわゆる'心學'について」(『山下龍二敎授退官記念
中國學論集』, 1990年)

　양명학 출현 이전의 명대 사상의 동향에 관해서는 아래의 연구가 있다.

　佐野公治, 「明代前半期の思想動向」(日本中國學會報26, 1974年)
　福田殖, 「吳康齋から陳白沙へ―明代初期學術思想界の動向―」(九州大
學敎養部文學論輯37, 1992年)

명대明代에 있어서의 고증학풍의 학문체계[學知]에 관해서는 아래의 책이 있다.

林慶彰, 『明代考據學研究』(台北: 台湾學生書局, 1983年)

진순陳淳 『북계자의北溪字義』의 일본어 번역서는 다음의 책에 의거하였다.

佐藤仁, 『朱子學の基本用語―北溪字義譯解―』(硏文出版, 1996年)

3. 도道

이 장은 학회에서의 두 차례의 구두 보고에 의거하고 있다. 하나는 1996년 10월의 일본중국학회日本中國學會에서 발표한 「주돈이 평가에 관하여周敦頤評価について」이고, 또 다른 하나는 1997년 11월의 동양사학연구회東洋史學硏究會에서 발표한 「원명의 문묘 종사 논의에 관하여元明の文廟從祀議論について」이다.

모두 논문으로서는 발표하지 않았다. 그렇다고 하기보다는 본서의 준비 작업을 하는 데 있어서 끌어들인 것이 바로 위의 두 차례의 학회 보고였던 것이다. 또한 주돈이에 관해서는 콘라드 쉘커와 이홍기李弘祺가 주최한 바하마Bahamas의 연구 토론회에서도 영어로 발표하였다.

주돈이 문제에 관한 본서의 논지 전개는 이하에 열거한 쓰치다 겐지로土田健次郎의 연구 성과에 의거하고 있다. '주돈이 신화神話'라고 하는 말도 쓰치다의 표현이다.

土田健次郎, 「伊川易伝の思想」(宋代史研究會編, 『宋代の社會と文化』, 汲古書院, 1983年)
土田健次郎, 「道統論再考」(『鎌田茂雄博士還曆記念論集·中國の仏敎と文化』, 大藏出版, 1988年)

土田健次郎,「周程授受再考」(東洋の思想と宗教13, 1996年)
土田健次郎,「宋代思想史上における周敦頤の位置」(『東方學會創立五十
周年記念東方學論集』, 1997年)

주돈이를 이학理學의 개산開山이라고 간주해서는 안 된다고 하는 주장
은 등광명鄧廣銘에 의해서도 제기되었다.

鄧廣銘,「關於周敦頤的師承和傳受」(『鄧廣銘治史叢稿』, 北京大學出版社,
1997年)

최근 아즈마 주지吾妻重二는 종래의 통설에 반대하여 태극도太極図는
오히려 주돈이 자신의 창안일 것이라고 하는 설득력 있는 학설을 제기하
였다.

吾妻重二,「太極図の形成」(日本中國學會報6, 1994年)

주희에 의한 이정二程 자료의 수집에 관해서는 아래의 논문이 있다.

市來津由彦,「閩北における朱松と朱熹─程氏語録資料の收集をめぐって
─」(集刊東洋學62, 1989年)

오시마 아키라大島晃는 주희와 장식이 서로 교류하면서 주돈이로 시작
되는 도통론道統論을 구축해 가는 과정을 그려내고 있다.

大島晃,「宋學における道統論について」(東大中哲文學會報6, 1981年)

도통론에 관하여 영어로 쓰여진 연구로서는 쓰치다土田가 「도통론재고
道統論再考」의 주注에서 언급하고 있다. 진영첩陳榮捷·유자건劉子健의
것─모두 중국어역中國語譯이 있다는 것도 쓰치다가 서술하고 있다─ 즉
위에서 이미 소개한 바 있는 책에 수록되었던 논문 이외에 최근 토마스
윌슨이 다음과 같은 책을 내놓았다.

Thomas A. Wilson, Genealogy of the Way: The Construction and Uses of the Confucian Tradition in Late Imperial China, Stanford University Press: Stanford, 1995.

엘렌 네스카는 자신의 박사 논문 —아마도 가까운 장래에 단행본으로써 간행될 것이다—에서 선현사先賢祠가 널리 퍼졌다는 사실에 의한 도학道學의 침투를 논하고 있다.

Ellen G. Neskar, 'The Cult of Worthies: A Study of Shrines Honoring Local Confucian Worthies in the Sung Dynasty (960 —1279)', Ph. D. Dissertation at Columbia University, 1993.

한유韓愈의 '원＝도통론'—이렇게 표현한 것은 필자 자신이 명명한 것에 불과하지만—에 관해서는 시마다 겐지島田虔次가 다음 책의 제1장에서 상당히 많은 페이지를 할애해 가면서 해설하고 있다.

島田虔次, 『朱子學と陽明學』(岩波新書, 1967年)
末岡實, 「唐代'道統論'小考─韓愈を中心として─」(北海道大學文學部紀要36-1, 1988年)

위 논문의 연구에서는 「원도原道」가 주공周孔의 도道에서 공맹孔孟의 도道에로의 전환을 이루었다는 점을 지적하고 있다.
송학 성립기의 양상에 관해서는 다음의 제 연구가 비교적 상세하다.

麓保孝, 『北宋における儒學の展開』(書籍文物流通會, 1967年)
Peter K. Bol, "This Culture of Ours": Intellectual Transitions in T'ang and Sung China, Stanford University Press: Stanford, 1992.
陳植鍔, 『北宋文化史述論』(北京: 中國社會科學出版社, 1992年)
程傑, 『北宋詩文革新研究』(台北: 文津出版社, 1996年)

진식악陳植鍔은 손복·석개·구양수의 단계에서는 아직 성설性說에 대

한 관심은 적었고 —의리의 학, 왕안석·정이·소식·장재 등에 의해서 성리
性理의 학이 시작되었다고 한다. 정걸程傑은 소위 경력사인慶曆士人을 손
복·석개 등 경동사인京東士人과 구양수를 중심으로 하는 문인 집단으로
나누어 후자의 획기적인 성격을 지적하고 있다.

　어느 쪽이라 하든 이 시기의 연구는 아직 충분히 이루어져 있지 않으며,
필자 자신도 송초 팔십 년 간의 양상을 명확히 밝혀내고 싶은 생각을 가지
고 있다. 이 시기를 다룬 것으로서는 송사연구집宋史硏究集에 연속해서
재록되어 있는 김중추金中樞씨의 일련의 논문이 있는데, 여기에서는 하나
만 그 제목을 소개해 둔다.

　金中樞, 「宋代的経學当代文化初探—聶崇義的三禮図學—」(宋史硏究集
　24, 台北: 國立編譯館, 1995年)

　가정嘉靖 9년의 개제改制에 관해서는 필자의 다음 논문에서도 논한 바
있다.

　小島毅, 「嘉靖の禮制改革について」(東京大學東洋文化硏究所紀要117,
　1992年)

　필자의 해석으로는 공자의 칭호 변경이 공자를 향한 경의敬意에서 유래
하는 것이지만, 일반적으로는 공자의 왕호王号를 도교道敎에 호의적이던
세종世宗이 박탈했다고 하는 견해가 통설인 것 같다.

　淺野裕一, 『孔子神話—宗敎としての儒敎の形成—』(岩波書店, 1997年)
　黃進興, 『優入聖域—權力, 信仰与正当性—』(台北: 允晨文化出版, 1994年)

　다만 아사노淺野는 정사正史에만 의거하여 당시의 의론議論을 상세하
게 더듬어 가는 조사·확인 작업을 하지 않았고, 황진흥黃進興이 근거로
하는 사료—그것들만으로는 확실히 왕호王号 박탈을 비판하고 있다—는
한쪽만의 견해를 대표하는 것에 지나지 않는다.

두 사람에게는 모두 가정 개제의 전체상을 파악하고자 하는 의도는 보이지 않으며, 또한 명초에 있어서의 성황신城隍神의 개칭改稱과의 연속성에도 주의를 기울이고 있지 않다. 성황신의 개칭 문제 등, 명의 사묘祠廟정책에 관해서는 다음의 졸고 세 편의 논문을 참조해 주기 바란다.

小島毅, 「城隍廟制度の確立」(思想792, 1990年)
小島毅, 「正祠と陰祠―福建の地方志における記述と論理―」(東京大學東洋文化研究所紀要114, 1991年)
小島毅, 「儒教の偶像觀―祭祀をめぐる言說―」(中國-社會と文化 6, 1992年)

덧붙여 말해두면 본고本稿를 탈고한 후에 웅화熊禾와 오징吳澄에 관한 다음의 연구를 저자인 주홍림朱鴻林이 직접 필자에게 보여주었다. 이로인하여 필자는 일본 국외에서의 연구 동향에도 항상 정보망을 쳐두고 있어야 할 필요성을 통감하였다. 필자가 동양사연구회東洋史研究會에서 행한 보고報告는 그때까지는 전혀 몰랐다고는 하더라도 아래의 논문과 겹치는 부분이 많다.

朱鴻林, 「元儒熊禾的學術思想問題及其從祀孔廟議案」(史藪3, 1998年)
朱鴻林, 「元儒吳澄從祀孔廟的歷程和時代意涵」(亞洲研究23, 1997年)

4. 교教

이 장도 기본적으로는 새롭게 쓴 것이다. 단지 제3절에서부터 제5절에 걸쳐서는 대만의 중앙연구원中央研究院 중국문철연구소中國文哲研究所가 주최한 「명대 경학 연구 토론회明代経學研討會」(1995년 12월) 및 「원대 경학 연구 토론회元代経學研討會」(1998년 12월)에 제출한 논문 원고―모두 같은 연구소에서 간행되었다―를 이용하였다.
또한 후자에 앞서서 그 내용의 일부를 1997년 11월에 교토대학京都大學

인문과학 연구소의 고미나미 이치로小南一郎의 연구반研究班에서 보고
하게 되었는데, 그곳에서 매우 귀중한 의견을 들을 수가 있었다.

경서經書의 안에서 어느 것이 중시되는가 라는 점에 그 시대의 특성을
볼 수가 있다. 다만 경서의 텍스트는 이미 주어져 있고, 그것을 어떻게
해석할 것인지가 문제가 된다.

野間文史, 『五経正義の研究』(汲古書院, 1998年)

육조六朝의 사대부에게 있어 『효경』이 어떠한 서적으로서 표상되고 있
었던가는 요시카와 다다오吉川忠夫의 「六朝時代における『孝経』の受容」
이라고 제목이 붙은 논문에 자세하게 설명되어 있다. 지금 이 논문은 아래
저서에 수록되어 있지만, 다른 제편諸篇과 합쳐서 통독하면 『효경』이 차
지하는 위치를 이해해 볼 수가 있다.

吉川忠夫, 『六朝精神史研究』(同明舍, 1984年)

본문에서는 언급하지 않았지만, 북송에서는 한 시기 동안 『상서尙書』
홍범편洪範篇이 주목을 받은 적이 있다. 그것은 천견론天譴論에 근거한
군주의 마음가짐을 설명한 문헌으로 보였기 때문이다.

吾妻重一, 「洪範と宋代思想」(東洋の思想と宗教3, 1986年)
蔣秋華, 『宋人洪範學』(台北: 國立台灣大學出版委員會, 1986年)

물론 『예기禮記』 중용편中庸篇도 그것과 나란히 하여 자주 단독으로
취급되었다.

田中正樹, 「北宋に於ける中庸と皇極─契嵩と蘇軾─」(集刊東洋學62,
　1989年)

역易에 관해서도 본문에서는 거의 언급하지 않았다.

今井宇三郎, 『宋代易學の硏究』(明治図書出版, 1958年)

사서四書의 성립과 그 전개 과정에 관해서는 다음의 연구가 있다.

佐野公治, 『四書學史の硏究』(創文社, 1988年)

주희의 예학禮學에 관해서는 아래의 논문이 있다.

上山春平, 「朱熹の『家禮』と『儀禮經傳通解』」(上山春平著作集7, 法藏館, 1995年. 初出1984年)

동관미망설冬官未亡說에 관해서는 아래의 책을 참조.

宇野精一, 『中國古典學の展開』(宇野精一著作集2, 明治書院, 1986年. 初出1949年)

방효유方孝孺의 정치사상에 관해서는 다음의 책의 안에서 논해지고 있다.

檀上寬, 『明朝專制支配の史的構造』(汲古書院, 1995年)

황좌黃佐에 관해서는 아래의 논문을 참조

井上徹, 「黃佐『泰泉鄕禮』の世界—鄕約保甲制に關連して—」(東洋學報 67-3·4, 1986年)

당군의唐君毅의 집필에 의한 「선언宣言」은 후에 「중국문화와 세계中國文化与世界」라고 개명改名되어 그의 전집에 수록되었다.

『唐君毅全集』4(台北: 台湾學生書局, 1991年)

중국 대륙에서 나온 선집은 아래의 것이다.

『唐君毅集』(北京: 郡言出版社, 1993年)

다만 본문 중에서도 서술한 바대로 일부가 정치적 이유에 의해 생략되어 있다.

신유가新儒家를 소개하는 목적으로 편집된 서적은 근년 들어 급증하고 있지만, 다음의 한 권만을 언급해 두겠다.

方克立·鄭家棟主編, 『現代新儒家人物与著作』(天津: 南開大學出版社, 1995年)

고증학자들의 송학宋學 표상에 관해서는 다음의 논문이 특히 참고가 되었다.

余英時, 「清代學術思想史重要觀念通釋」 (同氏『中國思想伝統的現代詮譯』所收, 台北: 聯経出版, 1987年)

고증학 전성기에 이것에 회의적인 입장에서 자기의 학술 체계를 구성한 인물에 관한 연구로서는 아래의 책이 있다.

山口久和, 『章學誠の知識論』(創文社, 1998年)

저자 후기

　책의 제목을 붙인다는 것은 즐거우면서도 동시에 괴로운 작업이다. 차라리 카피라이터의 재능이 있는 사람에게 위촉해 버리면 더 좋을지도 모르겠다. 필자 자신의 작품에는 역시 내 자신이 스스로 명명하고 싶다고 하는 미묘한 소유욕이 발동하여 이렇게 되었던 것이지만,『송학의 형성과 전개』라고 하는 것은 서점에서 가끔 눈에 띄어 사고 싶어지는 듯한 그러한 제목은 결코 아니다.

　그런 평범하면서도 모호한 제목을 붙인 것은 잠깐 동안 뇌리를 스치듯 지나가는 '이학理學의 탄생'이라는 말 때문이었다. 현대 일본에서 '이학'이라고 하면 오로지 자연과학 및 그 기초부문을 가리키고 그것에 종사하는 연구자도 이 한어漢語의 내력을 정확히는 알고 있지 못하다. 이 타이틀이라면 혹시 잠시 착각한 이과계의 사람들이 충동구매를 해줄지도 모르겠다는 그런 엉뚱한 상황을 상상해 보기도 하였다. 결국 '이학'이라는 말을 그만두고 '송학宋學'이라고 명명한 것은 일상의 일본어로 이루어진 어휘를 선택했기 때문이기도 하다. 또한 '이학'이라는 개념을 둘러싸고—'송학'의 경우와 마찬가지로 사정에 따라서는 그것보다 훨씬 복잡한—논쟁이 벌어지고 있기 때문이기도 하였다.

이학이라고 하든 송학이라고 하든지 간에 그때그때마다의 시대적 요청에 의해 그 표상이 변화하고 있다—특별히 이 용어에만 한정되는 현상은 아니지만—는 것이며, 시공을 초월한 '올바른 용법'이란 것은 존재하지 않는다. 어떠한 사고思考 내용을 어떻게 명명할 것인가 라고 하는 것은 그것 자체가 사상사의 연구 대상이다.

이 책에서 장의 구성이 천天·성性·도道·교敎라 하여 다소 점잔을 빼는 듯한 느낌이 되었던 것도 학술 용어 그 자체는 고대 이래로 거의 변화하지 않았음에도 불구하고, 그 내실이 바뀌어 온 것에 새삼스럽게 주의를 환기시키고 싶었기 때문이다. 말로서는 연속성이 있어도 사상을 설명하는 언어의 변화—고전그리스어·라틴어·서구 근대의 모든 언어—에 의해 어형이 바뀌고, 그 때문에 그것이 쉽게 보이는 서양에 비하여 중국 사상에서는 동일한 한자를 사용하기 때문에 천天이라면 천의 의미 내용이 어떻게 변화했는가는 좀처럼 이해하기가 힘들다. 보다 정확하게 말하면 경서 해석에서 동일한 문언을 어떻게 다른 음훈으로 바꾸어 읽었는지는 파악하기 어렵다.

당사자들이 확신범으로서 텍스트의 바꿔 읽기를 표방하는 경우는 좀처럼 없으며, 자신의 읽는 법이야말로 훈고에 딱 들어맞는 고전의 정통적인 훈독이라고 주장하는 것이 많기 때문에 사정은 더한층 번거로워진다. 덧붙여 예를 들면 주희의 어류語類로서 전해지는 내용이 과연 주희의 진의眞意에 맞는 것인가, 그것을 전한 문인에 의한 저작咀嚼—사물이나 문장의 뜻을 음미함—을 일단 거치고 있는 것이기 때문에 거기에서 구성되는 것은 그 문인이라는 여과 장치를 통해서 바라보는

주희의 상像이 되기도 한다. 텍스트와 직접 마주보고 그 내용을 검토·
고찰한다고 하는 것은 좀처럼 쉬운 일은 아니다.

본서를 집필하면서 필자 자신의 관심이 점점 그러한 쪽으로 기울어
감에 따라, 지금은 머릿속에 떠오르는 송학이라는 문제를 책이라는 매
체를 통해서 반영해 보고 싶은 마음이 든다. 그 때문이라도 빨리 본서
를 마무리짓지 않으면 안 되었던 것이지만, 여러 가지 일에 마음이 쏠
리어 진행 속도가 늦어지게 되었고 마침내 책의 후기後記를 쓸 수 있는
단계에 이르게 되었다.

소우분샤創文社의 고야마 미쓰오小山光夫씨에게서 중국학예총서中
國學藝叢書 시리즈의 한 권을 담당해 달라고 하는 말을 들었던 것은
오 년 전의 가을이었다. 당초에는 '송명의 사상'에 적합한 내용을 계획
하였던 것이지만, 무리하게 실력 이상의 계획을 짜지 않는 것이 좋을
거라고 판단하여 이러한 구성이 되었다. 중국사상 전문의 연구자뿐만
아니라 그 이외의 독자를 상정하여 쓴 것이기 때문에 내용적으로는 '무
엇을 이제 와서 새삼스럽게'라고 생각하는 경향도 있을 것이지만, 그러
한 점에서는 많은 양해를 바랄 뿐이다.

요 몇 년간 「참고 문헌」 부분에 열거한 논저 및 거기에서 언급한
필자의 구두 보고에 대해서 의견을 주신 선생님들 외에, 현재 근무하고
있는 도쿠시마대학德島大學, 도쿄대학東京大學의 동료 및 강의·연습
에 참가해 주신 모든 분, 집중 강의에 불러준 가가와대학香川大學·나
루토교육대학鳴門敎育大學·야마구치대학山口大學·히로사키대학弘前
大學에서의 수강생 여러분, 게다가 멀리 떨어진 곳에서 2년 간 고로苦
勞를 함께 했던 고금동서의 사상분야 전문가 여러분들로부터 여러 모
로 많은 도움을 받았다. 한 분 한 분 그 이름을 열거하지는 않겠지만

여기에서 감사의 뜻을 표하고 싶다. 끝으로 가족들에게도 감사의 마음을 전한다.

기유년 입칠에己卯 立春
고지마 쓰요시小島毅

※야마카와출판사山川出版社의 1999년 판의 교과서부터는 주돈이周敦頤와 육구연陸九淵의 이름이 사라졌다. 기뻐해야 할 일인지 아니면 슬퍼해야 할 일인지……다른 출판사는 지금으로서는 종래 그대로이다(己卯四月追記).

역자 참고문헌 및 주

1) 小川環樹外編, 『角川新字源』(改訂版), 角川書店, 1999年 12月.
2) 두산동아 편, 『百年玉篇』(제2판), 2002년 1월.
3) 지재희외 역해, 『주례周禮』(동양학 총서), 자유문고, 2002년 6월.
4) 谷川道雄 외 저, 중국사연구실 편역, 『중국역사中國歷史』(상·하), 신서원, 1993년 8월.
5) 黎靖德 편, 허탁 외 역주, 『주자어류朱子語類』(1·2·3·4), 청계, 1998년·2001년.
6) 鄭玄·賈公彦 주소, 오강원 역주, 『의례儀禮』(1·2·3), 청계, 2000년 9월.
7) 가노 나오키 저, 吳二煥 역, 『中國哲學史』을유문화사, 1986년.
8) 宇野哲人 저, 박희준 옮김, 『중국의 사상』대원사, 1991년.
9) 朱子思想研究會 역, 『주서백선』혜안, 2000년 8월.
10) 宋正洙 저, 『中國近世鄕村社會史研究—明淸時代 鄕約·保甲制의 形成과 展開—』도서출판 혜안, 1997년 8월
11) 미야자키 이치사다 저, 박근칠·이근명 역, 『중국의 시험지옥—과거 科擧—』청년사, 1993년 초판.
12) 박용만 역, 『효경孝經』, 이회문화사, 2003년 1월.

1) 황황蝗이란 메뚜기와 비슷하나 몸집이 조금 더 크며, 떼지어 날아다니면서 벼에 큰 해를 끼치는 해충이다. 『예기禮記』에 '황충위재蝗蟲爲災'라는 문장이 보인다. 여기에서는 황을 총칭해서 메뚜기라고 하고, 이하의 메뚜기 떼에 의한 피해는 그대로 황해蝗害라고 부른다.
2) 왕안석(1021~1086)은 북송의 정치가·문인으로 강서江西 임천臨川 출신이다. 자는 개보介甫, 호는 반산半山. 신종에게 등용되어 신법을 시행하고 재상으로서 정치 개혁을 도모하였지만, 보수파[司馬光 등]들로부터 악평을 받았다. 또한 문장가이면서 사상가로서도 유명하고 당송

팔대가唐宋八大家의 한 사람이다. 저서로는『臨川集』,『周官新義』등
이 있다.
3) 동중서(BC179?∼BC104?)는 전한前漢의 학자로 하북성河北省 광천廣
川 사람이다. 어려서『춘추春秋』를 공부하여 공양학公羊學에 정통하
였고, 효경제孝景帝 때 박사博士가 되었다. 동중서의 학문은 공양公羊
으로 대표되는데, 그것은 음양오행과 인사의 관계를 밝힌 것이다. 무
제에게 발탁되어 유교를 국교화하는데 큰 역할을 담당하였다. 저서에
『춘추번로春秋繁露』가 있다.
4) 유향(BC77∼BC6)은 전한 말의 학자로 본명은 갱생更生이며, 자는 자
정子政이다. 초나라 원왕의 후예로서 한나라 종실사람이다. 선제·원제
때에 조정에서 활약하면서 광록대부光祿大夫가 되었다. 그는 궁중의
장서를 정리·교정하였고,『열녀전列女傳』,『신서新序』,『설원說苑』
등을 저술하였다. 그의 아들 유흠(BC53?∼23)은 자가 자준子駿이며 전
한 말에서부터 왕망王莽의 신조新朝까지 봉사한 인물이다. 아버지와
마찬가지로 그도 궁중의 장서를 정리·교정하였고 도서해제목록인『칠
략七略』을 저술하였다.
5) 반고(32∼92)의 자字는 맹견孟堅이며 섬서성 부풍의 사람이다. 반표의
아들로 아버지의 뜻을 이어 20여 년 동안『한서漢書』를 저술하였지만
미완성으로 남긴 채 옥사하게 되고, 여동생인 반소班昭가 보충하였다.
그 밖에『양도부兩都賦』라는 책이 있다.
6) 사마광(1019∼1086)은 북송의 인종·영종·신종의 때에 활약하였던 정
치가이자 유학자이다. 자는 군실君實, 지금의 산서성 하현 사람이다.
왕안석의 신법에 극렬하게 반대하던 구법당의 대표라고 할 만한 인물
이며, 후에 태사온국공太師溫國公의 칭호를 받았다. 지은 책으로는
『자치통감資治通鑑』이 있다.
7) 구양수(1007∼1072)는 북송의 정치가·문학자로 강서성 여릉 사람이다.
자는 영숙永叔, 호는 취옹醉翁 후에 육일거사六一居士라 하였다. 시호
는 문충文忠. 인종 때에 참지정사參知政事가 되었지만, 왕안석에게 반
대하고 사직하였다. 시문에 뛰어났으며 당송팔대가의 한 사람이다.『
신당서新唐書』,『신오대사新五代史』,『육일시화六一詩話』등 저작이
많다.
8) 요숭(650∼721)은 당나라 현종 때에 활약하던 현신이다. 자는 원지元
之이며, 송경宋璟과 더불어 당조唐朝 중흥에 공헌한 명신으로 알려져

있다.

9) 소식(1036~1101)은 송의 문호로 당송팔대가의 한 사람이며 소순蘇洵
   의 장자이다. 자는 자첨子瞻 호는 동파거사東坡居士라고 한다. 저서에
   『동파전집東坡全集』『동파역전東坡易傳』『동파서전東坡書傳』 등이
   있다. 그 작품 중에 「전·후적벽부前·後赤壁賦」는 유명하다. 동생인 철
   轍을 소소小蘇 그를 대소大蘇라고 부른다. 또한 소선蘇仙 혹은 소장
   공蘇長公이라고도 불린다.

10) 당·송대에 중앙에 설치되어 조칙과 중앙 정부의 명령을 지방에 전달
    하고 또한 지방으로부터의 보고를 중앙에 전달하던 중개 관청.

11) 호전(1103~1180)은 남송의 정치가이며 길주 여릉廬陵(지금의 江西
    省) 사람이다. 자는 방형邦衡이며 금金의 침략에 즈음하여 진회秦檜에
    게 반대하고 주전론主戰論을 제창하였다.

12) 유창(1019~1068)은 송대 사람으로 임강 신유현新喻縣(江西省에 속
    해 있음) 출신이며 자는 원부原父이고 호는 공시公是이다. 과거의 정
    시廷試에 장원 급제하여 관직 생활을 시작하였고 그 후 여러 관직을
    두루 거쳤다. 그 학문은 경학經學은 물론이고 불교, 노장, 천문, 복서
    등의 방면에도 깊은 식견이 있었으며 구양수와도 교유하였는데, 구양
    수가 매번 의심나는 일이 있으면 서간을 보내 문의하였다고 한다. 경
    학 중에서 특히 『춘추春秋』에 정통하였다고 한다. 그의 경학 방면의
    저술로는 『공시선생칠경소전公是先生七經小傳』 3권이 있다.

13) 천자가 동지에는 남교南郊에서 하늘에 제사를 지내고, 하지에는 북
    교北郊에서 땅에 제사를 지냈다. 교는 천자가 있는 곳에서 떨어진 곳
    을 말한다. 왕성王城 100리 안을 향鄕이라 하고, 향에서 100리 떨어진
    곳을 수遂라 하고, 수보다 멀리 떨어진 곳을 교라 하였다.

14) 여기에서의 망제는 망사 또는 망질이라고도 하며 산천의 신을 멀리
    바라보면서 제사지내는 일을 말한다. 그러나 지금의 우리나라에서 이
    말은 먼 곳에서 조상의 무덤 있는 쪽을 바라보고 지내는 제사 혹은
    음력 보름날 사당에 절하고 뵙는 그러한 예식을 의미한다.

15) 『주례』 춘관종백春官宗伯에서 보면 대사악大司樂은 성균成均의 법
    을 관장하여 건국建國의 교육행정을 잘 정돈해서 국가의 자제子弟들
    을 하나로 일치시키는 일을 한다고 되어 있다. 즉 교육행정을 총괄하
    는 직책으로 지금의 교육부장관이라 할 수 있다.

16) 원구는 하늘의 모양을 본뜬 원형의 제단이란 뜻으로, 황제가 동지에

천제天祭를 지내던 곳이다.

17) 유사섭사에서 유사有司란『의례儀禮』에 보이는 말로 일의 실제 업무를 주관하는 사람 또는 관리를 말한다. 관官을 설치하여 각기 그 직무를 분장케 하는데, 각각에 전문적인 담당자가 있다[各有專司]는 의미에서 이 용어가 생겨나게 되었다. 또한 섭사攝事란 남을 대신하여 제사를 지낸다는 의미로서, 여기에서의 유사섭사란 전문적인 관官이 국가의 의식을 황제 대신에 거행하는 것을 말한다.

18) 오방五方이란 중국과 사방의 미개국을 의미하기도 하지만 여기에서는 동서남북 및 중앙을 일컫는 말이다. 그래서 오방제란 하늘에서 사방 및 중앙을 주재한다고 믿는 오신五神을 말하는데, 창제蒼帝[東方]·적제赤帝[南方]·황제黃帝[中央]·백제白帝[西方]·흑제黑帝[北方]가 그것이다.

19) 명당이란 왕자王者의 태묘太廟로 정교政敎를 행하던 건물이다. 중국의 고대에 상제上帝·선조先祖를 제사 지내고, 제후諸侯를 입조入朝시키는 등 국가의 큰 전례는 모두 이곳에서 치러졌다. 또한 남향의 건물이므로 밝다고 하는 의미에서 명당이라고 하였다. 현대 한국어에서는 좋은 묘자리를 일컬을 때 사용되고 있다.

20) 설은 우禹를 도와 치수治水에 공을 세워 상商에 책봉되었다.

21) 주周 왕조의 시조이며 이름은 기棄. 순舜의 시대에 후직의 관에 임명되었다. 후직이라는 벼슬은 농사일을 담당하던 장관이다.

22) 왕안석을 신뢰하여 혁신정치를 단행했던 신종이 원풍 8년(1085)에 세상을 떠난다. 이후 그의 아들인 철종이 13세로 제위에 올랐기 때문에 조모인 선인태후 고씨가 섭정을 했다. 이렇게 되자 지금까지 신법에 억눌려 있던 관료·황족 등의 대토지 소유자나 이와 결탁한 호상들이 암약·책동을 하고, 후궁을 움직였다. 선인태후는 인심을 안정시킨다는 의미에서 그때까지 신법에 반대하여 하야해 있던 원로들을 중앙으로 소환한 후 사마광司馬光을 재상으로 임용했다. 그러자 재상이 된 사마광은 당시까지 왕안석이 심혈을 기울여 이룩한 신법들을 모두 폐지하고 신종 이전의 상태로 되돌려 놓게 된다. 그리고 철종 원우 원년에는 왕안석이 가장 자신을 갖고 실시한 묘역법까지 폐기해버렸다. 또한 신법 가운데 보갑법을 개정하고, 방전균세법, 시역법, 면행법 등도 폐지하였다. 이로 인하여 신법당과 구법당의 당쟁이 격화하게 되고, 구법당 내부에서는 사마광이 죽고 나서 세 개의 파벌로 나뉘어져 그들 사

이에서도 파벌다툼이 계속되었다. 이 시대를 원우의 연호에 의하여 일반적으로 원우경화 또는 원우의 치라고 한다.

23) 문언박(1005~1096)은 북송의 명신으로 자는 관부寬夫이며 시호는 충렬忠烈이다. 분주汾州(지금의 山西省) 출신으로 인종·영종·신종·철종 등 4대에 걸쳐 관직에 몸담았으며, 여러 번 재상이 되어 부필·사마광 등과 결탁하여 왕안석 등의 신법당과 대립하였다.

24) 왕안석이 실시한 신법 중의 하나이다. 송대에 재정난을 초래한 최대의 원인은 군대의 팽창이었으므로 국가 세출의 8할이나 점하는 군사비 삭감 역시 개혁의 대상이 되었다. 그러나 한편으로 요와 서하에 대항하기 위해서는 방위력을 더욱 증강시켜야만 한다는 어려운 문제가 가로 놓여 있었다. 이를 해결하려면 송초宋初 이래의 용병제傭兵制로는 안 되며 당대唐代의 국민개병제國民皆兵制로 바꾸어야만 한다고 왕안석은 생각하였다. 그런데 요 및 서하와 접하는 국경지방에는 이전부터 의용병義勇兵 조직이 있었다. 이 의용병은 그 지역 농민들을 훈련시킨 것으로서 오히려 금군보다도 유용했다. 그래서 왕안석은 점차 정규군을 없애는 대신 이 의용병을 양성하여 주력군으로 삼으려 하였다. 우선 농민 10호를 묶어 1보保라 하고, 50호를 1대보大保(10보), 500호를 1도보都保(10대보)로 조직한 다음 각각의 조직에 장長을 두었다. 이것을 보갑법이라 한다.

25) 왕안석이 시행한 신법 중에서 청묘법青苗法이 주로 농민을 대상으로 한 것인 데 반해 도시의 중소상인들을 위해 입안된 금융법이 시역법이다. 당시 대상인들은 행행이란 조합을 조직하여 시장을 독점하면서 대자본으로 마음대로 물가를 조작하여 막대한 이윤을 획득하고 있었다. 그로 인해 피폐해진 중소상인들에게 이들 대상인들은 높은 이율의 자금을 대부함으로써 더욱더 이익을 얻었다. 송宋 정부는 이러한 대상인들의 속박으로부터 중소상인들을 해방시키고 그 대신 정부가 자금을 융통해 주기 위해 개봉開封에 시역무市易務란 관청을 설치하고 지방의 주요 도시에는 그 분국을 설치하였다. 이 시역무를 중심으로 하여 상인에게 연 2할의 저리자금을 융자함으로써 시장가격의 안정과 원활한 상품유통을 도모하려 했던 것이다. 또한 노점상 등의 영세상인들에게 융자하여 주는 방법도 포함하고 있었다. 이 경우는 아침에 자금을 대출하여 그날 안으로 변제시키는 방식을 취하였다. 그런데 이러한 시역법의 시행에 대해 대상인들은 평소 연결이 있었던 구법당 관료들과

후궁에까지 손을 뻗쳐 법안의 폐기를 획책했다. 그 결과 반대의견이 너무도 많았던 까닭에 신종도 동요되어 왕안석은 일시 하야하지 않을 수 없었다. 그리하여 희녕 7년(1074) 4월 왕안석은 동평장사에서 해임되어 지강녕부知江寧府로 좌천되었다. 다음 해 2월 그는 동평장사에 복귀하여 신법 시행을 총괄하다가, 다시 이듬해인 희녕 9년(1076) 10월 재차 지방관으로 전임되기에 이른다.

26) 원래 사전적 의미에서 배천配天은 덕이 광대하여 하늘과 같다는 뜻이 있고, 한편으로는 왕자가 그 조상을 하늘과 함께 제향祭享하는 일을 뜻한다.『효경』「성치장聖治章」에는 "아버지를 공경하는 데 있어서는 하늘을 소중히 여기는 것보다 더 큰 것이 없으니 …… 옛날에 주공께서 후직께 춘추대제를 올림으로써 하늘을 소중히 하셨다(嚴父, 莫大於配天 …… 昔者, 周公郊祀后稷, 以配天)"고 하는 부분이 있다.

27) 호굉胡宏(?~1146)은 송대의 사상가이다. 자는 인중仁仲, 호는 오봉五峰으로 형산衡山 사람이다. 아버지인 호안국의 사상을 계승 발전시켰다. 또한 호굉의 제 사상은 장식張栻을 통해 주희에게 전해진다. 저서에는 『지언知言』과 『오봉집五峰集』이 있다.

28) 종사란 공자의 사당에 문인이나 후세의 대학자를 합쳐서 제사 지내는 일을 말한다. 같은 말로 배사配祀, 배제配祭가 있다

29) 임안은 지금의 절강성浙江省 항주杭州이다.

30) 원래 오행이란 목·화·토·금·수이며, 그 이름은 『홍범』에 처음으로 보이지만 전국시대에 추연騶衍·추석騶奭 등이 오행설을 주장하였다. 그리고 그들은 오덕종시설을 만들었는데 다음과 같이 풀이하고 있다. 금金은 목木을 이기고, 화火는 금金을 이기며, 수水는 화火를 이기고, 토土는 수水를 이기며, 목木은 토土를 이긴다. 역대의 왕조가 바뀌는 것은 오행설에 근거하는 것이다. 우虞는 토덕土德을 가지고 천하의 왕이 되었고, 하夏는 목덕木德을 가지고 그에 갈음하였으며, 상商은 금덕金德, 주朱는 화덕火德을 가지고 이어받아서 천하의 왕이 된 것이라고 하였다. 이와 같은 설을 오행상승설五行相勝說이라고도 하며, 『사기史記』 봉선서封禪書도 이 설을 채용한 것이라고 한다. 또한 그 뒤에 오행상생설五行相生說이 발생하게 되고 한대漢代의 유향은 이 설에 근거하여 오제덕론五帝德論에 이 설을 채용하기도 하였다.

31) 퇴폐와 반란으로 지샌 명의 무종 정덕제(재위 1505~1521)는 31세의 젊은 나이로 사망하였다. 하지만 그에게는 형제도 자식도 없었으므로

효종 홍치제(재위 1487~1505)의 동생인 흥헌왕의 아들이 무종의 뒤를 이었다. 그가 15세의 나이로 즉위한 세종 가정제(재위 1521~1566)이다. 그런데 세종이 즉위한 후 바로 '대례의 의가 발생하게 된다. 문제의 중심은 흥헌왕에 대한 처우의 문제였고, 단지 호적상의 문제에 불과한 것처럼 보이지만, 조상에 대한 제사라는 점에서 효를 국가의 지도이념으로 하는 왕조에게는 그 존립과 관계되는 중대 문제였다. 원칙을 중시하는 양정화 등을 위시한 관료들은 세종의 백부에 해당하는 효종을 양부로 모셔서 황고皇考(考는 亡父의 의미)라 하고, 친부인 흥헌왕은 황숙부라 칭해야 한다고 주장했다. 그러나 세종은 감정에 이끌려 친부를 황고, 효종은 황백부라 칭해야 한다고 맞서게 된다. 이렇게 되자 황제파와 정부가 정면으로 대립하는 대논쟁이 벌어지게 되었다. 결국 세종이 대권을 발동하여 양정화 등 예법파를 총사직시키고 소수의 황제파를 중심으로 하여 황제의 뜻대로 결론을 짓는 것으로 마무리되었다.

32) 북송때 인종의 다음 황제인 영종(재위 1064~1067) 시대에는 영종의 생부인 복왕을 예법상 어떻게 처우할 것인가 하는 문제가 대두되었다. 원래 인종에게는 친자가 없었기 때문에 생전에 영종을 황태자로 삼아, 인종 사후에 그가 황제로 즉위하게 된다. 그리하여 형식적으로 영종은 인종의 양자였으므로 전례상 생부를 황백皇伯으로 불러야 한다고 주장하는 측 (司馬光·范純仁 등)과, 친부를 백伯이라 부른 전례가 없으므로 황고皇考라 불러야 한다는 측 (歐陽脩·韓琦 등)의 주장이 팽팽히 맞서게 되고, 조정은 완전히 이러한 두 개의 진영으로 갈리어 3년간이나 논쟁을 계속하였다. 이것을 복의라 부른다. 결국 이것은 양측간의 절충이 이루어져 복왕을 단지 친親이라 지칭하는 것으로서 논쟁은 끝나기에 이른다.

33) 설선(1389~1464)은 명의 주자학자로 자는 덕온德溫 호는 경헌敬軒 시호는 문청文淸이다. 산서山西 하진河津 사람으로 오강재와 동시에 주자학을 제창하였고, 문인 역시 많아 마침내 하나의 학파를 이루었다. 즉 하동학파河東學派이다. 관官은 예부우시랑겸한림학사禮部右侍郎兼翰林學士에 이르렀다. 저서에 『讀書錄』 등이 있다.

34) 중국 춘추시대에 가장 강대하여 한때의 패업을 이룬 다섯 사람의 제후. 곧, 제 환공·진 문공·진 목공·송 양공·초 장왕, 또는 진 목공·송 양공 대신에 오 부차·월 구천을 넣기도 한다.

35) 여러 조각이 난 조정의 기록이란 뜻. 왕안석이 『춘추』를 헐뜯으며
한 말. 왕안석은 처음에 스스로 춘추를 주해하여 천하에 펴려고 했으
나, 이미 손신로孫莘老의 『춘추경해春秋經解』가 나왔고, 그와 견줄 수
가 없음을 스스로 깨닫고 마침내 춘추를 헐뜯어 이를 폐하고 '이것은
단란조보'라고 한 고사.

36) 과거시科擧試의 여섯 번째로 그 기원은 송의 초대 천자인 태조가
직접 실시한 관리 채용시험에서 유래한다. 그 이후 역대 천자들에게
계승되어 청조에까지 이르렀다. 원래 전시는 천자가 몸소 주관하는 시
험이지만 실제로는 조정의 대신 가운데 문필에 뛰어난 사람을 선발하
여 시험관에 임용하였다.

37) 당대唐代에는 공거貢擧라는 과거의 최종적인 시험이 있었는데, 이것
을 통과하면 바로 진사進士의 직함을 받아 관리가 될 수 있는 자격이
주어졌다. 이러한 공거는 교육부에 해당하는 예부에서 실시하였으므
로 예부시禮部試라고도 불렸다. 하지만 이 경우는 단지 관리가 될 수
있는 자격이 주어졌을 뿐이며, 실제로 관리의 임용을 담당한 곳은 이
부였고 여기서는 새로운 관리를 채용하기 위하여 전시銓試, 또는 이부
시吏部試라 불리는 시험을 독립적으로 실시하였다. 그런데 송대 이후
에는 전시殿試가 실시되자 이부 자체는 단순 인사만을 취급하는 부서
가 되었고, 전시銓試는 실시된 때도 있지만 점차 형식적인 것이 되어
버렸다. 주희는 바로 이러한 전시銓試라는 과거시험을 통과한 것이다.

38) 이동(1093~1163)은 남검주南劍州 검포劍浦, 지금의 복건성福建省
남평南平 사람으로, 자는 원중愿中이고 주희의 스승이다. 연평延平 지
방 사람이므로 연평 선생이라고 부른다. 그는 정자程子의 고제高弟
양시에게 배운 동향同鄕인 나종언의 제자이기도 하다.

39) 안어란 어떤 문장에 관하여 자신이 조사하고 검토한 바를 문장의 말
미에 덧붙여 써 넣는 것을 말한다.

40) 오징(吳澄, 1249~1333)은 원대의 대표적 사상가이다. 자는 유청幼青
또는 백청伯青이고, 호는 초려草廬이다. 강서성 숭인 출신이다. 남송
말에 태어난 오징은 정문해程文海에게서 주자학을 배우고, 스스로를
도통의 정맥을 이어갈 사람이라고 자부하였다. 후대에 이르러 허형許
衡(1209~1281)과 함께 원대의 '두 사람의 큰 유학자(二大儒)'로 불린
다. 그의 학문적 입장은 주자와 육상산의 조화를 시도한 학자로 평가
되기도 한다.

41) 수사洙泗는 원래 중국 산동성에 있는 두 강 즉 수수와 사수泗水의 명칭이다. 그런데 공자가 수사洙泗에서 제자를 가르친 데서, 공자의 학學 및 그 학통을 말한다. 또한 추로鄒魯는 공자와 맹자를 뜻하는데, '추鄒'는 맹자의 출생지이고 '노魯'는 공자의 출생지이기 때문에 이르는 말이다. 변하여, 공맹의 학을 이른다. 덧붙여 공자의 가르침과 그 학통, 즉 공맹의 학을 일컬어 수사학洙泗學이라고도 한다.

42) 염락관민지학濂洛關閩之學을 말한다. 즉 염계濂溪에 있던 주돈이, 낙양에 있던 정호·정이, 관중關中에 있던 장재張載, 민중閩中에 있던 주희朱熹 등이 주창한 송학을 일컫는다.

43) 소왕은 실제로 제왕의 위에 오르지는 않지만, 임금의 덕망을 갖춘 인물을 뜻한다. 유교에서는 공자, 도교에서는 노자를 이른다.

44) 반흥사는 송대 때의 사람으로 신건 출신이며, 주돈이와 교류가 있었다. 호는 청일거사淸逸居士이다. 왕안석, 증공과 교분이 있었으며, 관직은 덕화현위德和縣尉, 강주자사江州刺史를 지냈다.

45) 황호는 자가 상백商伯이고 서파西坡 선생이라 불렸으며, 시호는 문간文簡이다. 강서 도창현 출신이다. 진사에 급제하여 융흥부 교수를 지냈으며, 관직이 태부사승에 이르렀다. 『송사』권430에 그의 전기가 있다. 주희가 남강군 지사로 있었던 시기(1179~1181)에 주희의 제자가 되었다. 황간黃榦의 『면재집勉齋集』권21에 「서서파문집序西坡文)」이 남아 있다. 황호는 융흥부에 주돈이의 사당을 세우면서 주희에게 글을 부탁했는데, 주희가 그에게 주었던 「융흥부학염계선생사기隆興府學濂溪先生祠記」가 『주자대전』권78에 실려 있다. 또한 주희의 『어맹요의語孟要義』를 융흥부의 학교에서 판각하였다. 황호가 기록한 어록은 『요후록饒後錄』권14에 모두 3조목이 있다. 『주자대전』권46에 그에게 답하는 5통의 편지가 있으며, 「별집」권6에도 1통의 편지가 있다.

46) 목수(979~1032)는 송대 때의 사람으로 운주출신이다. 자는 백장(伯長)이다. 당시 학자들이 대부분 성률을 일삼았으나 목수만이 오직 옛 문장에 뛰어났다. 구양수에 의하면 당시 사대부들 중에서 문장을 잘하는 사람은 모두 목수에게 인정을 받았다고 한다. 저서에는 『穆參軍集』이 있다.

47) 진단은 송대 때의 사상가로서 진원 출신이다. 자는 도남圖南이고 호는 부요자扶搖子이며, 희이希夷 선생이라 불린다. 무당산武當山 구이

암九夷巖에 은거하면서 선술仙術을 익히고 화산華山으로 옮겨서 학문에 정진하였다. 송대 때 염락관민濂洛關閩 학파의 학자들에게 「태극도」는 매우 중요한 자료였다. 그러나 「태극도」는 진단이 자득지묘自得之妙가 담겨있다고 하지만, 명말 청초의 학자 황종염黃宗炎이 지은 『圖書辨惑』 등의 고증에 의하면 「태극도」는 한대의 사상가인 위백양魏伯陽이 처음 만든 것으로, 도교의 도사들의 수련을 위해 사용되었던 것이다. 이것이 종이권鐘離權, 여동빈呂洞賓을 거쳐서 진단에게 전해지고, 다시 충방과 목수 등을 거쳐서 주돈이에게 전해진 것이라 한다. 진단의 저서로는 『指玄篇』 81장, 『三峰寓言』, 『高陽集』, 『釣潭集』 등이 있다.

48) 충방(956~1015)은 송대 때의 사람으로 하남성 낙양 출신이다. 자는 명일明逸이고 호는 운계취후雲溪醉侯이다. 어머니를 모시고 종남산에 은거하면서 학문을 연구하였다. 30년 동안 은거 생활을 마치고 眞宗(997~1022 재위)에게 등용되어 공부시랑工部侍郎과 좌사간左司諫을 지냈다.

49) 본명은 주진(1072~1138)이며, 호북성 형문현 출신으로 자는 자발子發이고 호는 한상漢上이다. 호안국胡安國의 문하에서 수학하면서 진단과 소옹을 거쳐 전해지는 상수역을 배우고, 하도낙서에 의한 우주론을 전개하였다.

50) 유종원(773~819)은 당대唐代의 문인이자 정치가이다. 또한 당송팔대가唐宋八大家의 한 사람이기도 하다. 강서성 하동 출신으로 자는 자후子厚이다. 관직은 감찰어사監察御使가 되었지만, 왕숙문王叔文 사건에 연루되어 영주의 사마司馬, 이어서 유주의 자사刺史로 좌천되기도 하였다. 한유韓愈와 함께 고문부흥古文復興의 운동을 제창하였다. 저서에 『유하동집柳河東集』이 있다.

51) 공자의 제자 중에 학덕이 빼어난 열 사람을 일컫는 말. 곧, 안연顔淵·민자건閔子騫·염백우冉伯牛·중궁仲弓 [이상 덕행德行], 재아宰我·자공子貢 [이상 언어言語], 염유冉有·계로季路 [이상 정사政事], 자유子游·자하子夏 [이상 문학文學].

52) 두엄杜淹이 지었다고 일러지는 문중자文中子의 세가世家에 의하면 왕통王通의 생졸生卒 연대는 584~617로 되어 있다. 왕통은 수대隋代의 학자로 자는 중엄仲淹, 호는 문중자文中子이다. 어려서부터 가학家學을 계승하였고 또 사방의 명망 높은 유학자들에게 배워 학문이 크게

진보하였는데, 이에 개연히 창생을 구제할 뜻이 있어 장안에 가서 수
隋 문제文帝를 알현하고, 태평太平 12책을 바쳤다고 한다. 그의 저작
으로서 현존하는 것은 『원경元經』과 『중설中說』뿐인데, 『중설』은 일
명 문중자文中子라고도 한다. 그런데 이 두 책이 진실로 왕통의 저작
인가에 대해서는 아직도 논란이 끊이지 않고 있다.

53) 사배란 문묘에 배향한 안자·증자·자사·맹자의 네 사람을 말한다.

54) 풍각이란 사방사우四方四隅의 바람을 살펴 길흉을 점치는 법.

55) 송의 인종 때 관료계의 부패가 깊어지고 남인을 중심으로 한 승진기
회가 막힌 사士들은 재상들에 대해 불만을 토로하였다. 그리고 그 타
개를 같은 강남 출신의 신진 관료인 범중엄에게 기대하였다. 범중엄은
그들을 이끌고 과감하게 재상 여이간呂夷簡(978~1043)에게 도전하여
재상 등을 위시한 고관들의 정도를 벗어난 정치를 비난하고 정실에
의한 부정한 인사를 규탄하였다. 그 때문에 수차례나 범중엄은 중앙으
로부터 추방되었다. 하지만 그때마다 도리어 관료계에서는 여이간을
비판하는 소리가 높아졌다. 그래서 마침내 여이간은 반대파들을 일괄
하여 범중엄의 도당徒黨[朋黨]이라고 규정하여 탄압하고 모조리 지방
으로 좌천시켰다. 그러나 경력慶曆 3년(1043) 10여 년 간에 걸친 재상
의 자리에서 물러나자 범중엄 등이 중앙으로 복귀하였다. 이들이 대신
재상부宰相府에 들어가 관료제도의 개선을 중심으로 하는 경력의 개
혁을 추진하였는데, 이때 범중엄과 부필富弼·구양수歐陽脩 등이 중심
이 되어 추진한 개혁정치를 경력의 신정新政이라고도 부른다. 하지만
경력의 개혁은 그들의 역량부족과 인종의 적극적인 지지를 획득하지
못했던 점으로 인하여 결국은 실패로 끝이 난다.

56) 남조南朝의 송宋을 지칭하는 것으로 그 창시자가 유유劉裕이기 때문
에 조광윤趙匡胤이 창건한 송宋(960~1224)과 구별하기 위해 유송劉
宋(420~479)이라고 한다.

57) 당조의 멸망 후 중국은 사분오열되어 그 상태가 반세기 동안이나 계
속되었다. 당조에 대신하여 중원을 제패한 정권은 어느 것이나 모두
그 기반이 불안정하여 후량後梁·후당後唐·후진後晉·후한後漢·후주
後周의 다섯 개 왕조가 난립하였으며, 그 짧은 기간 동안 황제가 된
사람은 13명에 달했다. 왕조의 수명은 가장 길었던 후량조차 18년에
불과했으며, 후한은 겨우 4년 만에 멸망하였다. 그런데 화북의 오대정
권 외에 강남지방을 중심으로 해서는 오吳·남당南唐·전촉前蜀·후촉

後蜀·형남荊南·초楚·오월吳越·민閩·남한南漢·북한北漢의 10개 왕조가 생겨났다. 그래서 이 시대를 통칭 오대십국五代十國이라 부르고 있다.

58) 봉선封禪이란 천자天子가 행하는 제사를 말한다. 봉封은 사방의 흙을 높이 쌓아서 제단을 만들고 하늘에 제사 지내는 일이며, 선禪은 땅을 정淨하게 하여 산천에 제사 지내는 일을 의미한다. 송대에는 천명을 받은 제왕이 태산 및 태산 남변의 양부산梁父山에서 천신天神·지신地神을 제사하는 의식이었다. 이것은 전통적으로 진시황이나 한무제, 후한의 광무제, 당 현종 등과 같이 위업을 달성한 제왕들이 내외에 그 위광을 과시할 목적으로 거행되어 왔다. 보충 설명하면, 송의 진종眞宗 연간에 거행된 봉선 의식은 송초宋初 이래 비축된 막대한 재정잉여를 바탕으로 한 것이었지만, 850만 관이나 소요되어 그때까지의 재정 여유분이 거의 탕진되고 재정 수지는 이후 상당한 압박을 받게 되는 계기가 되었다.

59) 천서는 천자天子의 조서詔書를 뜻하기도 하지만, 여기에서는 하늘이 내리신 책이라는 의미로서 보통 사람은 읽을 수 없는 하늘의 선인仙人이 쓴 문서나 책을 말한다.

60) 섭숭의(생몰년 미상)는 송의 인물로 하남 낙양 출신이다. 예학禮學에 정통하여 송의 건국 초기에 행사제례를 바로잡는데 많은 공을 세웠다. 저서로 『삼례도집주三禮圖集注』 20권이 있다.

61) 형병(932~1010)은 송대 사람으로 조주 제음현濟陰縣—지금의 山東省 定陶—출신이다. 자는 숙명叔明으로 어릴 적부터 경학에 매진하여 성장해서는 두루 통달하였다. 송 태종 태평흥국太平興國(976~983) 초년에 구경九經으로 과시科試를 개설하였는데, 이때 우수한 성적으로 급제하여 대리평사와 지태주염성감에 제수되었다. 이후 국자감승, 제왕부시강, 한림시강학사, 예부상서 등을 지냈다. 한림시강학사로 있으면서 두호杜鎬, 손석孫奭 등과 함께 『칠경의소七經義疏』를 교정했는데, 이때 『의례儀禮』의 의소義疏도 교정하였다.

62) 손석(962~1033)은 송대 사람으로 박주 박평博平—지금의 山東省—출신이며, 자는 종고宗古이다. 송의 건국 초기에 구경九經으로 과시를 열었을 때 급제하여 판태상예원, 국자감, 공부낭중, 태자소부 등 여러 관직을 두루 거쳤다. 경학에 조예가 깊어 당대 손석의 학식을 따를 만한 사람이 없었다고 한다. 성품 또한 강직하여 진종眞宗(생몰 968~

1022, 재위 998~1022)이 "동봉서사東封西祀"하려고 하자 예에 맞지 않음을 들어 강력하게 반대하다가 오랫동안 외직外職으로 돌기도 하였다. 그러나 인종仁宗(생몰 1010~1063, 재위 1023~1063)이 즉위한 후 그의 재주를 아까워하여 다시 한림시강학사에 제수하였는데, 한림시강학사로 있으면서 『칠경의소七經義疏』를 교정하고, 『진종실록眞宗實錄』을 찬수하였다. 저서로 『숭사록崇祀錄』, 『악기도樂記圖』, 『오경절해五經節解』, 『오복제도五服制度』 등이 있다.

63) 626년 장안궁성의 현무문玄武門에서 황태자 건성建成과 제왕齊王 원길元吉이 진왕秦王 이세민과 그 일당에 의하여 주살되는 사건이 발생하였다.(현무의 변) 이 사건 이후 이세민은 황태자가 되었다가 이내 고조를 폐위시키고 태종太宗(재위 626~649)으로 즉위했으며 연호를 정관貞觀으로 정하였다. 바로 태종의 치세를 보통 '정관의 치'라 하는데 당시는 방현령房玄齡·두여회杜如晦 등의 명재상과 왕규王珪·위징魏徵 등의 諫臣, 이정李靖·이적李勣 등의 명장이 등장하여 내치·외정에 비상한 실적을 올렸다. 모든 전력을 불문하고 널리 인재를 등용하여 그들의 적극적인 협력을 얻어 무덕武德시대에 다져진 당조唐朝의 기반 위에서 성세를 구가하였다. 이러한 '정관의 치'에 대한 내용은 『정관정요貞觀政要』에 잘 반영되어 있다. 그 본질은 '수성守成'의 군주로서 군웅을 평정하고 태평한 세상에서 명신을 다수 기용했다는 데 있다.

64) 채침(1167~1230)은 자가 중묵仲默이고 구봉선생九峯先生이라 불렸으며, 시호는 문정文正이다. 채원정蔡元定의 셋째 아들이기도 하다. 그의 전기는 『송사宋史』권434에 실려있다. 『주자대전』의 「속집續集」 권3에 주희가 그에게 보내는 1통의 편지가 있는데, 주로 『서경書經』에 관한 내용이다.

65) 당시 명에서는 선종이 죽고 영종英宗 정통제正統帝가 불과 9세의 나이로 즉위하였다. 또한 환관 왕진王振은 자신에게 반대하는 대신과 학자들을 차례차례 옥에 가두며 권력을 강화해 갔다. 바로 이때 몽고 고원에는 오이라트부가 타타르부를 제압하고 있었는데, 오이라트의 족장 에센이 등장하여 두 세력을 통합하고, 그 힘을 배경으로 명조 측에 통교를 요구해 왔다. 이에 명조 측에서는 대동大同에 마시馬市—주로 몽고와 만주의 제민족을 대상으로 하여 요동 및 대동 등에 설치되어 있었으며, 정부의 관영 무역장을 관시, 민간거래의 무역장을 사시私

市라 칭했다──를 열고 조공무역을 허가해 주었는데, 양측 사이에 무역
조건을 둘러싼 대립이 발생하여 에센은 명에 공격을 가해 왔다. 명조
의 군대는 몽고기병의 공격 앞에 맥을 못추고 패배를 거듭했다. 그러
자 왕진은 자신의 고향인 대동 인근에 위치한 울주가 적에게 함락될까
우려하여 영종에게 친정을 요구했다. 이에 영종은 왕진의 말에 따라
대신들의 반대를 듣지 않은 채 50만의 대군을 이끌고 대동까지 진격하
였다. 하지만 에센 군대의 위력에 놀라 후퇴하려 할 즈음 토목보土木
堡──지금의 하북성 회래현──에서 포위되어 영종은 포로가 되고 왕진
이하의 중신들은 모두 전사해버리는 참패를 당하였다. 이 사건을 '토
목의 변'이라 부르는데, 이를 계기로 하여 명 제국과 몽고족 간의 세력
관계가 크게 변화했으며, 또 명 제국의 약화가 적나라하게 드러나게
되었던 것이다.

66) 정난의 변이라고도 한다. 명의 건문제建文帝 때에 황자징黃子澄 등
의 의견에 따라 제왕삭번王削藩, 즉 제왕의 세력을 삭감한다는 강경
방침이 결정되었다. 우선 연왕燕王(이름은 체棣이며 태조의 넷째 아들
로서 1360년 4월에 출생)의 친동생으로서 개봉에 봉해져 있던 주왕周
王에게 창 끝이 향해졌다. 이어 몇 사람의 왕이 삭감에 처해졌는데
이들 제왕은 모두 건문제의 숙부들이었다. 그리하여 연왕은 자신의 차
례가 임박했음을 직감하고 건문 원년(1399) 7월 '정난 즉 건문제를 오
도하는 측근 간신들을 제거한다는 것을 명분으로 하여 군사를 일으켰
다. 간신이란 제태齊泰·황자징 등을 가리키는 것이다. 이때 연왕 휘하
의 직할병사는 역전의 정예였지만 겨우 800명에 불과하였다. 한편 건
문제 쪽에서는 경병문耿炳文을 대장으로 하여 대병을 출진시켰다. 하
지만 "숙부 살해의 악명은 피하도록 하시오"라는 황제의 명령까지 있
어 전의는 날카롭지 않아서 서전에서 연왕 측이 우세를 점할 수 있었
다. 그러나 전쟁이 장기화되자 형세는 점차 연왕 측에 불리해져 갔다.
이러한 때에 남경南京 측 환관의 내통이 있어 연왕은 일거에 남경을
공략하는 작전을 취했다. 그런 다음 몇 차례의 사선을 넘어 마침내
1402년 남경 점령에 성공하였다. 거병 이래 4년 만의 일이었다. 이리하
여 숙부와 조카 사이의 전쟁인 정난의 역은 연왕의 승리로 끝나, 1402
년 7월 그는 황제로 즉위하여 영락제永樂帝가 되었다.

67) 신身·언言은 모두 인물에 관한 시험인데, 신이란 관리가 되어 백성을
위압하기에 충분한 또한 당당한 풍채를 가지고 있는가, 언이란 사투리

를 쓰지 않고 근엄한 말투로 부하에게 명령을 한다든지 동료들과 대응
할 수 있는지를 시험하는 것이다. 당시는 아직도 귀족주의가 융성했던
시대였으므로 이러한 점들을 중시했던 것이다. 서書·판判은 말하자면
기능학력시험에 해당한다. 서는 글씨를 깨끗하게 쓰는가, 판은 법률상
의 문제에 대해 실수 없이 판결할 수 있는가를 검사하는 시험이었다.
68) 첩경이란 당대에 행해진 관리등용시험의 한 방법. 경문의 주위를 숨
기고 일행만을 보이게 하여 그 속의 세 글자에 종이를 붙여 그 세 글자
를 짐작해서 알아맞히게 하는 시험.
69) 경서의 해석과 경서의 문장을 출제하여 논문을 쓰게 하는 시험.
70) 개성은 당의 제14대 황제인 문종의 연호이다.
71) 간본刊本·사본寫本을 대본臺本으로 하여 목판, 또는 활판으로 간행
하는 일.
72) 원진圓陣를 이루어 추는 춤.
73) 유종주(1578~1645)는 명 신종 만력 6년(1578) 1월26일에 절강성 소흥
부 산음현 수징리에서 태어났다. 이름은 종주宗周이고 자는 기동起東
이며 또 하나의 자는 계동啓東이라고 한다. 종주라고 한 것은 원래
자로서 사용된 것을 어렸을 적에 이름을 잘못 써서 이 자를 쓴 것에서
부터 비롯되어 그 후에 그것이 이름이 되었다고 한다. 염대念臺는 호
이지만, 그것은 그가 어머니의 태내에 있을 때, 세상을 떠난 아버지
진대공秦臺公에 대한 사모의 정을 이것에 의탁하여 붙인 것이라고 한
다. 그는 후에 주거를 즙산蕺山 아래로 옮기고 스스로 즙산장蕺山長·
즙산장자蕺山長者·즙산장병부종주蕺山長病夫宗周라고 칭하였기 때
문에 문인들은 그를 즙산부자蕺山夫子라고 불렀고, 후세에는 그를 존
숭하여 즙산유자蕺山劉子·자유자子劉子라고 하였다. 또한 일찍이 스
스로 망중산인望中山人·환산주인還山主人·산음거사山陰居士라고
칭하였고, 만년에는 극염자克念子라고 호를 부치고 학행에 매진하였
다고 한다. 그의 저서는 방대하며 모두 『유자전서劉子全書』에 남아
있다. 그는 정주程朱와 육왕陸王을 절충하고, 특히 왕양명 심학의 심
오한 진리를 터득하여 독창적인 학설(신독과 성의)을 내세움으로써,
이들 제유에 비견하여 결코 뒤떨어지지 않는 공적을 세우고 송명이학
사에 유종의 미를 장식했다는 평가를 받고 있기도 하다. 그 외에 예학
에도 뛰어났으며, 명말의 혼란한 정국을 수습하려고 노력했던 정치가
이자 향신鄕紳의 한 사람이었다. 학문적으로 보면 정주가 『대학』의

'격물格物'에 근거하여 독자적인 학설을 내세웠고, 또한 양명도 똑같이 '치지致知'에 근거하여 독자적인 학설을 세웠지만, 유종주는 '성의誠意'에 근거하여 그 독창적인 학설을 세웠다고 할 수 있다. 이미 주지하고 있듯이 송유가 개척한 이학도 청대 이후에는 쇠퇴하였다. 그러나 유종주는 이러한 이학사의 말미를 장식하기에 가장 적합한 대유였음은 분명하다.

74) 지금의 강서성江西省 상요上饒.

75) 엽적의 발음에 대해서 지금도 일부 학자들 사이에서는 논란이 일고 있지만, 이 책에서는 '섭적'이라 하지 않고 '엽적'이라고 하였다. 엽적보다 오히려 앞서 살았던 남송의 학자 정초鄭樵(1103~1162)의 『통지通志』「씨족략氏族略」에는 다음과 같이 적혀 있다. 즉 "葉氏는 옛 발음이 攝(중국어 병음은 she)과 동일하였지만, 후세에 나뭇잎의 葉(중국어 병음은 ye)字와 같아졌다"고 기술하고 있다. 엽적의 활동시기보다 훨씬 이전부터 성씨로서의 '葉'은 엽(ye)이라 발음되고 있었던 것이다.

76) 주이존(1629~1709)은 청대 사람으로 절강성浙江省 수수현秀水懸 출신이며 자는 석창錫鬯이다. 그는 『명사』를 찬수하는 데에도 참여하였고 박학다통하였는데, 특히 금석문 고증에 능하였다고 한다. 아울러 시사詩詞에도 능하였고, 시詩로는 왕사진王士禎(1634~1711)과 함께 명성이 높아 세간에서 '남주북왕南朱北王'이라 일컬어졌으며, 사詞로는 강기江夔(1155~1220), 장염張炎(?~1248)과 함께 '절서사파浙西詞派'를 창시하였다. 저서로 『경의고經義考』, 『일하구문日下舊聞』, 『포서정집曝書亭集』 등이 있다. 특히 『경의고』는 경학 전반에 대해 고증과 검토를 가한 것으로서 『의례』에 관한 내용이 수록되어 있다.

77) 장이기(1612~1677)는 명말청초明末淸初의 사람으로 산동성山東省 제양현濟陽縣 출신이며 자는 직약稷若이다. 만주족이 명明을 정복하고 청淸을 세운 후 그의 학문을 높이 평가하여 불렀으나 응하지 않았다. 정주학程朱學을 계승하되 고증적인 방식을 취하였다. 저서로 『의례정주구두儀禮鄭注句讀』17권, 『중용론中庸論』, 『천도론天道論』, 『학변學辨』, 『감본정오監本正誤』, 『석경정오石經正誤』 등이 있다.

78) 주대周代의 육관六官의 하나. 토목·공작의 일을 관장하였다. 당대唐代에서는 공부성工部省의 딴 이름이다.

79) 『주례』 소재小宰 부분의 기술에 의하면 관부의 육속으로써 온 나라를 다스리게 한다고 되어 있으며, 육관은 천관天官, 지관地官, 춘관春

官, 하관夏官, 추관秋官, 동관冬官을 일컫는다.
80) 관직을 일컬으며, 일정한 실직實職을 가지는 관리이다. 곧 한직閑職
에 대하여 현임관現任官을 이른다.
81) 육관에 소속되어 있는 모든 무리.
82) 천관天官 총재冢宰 밑의 2명으로 천관에서 두 번째 직급의 벼슬.
83) 토회지법은 일종의 토지 회계법 혹은 토지 조세법으로 『주례』지관
사도地官司徒의 대사도에서 보면 이 법은 5가지 땅에서 생산되는 토
산물을 구분하고 있다. 첫째는 산림山林에서 나는 것이고, 둘째는 천
택川澤(물이 흐르는 강이나 물이 있는 연못), 셋째는 구릉丘陵, 넷째는
분연墳衍(언덕이나 물가), 다섯째는 원습原濕(고원과 늪지)에서 나는
것을 말한다.
84) 토의지법이란 그 토지에 마땅한 법을 말하며, 『주례』에서는 12가지
땅의 명물名物을 판단하여 백성의 삶을 점쳐 보면 그 이로움과 해로움
을 알게 된다고 적혀 있다.
85) 토균지법에서 토균土均은 토지를 평평하게 경지 정리하는 일을 말하
는데, 『주례』에서의 이 법은 다섯 종류의 토지와 9등급의 토질을 판단
하는 법이다. 즉 천하의 토지세를 제정하고 민직民職(백성의 9가지 직
분)을 일으켜 땅에서 나는 곡식을 공물로 바치도록 명령하여 재물과
구부九賦(9가지 세금)를 거두어들이고 천하의 정사政事를 균등하게
한다고 되어 있다.
86) 『주례』 대사도에 의하면 큰 나라와 작은 나라를 세움에 있어서 토규
土圭로써 토지를 측량하여 경계를 정한다라고 되어 있다. 여기에서 토
규란 네 계절과 해와 달의 그림자를 측량하는 기구를 말한다.
87) 병졸들의 대오를 뜻하기도 하지만, 이것은 주대周代 때에 있던 인민
의 전체적인 편성 체제이다.
88) 『주례』 지관사도地官司徒에 있는 소사도의 직무를 보면, 토지를 경
영해서 전야田野를 정井과 목牧으로 정한다고 하는 문장이 있다. 여기
에서 정목井牧은 9부九夫를 목牧이라 하고 2목二牧을 정井이라 한다.
주대周代에는 사방 일리一里의 농지를 정자井字 모양으로 아홉 등분
하여 중앙의 한 구역을 공전公田, 주위의 여덟 구역을 사전私田이라
하여, 사전은 여덟 농가가 하나씩 경작하여 먹고, 공전은 여덟 집에
공동으로 경작하게 하여 그 수확을 나라에 바치게 했던 정전井田이라
는 제도가 있었다. 덧붙이면 사방 일리一里는 900묘畝이다.

89) 원래 총재는 주대의 관명으로 천관에 속하면서 천자를 도와 백관百官을 통솔하는 재상에 해당하는 관료이다. 지금의 수상과 비슷하며, 대재大宰라고도 한다(『주례』).

90) 『주례』에 보이는 관명으로, 민간의 물가 조절을 담당하는 관이다.

91) 췌마揣摩란 어떤 진상을 추측하여 그 추측과 합치되기를 기대하는 것이다. 또는 자기 마음으로 미루어 남의 마음을 헤아린다는 뜻이다.

92) 『주례』에 나오는 관명으로 토지 문제를 담당하던 관리이다.

93) 순이 설을 사도司徒에 명하였을 때 "공경스럽게 오교를 펴되 너그러움에 유의하라[敬敷五敎在寬]"고 했다는데, 오교五敎는 바로 오전五典과 동일한 개념이다. 그런데 이 오전에 관한 설은 후세에 두 가지로 나뉜다. 그것은 『상서』의 기록 때문이다. 즉 『상서』에는 오전 혹은 오교가 무엇을 가리키는지 분명하게 되어 있지 않다고 하는 것으로, 그 때문에 후세에 그 해석에 있어 일치하지 않게 되었다고 한다. 한쪽에서는 좌전左傳 문공文公 18년조에 이른바 부의父義·모자母慈·형우兄友·제공弟恭·자효子孝라 해석하고, 다른 한쪽에서는 『맹자孟子』「등문공상藤文公上」에 보이는 오륜五倫 즉 친親·의義·별別·서序·신信이라고 해석하는 설이 있다.

94) 『주례』에서의 백공百工의 의미는 여러 기술이라는 뜻으로서 모든 관직과 기술을 뜻한다.

95) 황좌(1490~1566)는 향산인香山人으로 자는 재백才伯이고 호는 희재希齋) 또는 태하자太霞子라 했으며, 만년에는 태천거사泰泉居士라 칭하였다. 그는 명明 홍치弘治 3년(1490)에 부학府學의 생원인 황기黃畿의 아들로 광주성 승선리에서 태어났다. 그는 어려서부터 영특하여 일찍이 이름이 널리 알려졌는데, 정덕正德 연간에 향시鄕試에 1등으로 합격하고 정덕 16년(1521)에 진사에 급제한 후 한림원翰林院 서길사庶吉士를 시작으로 관계官界에 발을 들여놓았다. 그의 학문은 『명사明史』의 그에 관한 전傳에 '좌佐의 학문은 정정程·주朱를 종종으로 하고, 오직 이기理氣의 설만은 홀로 일론一論을 가지고 있었다'라고 되어 있다. 또한 왕양명보다 조금 늦게 태어났지만 왕양명과 더불어 지행합일知行合一의 뜻에 대해 논하고 이후 수 차례에 걸쳐 서로 변난辯難하였을 정도로 왕양명과도 교분이 있었으며, 주자학을 신봉하면서 명대 향촌사회의 현실문제에도 깊은 관심을 가지고 있던 경세실용가經世實用家였다. 그러므로 그의 『태천향례』는 그러한 경세치용적

인 경향을 보여주는 저작이라 할 수 있다.

96) 혜사기(1671~1741)는 청대의 사람으로 강소성 오현 출신이며 자는 천목天牧이다. 학문하는 집안에서 태어나 어린 시절부터 경학에 매진하였다. 『춘추삼례문春秋三禮問』을 저술한 혜주척惠周惕이 그의 부친이다. 저서로『예설禮說』14권,『역설易說』,『춘추설春秋說』,『대학설大學說』,『금적이수고琴笛理數考』등이 있다.

찾아보기·인명

찾아보기·용어

연표(서력7~17세기)

본서에서 기술한 사상·문화사상의 제 사건의 전후 관계를 분명히 알
수 있도록 연표年表를 작성하였다. 「내외의 정치적 사건」의 항목 선택은
주로 『詳說世界史』(山川出版社, 1996年版)에 의거하였다.

서력	사상·문화사적 사건	내외의 정치적 사건
607		과거제도科擧制度 시작
18		수隋 멸망, 당唐 건국
22		모하메트의 성천聖遷
27		태종太宗 정관貞觀의 치治 시작
38	좌구명左丘明 등 22명을 문묘에 종사	
53	『오경정의五經正義』 최종 완성	
76		신라新羅, 조선 반도를 통일
701		일본에서 대보율령大寶律令 반포
13		현종玄宗 개원開元의 치治 시작
22	『어주효경御注孝經』 완성	
38	『대당육전大唐六典』 완성	
46	『예기禮記』 월령편月令篇의 개정改訂	
55		안사安史의 난亂 일어남
80		양세법兩稅法의 시행
800		유럽에서 찰스(칼) 대제의 대관식
05	한유韓愈 「原道」「原性」 집필	
37	개성석경開成石經 완성	
75		황소黃巢의 난亂 일어남
907		당 멸망, 오대십국五代十國시대 시작
16		요遼 건국
18		고려高麗 건국
32	구경九經의 간행	
60		송宋 건국
86	『문원영화文苑英華』 완성	
1000	십이경十二經의 소疏를 정비	

서력	사상·문화사적 사건	내외의 정치적 사건
1008	진종眞宗, 태산泰山에서 봉선封禪을 거행	
1013	『책부원귀冊府元龜』완성	
38		서하西夏 건국
43		범중엄范仲淹에 의한 경력慶曆의 개혁
44頃	태학太學에서 호원胡瑗 등이 활약	
46	주돈이, 정씨程氏 형제를 가르침	
60	구양수歐陽脩 등의 『新唐書』 완성	
65	복의濮議 일어남	
69		왕안석王安石의 신법新法 시행 개시
74	정협鄭俠에 의한 왕안석 탄핵	
75	왕안석『주관신의周官新義』완성	
83	교사郊祀 개혁에 의해 天地分祭	
84	사마광『자치통감資治通鑑』완성	
〃	孟子·荀子·揚雄을 문묘文廟에 종사	
86	왕안석王安石 사망	
90頃	정이程頤와 소식蘇軾이 논쟁함	
96		유럽에서 제1차 십자군 원정
1102	신법당新法黨에 의한 도학파 탄압	
04	왕안석을 문묘에 종사從祀	
15		금金 건국
25		요遼 멸망
27		정강靖康의 변變
38	호안국胡安國『春秋傳』완성	
44	호굉胡宏, 『通書』에 서序를 첨가	
58	주희朱熹, 이동李侗과 만남	
73	주희, 『태극도설해太極圖說解』완성	
75	주희·여조겸『近思錄』완성	
77	주희『論語孟子集注』완성	
85		일본에서 단노우라檀浦의 合戰
87	주희와 육구연의 無極太極 논쟁	

서력	사상·문화사적 사건	내외의 정치적 사건
90頃	유정춘兪庭椿『周禮復古編』	
92	육구연陸九淵 사망	
1197	慶元黨禁에 의해 주자학 탄압 받음	
1200	주희 사망	
06		칭기스한의 몽골 통일과 제2차 추대
17	『儀禮經傳通解』 간행	
28頃	진순陳淳 『北溪字義』 간행	
34		금金 멸망
41	왕안석을 문묘 종사에서 제외하고, 그 대신에 주정장주周程張朱를 종사(從祀)	
60		쿠빌라이한(元의 世祖) 즉위
71		「大元」이란 국호를 제정
76		원군元軍, 임안臨安을 공략
1309		로마 교황 「바빌론」에 감금됨
13	과거科擧의 재개再開	
〃	송宋의 도학자와 許衡을 문묘에 종사	
30	동중서董仲舒를 문묘에 종사	
33	오징吳澄 사망	
34		일본에서 겐무建武의 신정新政
51		홍건紅巾의 난亂 일어남
68		명明 건국
92		조선朝鮮 건국
99		燕王, 정난靖難의 변變 일어남
1402	방효유方孝孺 刑死	
05		정화鄭和의 남해제국南海諸國 원정
15	영락永樂의 삼대전三大全 완성	
49		土木의 변變으로 英宗이 포로가 됨
53		오스만투르크軍, 콘스탄티노플을 공략
69	오여필吳與弼 사망	
87	구준丘濬 『大學衍義補』 완성	
1508	왕수인王守仁, 용장龍場의 대오大悟	

서력	사상·문화사적 사건	내외의 정치적 사건
1517		포르투갈人 광주廣州에 내항
"		서유럽에서 종교개혁 시작
18	『傳習錄』 간행 (현재의 上卷)	
20	왕수인, 치양지설致良知說을 제창	
27	四句教를 둘러싼 천천교문답天泉橋問答	
28	왕수인 사망	
29	가정嘉靖의 예제개혁 시작	
	교사제도郊祀制度의 개정	
	문묘종사文廟從祀의 변경	
31頃	황좌黃佐 『泰泉鄕禮』 완성	
50頃	錢德洪·王畿 등의 강학講學 활동 성행	
71	설선薛瑄을 문묘에 종사	
73		장거정張居正의 개혁 시작
78	이시진李時珍 『本草綱目』 완성	
79	장거정, 서원書院 강학을 탄압	
82		마테오 릿치 마카오에 도착
"		일본에서 혼노지本能寺의 변變
"		카톨릭 諸國, 그레고리우스曆으로 改曆
84	호거인·진헌장·왕수인 등 세 명을 문묘에 종사	
98	고헌성, 무선무악 논자들과 논쟁	
1604	동림서원東林書院의 재흥再興	
1616		후금後金, 청淸 건국
1618		서유럽에서 30년 전쟁 일어남
이때	서광계·송응성 등이 활약	서유럽에서 베이컨, 갈릴레이, 케플러, 데카르트 등이 활약
1634	『숭정역서崇禎曆書』 완성	
36		「大淸」이란 국호를 제정
44		청군淸軍, 북경에 입성
73		삼번三藩의 난亂 일어남
76	황종희 『명유학안明儒學案』 완성	
83		청淸, 대만臺灣을 평정